REITs
实现公共资产证券化的金融模式

孟明毅　侯梨智　王　悦　黄艳琼◎著

中国经济出版社
CHINA ECONOMIC PUBLISHING HOUSE
北　京

图书在版编目（CIP）数据

REITs：实现公共资产证券化的金融模式／孟明毅等著．—北京：中国经济出版社，2022.7
ISBN 978－7－5136－6975－7

Ⅰ．①R… Ⅱ．①孟… Ⅲ．①资产证券化－研究－中国 Ⅳ．①F832.51

中国版本图书馆 CIP 数据核字（2022）第 105811 号

责任编辑 赵静宜
责任印制 马小宾
封面设计 久品轩

出版发行 中国经济出版社
印 刷 者 北京艾普海德印刷有限公司
经 销 者 各地新华书店
开　　本 710mm×1000mm 1/16
印　　张 20.5
字　　数 302 千字
版　　次 2022 年 7 月第 1 版
印　　次 2022 年 7 月第 1 次
定　　价 99.00 元
广告经营许可证 京西工商广字第 8179 号

中国经济出版社 网址 www.economyph.com **社址** 北京市东城区安定门外大街 58 号 **邮编** 100011

本版图书如存在印装质量问题，请与本社销售中心联系调换（联系电话：010－57512564）

用 REITs 促进国内大循环与国内国际双循环

2020 年 4 月，中国证监会与国家发展改革委联合发布推行基础设施REITs试点文件；2021 年 6 月，我国第一批 9 只基础设施 REITs 成功发行并在沪深股市上市交易，市场反应稳健良好。它标志着在国际上畅行多年的不动产投资信托基金 REITs（Real Estate Investment Trusts）终于进入了我国。这在中国金融发展史上是一件了不起的大事。

REITs 是不动产收益权进入资本市场流通的金融产品。它能够把凝固的不动产资产通过租金等收益变成可交易资产，并送入资本市场流通，是一个伟大的金融创新。国际金融专家们说过："除了 REITs，没有更好的金融创新可以讲。"孟晓苏博士为了将 REITs 引入国内，持续呼吁了 16 年之久，终于看到这块璞玉为国人所认知。相信 REITs 试点在我国会迅速发展壮大。国际 REITs 专家们当年预言的"REITs 迟早会在中国大行其道"，将会在我国变成现实。

目前，我国选择 REITs 试点从基础设施领域起步，既是因为这是相对容易被社会接受的起步点，也是源自一种"倒逼机制"。我国基础设施建设对国民经济发展拉动力大，却因为没有能够形成社会资金持有的"接盘侠"市场，让地方政府与企业的负债率越来越高。通过推动 REITs 试点，让资产证券化落地我国，可以有效扩大直接融资，减少刚性兑付，实现存量基础设施资产的新旧动能转换，有效增强新的投资能力，促进我国经济平稳健康增长。

我国不动产资产规模很大，有人估算，仅基础设施类资产规模就达到了

150多万亿元人民币。但对这个数字笔者一直不敢认同，笔者主要担心的是现行评估体系造成了对资产的过高评估。我国此前的评估体系都是针对银行借款即间接融资建立的，专家认为普遍把资产价值高估了40%左右，以备银行打折后发放贷款。权益型REITs是直接融资，就需要建立符合资产价值实际的评估体系。我国做REITs的不动产资产应按照“收益法”估算，这样合理评估有利于REITs操作，可以避免“国有资产流失”，还可以真实反映项目收益率情况，使因资产高估而被压低的收益率得以提高。

除了基础设施REITs之外，租赁房也是做REITs的很好资产。国家政策鼓励“租售并举”，而发展住房租赁市场就需要培育机构化的市场主体。机构化市场主体在国外主要是REITs，而不是仅靠千家万户居民自己买房进行租赁。租赁住房靠开发商持有并不现实，开发商是“打短工的”，不适合“做长工”，政府持有租赁住房也只能占市场的较小比重。所以，持有租赁住房是我国REITs的巨大潜在市场。从另一个方面来讲，REITs不仅要求资产有稳定的收益，还要求其有长期的增值性。从增值性角度讲，租赁住房与医疗设施的增值潜力是最大的。所以，中国REITs一定要发展到租赁住房方面。中国百姓自古以来就有持有房屋的愿望，未来有了REITs产品，有了这种碎片化、均质化、可交易的房产权益持有方式，就能更好地落实“房住不炒”的定位，房子是用来住的，而REITs股票是可以用来转让的。

从这个意义上说，中国未来REITs市场的规模不会太小。现在全世界REITs的流通市值规模是2万多亿美元，美国市场占了一半多，2019年美国的市值规模为1.33万亿美元。日本是全世界第二大REITs市场，也是亚洲最大的REITs市场，2019年流通市值为1500多亿美元。在亚洲市场中，新加坡和中国香港地区也都是很好的REITs市场。我们预期，我国REITs的市值规模近年应可以做到美国的一半，未来还有进一步扩展的空间。毕竟中华民族是人类历史上最早的定居民族，民众对土地和房屋的感情和持有欲望要比别的民族来得更深厚，而且我国不动产资产规模大，增值性比较明显。

习近平总书记指出，我们要加快构建以国内大循环为主体、国内国际双循环相互促进的发展新格局。在目前的国内国际经济形势下及时引入REITs，进行存量不动产资产证券化，会有力推动形成国内大循环、促进实现国内国际双循环。它对我国至少有三个特殊的现实意义。

第一，化解高负债风险，促进国内大循环。地方政府与企业的高负债给我国造成了金融风险，在中央确定的“三大攻坚战”之中，“防范化解重大风险”居首位，而金融风险是需要防范与化解的首要风险。看看那些负债累累的企业与地方平台公司，其实资金就在项目之中，只不过是以负债的方式存在。只要转换一个存在方式，通过调结构、促改革，把这些资金从以负债方式存在变成以权益方式存在，这个金融风险就被化解了，而且 REITs 产品可以在资本市场上流通，是一种可交易的资本品。现在我们要推动形成国内大循环，但地方政府和企业负债太重，有的已经循环不起来。如果能够通过 REITs 形成由社会资金持有资产，营造出基础设施投资的“接盘侠”市场，让负债累累的原始权益机构可以变现资金、减轻负债、增强开发新项目的能力，就可以有力促进形成国内大循环。

第二，推出 REITs 便于引进外资，促进实现国内国际双循环。我们过去的引进外资项目多数是“从头干起”的投资项目，我们把它叫作“绿地项目”，引入的只能是创业型、建厂型的“辛苦资本”。但是我们忽略了国际上还有更大的一批资本，它被称为“懒惰资本”。这些资本不是来投资创业和设立工厂的。它们愿意持有已经建成的项目，最希望的是通过分享 REITs 份额来持有建成项目的权益。因为持有 REITs 避免了创业风险，可以稳定分红，还可以随时拿到市场上转让。这种资金包括国际养老基金、保险基金与其他稳健型基金，总规模超过 33 万亿美元。通过设立 REITs 可以吸引这批外资进入，这对我国经济长期持续发展将是一件很有意义的事。在日本和欧洲国家低利率甚至负利率的现实情况下，大量国际资本追逐稳定增值的投资项目。如果能通过投资基础设施 REITs 项目实现 4% 左右的年收益，就能满足这些国际资本的投资愿望。

第三，REITs 还可以在海外“一带一路”项目上发挥作用，化解潜在风险。我国推行“一带一路”的成果巨大，不仅密切了与相关国家的经济关系，而且已在海外建成了不少优质项目，主要是基础设施类项目。但是过去这些项目多是通过负债建设完成的，现在有的项目到了该还债的阶段，相关国家的欠债还不上了。其实通过海外 REITs 的方式，可以把这些基础设施项目转为第三方持有。笔者前面已分析过，大量稳健型国际资本很看好 REITs 项目。如果我们能够通过国际 REITs 运作，让国际资本来持有这些项目，那些债务国的负债就可以还得上。所以把 REITs 应用在“一带一路”项目中，就能有效促进实现国内国外双循环，实现中央提出的“推动共建‘一带一路’高质量发展”的要求，在国际资本的共同参与下，让“一带一路”越走越宽广。

在推出公募 REITs 试点产品后，我们还有很多事情要做。包括继续推动大家都关注的 REITs 免税问题。免除公司税是各国各地设立 REITs 的基本条件之一。在我国税收政策没有调整之前，让公募 REITs 试点从政府资产起步，其原始权益人对税收的承受力就强一些，“税收痛感”就比其他企业轻一些。因为地方政府也是征税主体，有一半左右的税收是被地方政府收走的。公募 REITs 试点从政府平台公司资产起步，主要是从基础设施类资产起步，即使免税问题没有解决，也能使 REITs 试点在困难中容易被接受。而各国各地的 REITs 都是在解决了免除公司税的问题，做到了“税收中性”、避免了“双重纳税”之后，才得以顺利发展的。在我国正式实施 REITs 之前，要求对 REITs 免税还只是一种理论目标。在推出首批 REITs 试点之后，需要解决问题的实际目标就在眼前。要加快研究解决对 REITs 免税，让我国 REITs 能够在完善的法律政策环境下加快发展。

孟晓苏

2021 年 6 月 21 日

目录

第五章 REITs 产品的税收问题

第六章 REITs 试点政策解读

第一章　REITs 启航

第一节　REITs 的介绍

一、REITs 的基本概念

REITs（Real Estate Investment Trusts），即不动产投资信托基金，是一种以发行收益凭证的方式汇集特定多数投资者的资金，由专业投资机构专门进行不动产投资经营管理，并将投资综合收益按比例分配给投资者的一种信托基金。不动产投资信托基金通过集中投资于可带来收入的不动产项目，如购物中心、写字楼、酒店及服务式住宅等，以租金收入和房地产升值为投资者提供定期收入。它是标准化可流通的金融产品，能在证券交易所上市流通，投资人通过证券市场可以自由买卖，享受投资回报。

REITs 在不同国家和地区的基本规定大同小异，一般有以下要点：

（1）组织结构：必须采取公司、信托或者协会的组织形式；必须由一个或者多个董事或受托人进行管理。

（2）收益分配：每年必须向投资人分配股利，分给投资人的股利不能低于基金总收益的 90%，基金管理公司只能留下不超过 10% 的管理费。

（3）资产结构：房地产、现金及现金等价物、政府证券必须占到总资产的 75% 以上，限制基金投向非收租物业，包括严格限制用于房地产开发。

（4）收入结构：股利、利息、房地产租金、股票、证券和房地产处置收益，房地产相关税种的减税或退税，被取消赎回权的房地产拍卖所得等必须占到收入的95%以上。这些基本规定保证了REITs的规范发展。

REITs就是不动产资产的IPO。简言之，即通过金融技术将流动性差的不动产资产予以份额化，成为有高流动性的REITs份额，如图1.1所示。

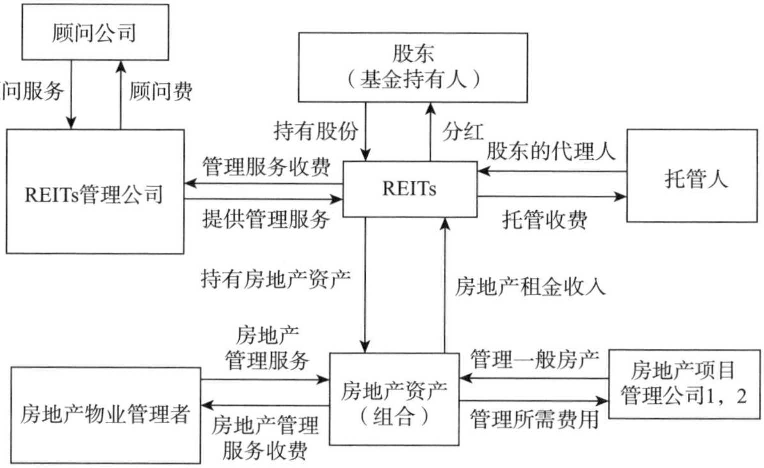

图1.1　REITs的组织结构

资料来源：作者绘制整理。

2002—2019年全球REITs市值从2312亿美元增长至2.09万亿美元，复合年均增长率达13.8%（见图1.2）。若将全球市场划分为美国、亚太、欧洲、泛拉美（含加拿大）、泛非洲（含中东），截至2019年市场规模分别为1.33万亿美元、3940亿美元、2467亿美元、895亿美元、292亿美元。其中，2011—2019年全球REITs市值从7900亿美元大幅增长164%至2.09万亿美元，同期，美国、亚太、欧洲、泛拉美、泛非洲市场涨幅分别为195%、175%、86%、95%、68%。由此可以看出，在资本规模越大、发展越成熟的市场，REITs的增长规模相对越大，即这种模式得到更大的社会认可。截至2020年3月31日，在美国上市的REITs市值共计9931亿美元，持有相关物业价值约2万亿美元。其中，基础设施REITs市值占比最大，占18.96%，市值 1883 亿美元①。

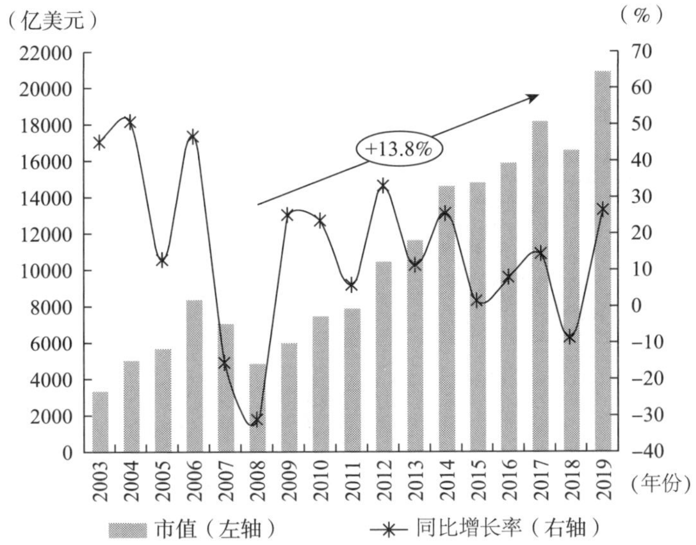

图 1.2 2003—2019 年全球 REITs 市值规模

资料来源：中国产业信息网。

二、REITs 的分类

（一）公司型 REITs 和契约型 REITs

1. 公司型 REITs

公司型 REITs 依《公司法》成立，通过发行股份将集中起来的资金投资于各种不动产。在组织形式上，与股份有限公司相似，REITs 公司资产为投资人所有，由股东选择董事会，由董事会选聘 REITs 管理公司，REITs 管理公司负责管理 REITs 业务。公司型 REITs 是 REITs 最主要的一种形式，如图 1.3 所示。

① 中国产业信息网，http：//www. chyxx. com/industry/202006/870611. htm。

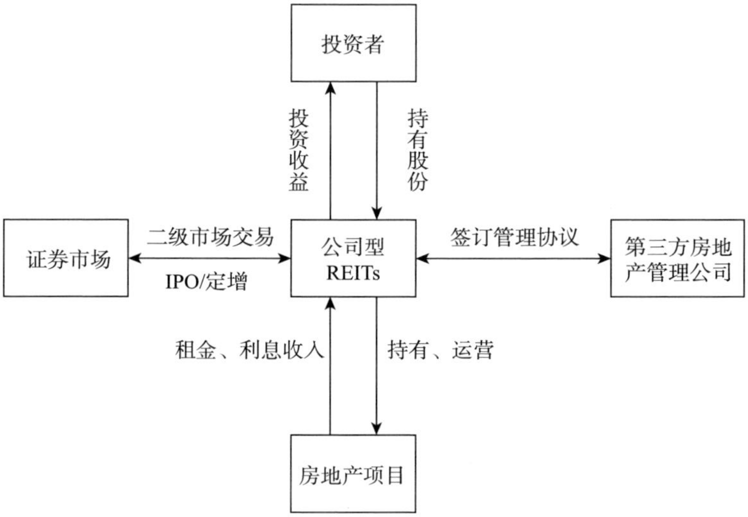

图 1.3　公司型 REITs 的结构

资料来源：新加坡 REITs 协会官方网站。

公司型 REITs 的组织结构主要有 REITs 投资人、REITs 公司、REITs 保管人、REITs 承销商。实际管理和经营资产的是一个独立的 REITs 管理公司，即 REITs 管理人。REITs 管理人所负职责和所得报酬由 REITs 公司和 REITs 管理公司签订的协议规定，其主要职责包括有价证券的研究分析、制定投资组合和从事日常的 REITs 管理。REITs 保管人一般是银行，它的主要职责是保管 REITs 资产及核算股息等，保管人也要同投资公司签订保管契约并收取保管费。REITs 承销商负责股票发售的具体工作。

2. 契约型 REITs

契约型 REITs 是由基金管理公司、托管公司和投资者签订信托合同，发行受益凭证，组建 REITs。三方根据信托合同，履行各自的职责。基金管理公司负责运营筹集的资金；托管公司根据协议保管资产和收益；投资者在购买受益凭证后，根据所购买的份额享有相应的投资收益。中国香港地区的 REITs 属于契约型 REITs，具备信托资产独立、资产使用权与管理权分离的特点，其结构如图 1.4 所示。

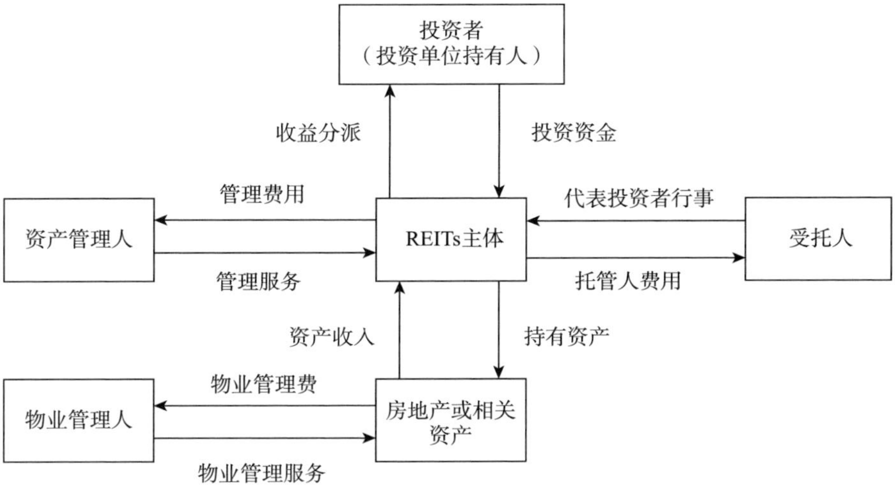

图 1.4　契约型 REITs 的结构

资料来源：新加坡 REITs 协会官方网站。

3. 公司型 REITs 和契约型 REITs 的比较

公司型 REITs 和契约型 REITs 的最大区别在于两者成立的法律依据不同。公司型 REITs 根据《公司法》成立，具有法人资格。契约型 REITs 根据国家的《信托法》组建，不具有法人资格。

公司型 REITs 除两方当事人，即 REITs 公司及其股东外，其他各方当事人之间的关系与契约型 REITs 一样；REITs 公司及其股东之间的权利与义务，以及 REITs 的运作必须遵守《公司法》和公司章程的规定。REITs 公司如果本身不是管理公司，则 REITs 公司与 REITs 管理公司之间，也需要通过委托管理契约进行规范。

契约型 REITs 有委托人、受托人和受益人三个当事人，他们之间的权利与义务及 REITs 的运作应遵守《信托法》的规定。

由于法律依据的差异，公司型 REITs 和契约型 REITs 的投资人地位不同，公司型 REITs 的投资人即 REITs 公司的股东，他们有权对公司的重大决策进行审批，发表自己的意见，并以股息形式获取投资收益；契约型 REITs 的投资人是信托契约的当事人，通过购买受益凭证获取投资收益，对 REITs 如何运用相关的重要投资决策通常不具有发言权。由此可见，公司型 REITs 的投资人比契约型 REITs 的投资人权力要大一些。

（二）封闭式 REITs 和开放式 REITs

1. 封闭式 REITs

封闭式 REITs 即固定 REITs，其资本总额及份数在发行前已定下，且在发行完毕后规定期限内保持不变。由于封闭式 REITs 的股票或受益凭证不能被追加认购或赎回，投资人只能通过证券经纪商在证券二级市场进行 REITs 的买卖，有人又称其为公开交易 REITs。REITs 收益以股利、利息和可实现的资本利得（或损失净值）等形式支付给投资人，其中，可实现的资本利得是从出售高于买价的有价证券中取得的。封闭式 REITs 的价格虽然也以 REITs 净资产价值为基础，但更多的是反映了证券市场的供求关系，受市场供求变动的影响较大，其价格或高于或低于 REITs 净资产价值。

2. 开放式 REITs

开放式 REITs 是指 REITs 的资本总额或股份总数发行的数量不固定，可以随时变动，即可根据市场供求情况随时增发新的股份或赎回股份。由于资本总额可以随时追加，所以又被称为不固定股份 REITs 或追加型 REITs。开放式 REITs 有收费与不收费两种，如表 1.1 所示。

表 1.1　收费 REITs 与不收费 REITs 的特点

	收费 REITs	不收费 REITs
特点	雇佣证券商和其他经销商出售给投资人，发行价格由净资产价值加一定比例的销售费用构成	按净资产价值出售给投资人，只收取小额赎回费用

资料来源：根据公开资料整理。

3. 封闭式 REITs 和开放式 REITs 的比较

封闭式 REITs 和开放式 REITs 的差别在于管理难度的不同，如表 1.2 所示。

表 1.2　封闭式 REITs 和开放式 REITs 的比较

	封闭式 REITs	开放式 REITs
优点	易于管理，资产在封闭期内运作容易	可以随时追加资本，尤其是在市场对资产有良好预期时
缺点	不能随时追加资本，限制了 REITs 发展	管理难度大，由于资金频繁进出，容易影响到投资决策的执行；而且要随时应付投资人的认购与赎回

资料来源：根据公开资料整理。

（三）私募 REITs 和公募 REITs

1. 私募 REITs

私募 REITs，一般以非公开方式向特定投资者募集资金，募集对象是特定的，并且不允许公开宣传，一般不上市交易。由于私募 REITs 对投资人的风险承受能力要求较高，其监管又相对宽松，所以，各国的法律法规明确限定了私募 REITs 持有人的最高人数（如 100 人或 200 人），限定投资人的资格要求，否则私募 REITs 不得设立。

2. 公募 REITs

公募 REITs 是指以公开发行的方式向社会公众投资者募集信托资金，发行需要经过监管机构严格的审批，可进行大量宣传。以美国为代表的大多数国家的 REITs 以公募基金形式发行，可以说，典型的 REITs 是公募基金中的一种，与普通公募基金相比，此 REITs 主要是与不动产相关。

3. 私募 REITs 和公募 REITs 的比较

我们从发行方式、流动性、产品属性等方面，对私募 REITs 与公募 REITs 进行比较，如表 1.3 所示。

表 1.3　私募 REITs 和公募 REITs 的比较

	私募 REITs	公募 REITs
发行方式	私募发行	公募发行
流动性	较弱	较强

续表

	私募 REITs	公募 REITs
产品属性	以固定收益产品为主，权益型和混合型 REITs 为辅	以权益型 REITs 为主，抵押型及混合型为辅
入池物业	单一物业，不发生变化	多个物业，强调分散性
资产管理	被动管理	主动管理，可以新增投资或出售物业
投资范围	项目公司股权及债券，监管部门规定的合同投资项目	物业项目；地产相关股票；债券、贷款
融资方式	不融资，可分级	银行贷款、发债券及股票增发
产品期限	有存续期，且有效期相对较短	长期或者永续
投资退出方式	到期通过主体回购或物业处置退出；也可通过二级市场交易退出，但市场流动性较弱	以二级市场证券交易为主
增值措施	多有租金差额补足增信，大部分产品还通过主体回购为本金偿付增信	极少部分产品有租金差额补足增信

资料来源：根据公开资料整理。

（四）权益型 REITs、抵押型 REITs 和混合型 REITs

REITs 按照资产构成比重主要分为三类：

1. 权益型（Equity REITs）

权益型 REITs 是目前 REITs 市场上的最主要构成部分，投资不动产项目，获得不动产产权以取得经营收入，投资者的收益来自租金及房产增值。权益型 REITs 资产组合中，不动产实质资产投资应超过 75%，其风险主要来源于其拥有和参股的不动产运营风险。

2. 抵押型 REITs（Mortgage REITs）

在抵押型 REITs 的资产组合中，将募集资金以金融中介的角色，通过贷款给房地产开发商、经营者赚取利息收入，有时也会向其他银行购买不动产贷款或不动产贷款抵押受益证券，放在投资组合中贷给房地产开发经营者。对不动产开发公司的贷款和不动产贷款的抵押债权，应超过 75%。

3. 混合型 REITs

顾名思义，此类 REITs 不仅进行不动产权益投资，还从事不动产抵押贷款，是上述两种类型的混合。

通过对权益型和抵押型 REITs 的特点进行归纳提炼，我们可以更好地掌握它们的特点，如表 1.4 所示。

表 1.4 权益型 REITs 与抵押型 REITs 的特点

	权益型 REITs	抵押型 REITs
特点	通过资金的“集合”，为中小投资人提供了投资利润丰厚的不动产的机会	为中小投资人提供了介入不动产抵押贷款市场、获得较高借贷利差的机会
	专业化的管理人员将募集的资金用于不动产投资组合，分散了不动产投资风险	专业化的管理人员将募集的资金用于多个不动产项目的抵押贷款，分散了不动产借贷风险
	投资人所拥有的股权可以转让，具有较好的变现性	

资料来源：根据公开资料整理。

（五）有限期 REITs 和无限期 REITs

REITs 根据信托期限可以分为有限期 REITs 和无限期 REITs 两种。根据美国学者对美国证券市场的实证分析结果，有限期 REITs 的绩效大大劣于无限期 REITs 的绩效。①

1. 有限期 REITs

有限期 REITs 的设立，是体现不动产信托投资基金潜在的不动产价值，而非以当前和预期收益为基础的普通股票价值。通过设立最终的清算期限，当清算日期临近时，基金证券的市场价值大约等于不动产信托投资基金所拥有不动产的市场价值，使自清算不动产信托投资基金的市场价值比永久不动产信托投资基金的市场价值更能反映基础资产的价值。有限合伙不动产基金几乎都设定了自清算日期，有限期 REITs 产生的部分原因，是为了和有限合

① 任纪军．房地产投资基金——组织、模式与策略［M］．北京：经济管理出版社，2006：9.

伙不动产基金竞争。权益型不动产信托投资基金通常在 5～10 年内清算资产，抵押型不动产信托投资基金的年限一般设定为 12 年。

2. 无限期 REITs

不限定清算期限的不动产信托投资基金，可以把任何销售和投资收益再次投资到新建的或现有的不动产中，使之更趋向于企业的持续经营，而非一个投资中介。有限期 REITs 存在一个潜在问题，就是投资基金处置不动产的价格取决于当时市场的条件和环境。例如，市场利率过高和不动产占有率、租用率过低时，资产处置的时机就可能不大合适，清算和分配的日期可能不得不延期。因此，美国大多数新组建的 REITs 是非定期的，有些现存的有限期 REITs 修改了公司章程，改为无限期 REITs。

（六）独立型 REITs、附属型 REITs 和半附属型 REITs

1. 独立型 REITs

独立型 REITs 是指从各类投资人手中筹集资本，主要有保险公司、退休基金、公司投资人、大众投资人等。独立型 REITs 的管理人代表投资人的利益，从中收取管理费，并约定将资本收益比例作为报酬。

2. 附属型 REITs

附属型 REITs 是指一些大公司或金融机构的分支机构，与独立型 REITs 基金不同的是，它只管理机构的自有资金，并且遵循基金的运作方式运营管理。

3. 半附属型 REITs

半附属型 REITs 是独立型 REITs 和附属型 REITs 两类基金的结合。既有公开募集的资金，又有大型机构投资的资金；既选择不动产市场的优质项目进行投资和购买，又投资和购买大股东的项目。

（七）资金型 REITs 和财产型 REITs

资金型 REITs 和财产型 REITs 主要区分依据是财产初始状态：前者是资

金信托，后者是财产信托。

1. 资金型 REITs

由受托机构依法设立不动产投资信托，向特定人私募或向不特定人公募发行不动产投资信托受益证券，以获取资金，投资不动产、不动产相关权利、不动产相关有价证券及其他经主管机关核准投资的项目，投资人从中获取投资收益。

2. 财产型 REITs

由委托人转移其不动产或不动产相关权利予受托机构，并由受托机构向特定人私募交付或向不特定人公募发行不动产信托受益证券，以表彰受益人对该信托之不动产、不动产相关权利或其所生利益、孳息及其他收益的权利。鉴于国情不同，美国比较侧重资金信托型 REITs，日本则侧重财产信托型 REITs。

3. 资金型 REITs 和财产型 REITs 的比较

资金型 REITs 和财产型 REITs 主要有以下四个方面的不同：

第一，信托财产和信托性质不同。前者的信托财产是资金，只是因为投资方向为不动产，所以才列入不动产信托投资基金的范围；后者的信托财产则是不动产或不动产相关权利，如不动产抵押权、不动产租赁权或收益权等。后者是真正意义上的不动产信托，这符合信托性质按信托财产分类的属性。

第二，信托的当事人不同。前者属于自益信托，即投资人既是委托人又是受益人；后者通常归于他益信托，即委托人与作为受益人的投资人往往不是同一个人，少数情况下，委托人可以成为受益人中的一个（不排除委托人到市场上购买受益证券，成为受益人的情况）。

第三，投资目标的确定性不同。虽然两者的投资目标均为不动产项目，但是后者更具确定性，为委托人所委托的特定不动产项目；而前者投资的项目往往是不确定的，可以自由选取不动产项目。

第四，信托机构的操作流程正好相反。前者是先募集资金再投入不动产；后者是先受托不动产再募集资金。

通过以上分析和比较，我们可以更加清晰地认识到资金型和财产型 REITs 的不同，如表 1.5 所示。

表 1.5 资金型 REITs 和财产型 REITs 的比较

	资金型 REITs	财产型 REITs
信托性质	关于资金的信托	不动产及围绕不动产相关的权利
信托当事人	自益信托：投资人既是委托人又是受益人	他益信托
投资目标	自由选取不动产	特定不动产
操作流程	先募集资金再投入不动产	先受托不动产再募集资金

资料来源：根据公开资料整理。

三、REITs 的特点

REITs 在不同国家和地区的基本规定大同小异，主要有如下六个特点：

第一，使不动产投资小额化、分散化，降低了投资者的门槛。REITs 将一个完整的物业分割成较小的单位，并且公开上市或流通，这就化解了不动产投资一般需要较大数额资金投入的难题。

第二，流动性、变现能力较强，不动产变动产。一般来讲，不动产变现是一个复杂且无法在短期内完成的任务，但无论哪种形式的 REITs，其核心都是将不动产从不动产形态转变成可以流动的证券资产，实现了不动产从不动到流动的转变，使产权单位通过物权、股权或债权的转移变成公开、公正、公平的证券交易，这就大大提高了不动产的变现能力及流动性。

第三，底层物业多元化。在美国不动产专业化程度很高，住宅仅仅占整个 REITs 市场的 15% 而已。写字楼、商业用房、土地、住宅、公寓、别墅、数据中心、产业园区等各类不动产均具有自己相对独立的发展态势，对经营管理所提出的要求也不一样，而且不动产具有极强的地域性特点，各种细分的不动产信托投资越来越多。

第四，收益稳定且具有一定增长性，但风险低。年收益率一般不低于 6% ~8%，且每年分红不能低于基金总收入的 90%，管理公司最多只能留下不超过 10% 的管理费。这就保证了收益的稳定性。同时，REITs 的收益也会随着不动产的租金及价值的增长而增长。另外，由于 REITs 具有较高的流动性和变现能力，这就增加了投资的安全性。无论金融机构或普通投资者，随时都可以利用证券市场套现避险，同时集中的不动产投资变成分散的公众投资，分散了投资风险。加上稳定的投资收益，REITs 成为特别适合做长线投资的金融产品。

第五，免税制度。政府对基金给予免缴各种税费的优惠，而只向投资人和管理人收税，以避免重复纳税。根据 REITs 一开始公布的法案，REITs 可将 90% 以上的利润派息给股东，投资人可免交个人所得税。事实上，大多数 REITs 将 100% 的应纳税收入移交给股东和 REITs 投资者，REITs 的不动产租金、股息和利息等收益无须缴纳企业税。作为 REITs 投资者的股东或份额持有人只需按收到的股息和资本收益付税。

第六，政府监控较严格、信息相对透明。政府有严格的规定限制基金投向非收租物业，尤其是严格限制用于房地产开发。由于 REITs 是一个已经发展成熟且标准化的金融产品，所以信息披露标准大致可以参考上市公司，比较透明。

四、REITs 的益处

（一）对机构及个人投资者的益处

对投资者来说，加入 REITs 可以优化投资组合，分散投资风险，且可以抵御通货膨胀。传统组合中通常只包括债券、股票类证券，加入 REITs 可使组合优化，即在相同风险水平下，增加 REITs 后的组合可获得更高收益，或是为取得相同收益水平，增加 REITs 后的组合可以承担更低风险。之所以会产生这样的效果，除前述的 REITs 长期的收益率高于股票，波动性低于股票的收益/风险特征外，更重要的是，REITs 与美林国债/公司债指数、美林抵押证券指数的相关系数分别只有 0.06 和 0.01，与道琼斯指数、Wilshire 5000 指数、S&P 500 指数的相关系数在 0.30 左右，远低于各股票指数之间的相关系数。REITs 与股票、债券类资产相关度低，能够有效地分散机构投资者的投资风险，并在不增加组合风险的前提下提高收益。另外，在通货膨胀期间，通常货币虽然贬值，但是通过 REITs 所持有的不动产价值或租金会随之增加，从而使 REITs 的收入增加，以此来抵御通货膨胀。

REITs 可以满足机构投资者对投资安全性的要求。从广义上看，REITs 属于第三方受托资产管理产品的一种，具有第三方受托资产管理产品的财产隔离功能，符合保险基金、社保基金等机构投资者对投资安全性的要求。例如，中国香港地区的 REITs 守则规定：REITs 的资产必须以信托形式持有，必须与受托人、REITs 管理公司、相关不动产实体、其他集体投资计划及任何其他实体的资产分开处理。由受托人进行有效监管。一旦设定信托等资产管理计划，作为资产管理财产的不动产 REITs 证券便具有了独立性，不同于委托人、受托人及受益人三方任何一方的自有财产且不受该三方中任何一方债权人的追及，有效地保障了 REITs 资产的安全，并且使 REITs 投资者利益得到最大限度的保障。REITs 使受益人处于只享有利益而免去责任的优越地位，对资产管理财产享有优先于委托人或受益人的债权人的权利，且在资产管理财产旁落他人之手时，受益人有权向受让人请求返还财产。

（二）对政府的益处

REITs 对政府的作用，可以从以下四个方面来看：

1. 有利于地方政府“去杠杆”，创造高额现金流

REITs 可使政府盘活存量资产，从而扩大税基。政府庞大的自持物业可以通过 REITs 转化为租赁物业，帮助政府融资，降低营运成本。同时，基础设施的证券化可以提高公共服务供给质量和运作效率。

2. 有利于加快转变政府职能，实现政企分开、政事分开

作为 REITs 投资者和合作者的境内外企业、社会组织和中介机构承担政府和社会公共服务涉及的设计、建设、投资、融资、运营和维护等责任，政府作为监督者和使用者，减少对微观事务的直接参与，加强发展战略制定、

社会管理、市场监管、绩效考核等职责，有助于解决政府职能错位、越位和缺位的问题，深化投融资体制改革，推进国家治理体系和治理能力现代化。

3. 有利于打破行业准入限制，激发经济活力和创造力

REITs 方式可以有效打破社会资本进入公共服务领域的各种不合理限制，鼓励国有控股企业、民营企业、混合所有制企业等各类型企业积极参与投资及提供政府和社会公共服务，给予中小企业甚至普通民众更多参与机会，大幅拓展社会资本特别是民营资本的发展空间，激发市场主体活力和发展潜力，有利于盘活社会存量资本，形成多元化、可持续的公共服务资金投入渠道，打造新的经济增长点，增强经济增长动力。

4. 有利于完善财政投入和管理方式，提高财政资金使用效益

在 REITs 方式下，政府以租金或分红等作为社会资本投资公共不动产服务设施的对价，以公共不动产证券化的结果作为对价支付依据，并纳入预算管理、财政中期规划和政府财务报告，能够在当代人和后代人之间公平地分担公共资金投入，符合代际公平原则，有效弥补当期财政投入不足，有利于减轻当期财政支出压力，平滑年度间财政支出波动，防范和化解政府性债务风险，并有效缓解地方政府资金短缺问题，用社会资本来投资、建设和受益。

（三）如何合理利用 REITs 实现公司利益最大化

避免开发商由于自持物业的双重征税提高物业回报率。事实上，美国 REITs 免税的初衷就是通过不动产的证券化，让金融机构和普通投资者在更广泛的领域享受不动产增值带来的收益。美国 REITs 让不动产开发与各行业的投资需求结合起来，使工业、商业和政府部门得以摆脱不动产物业投入的庞大负担，达到“不求所有，但求所用”的目的。

REITs 的“免税”造就了许多企业的财富传奇。例如，全球连锁商业巨头沃尔玛取得成功的利器之一是充分利用政府对 REITs 的免税政策及美国各州的免税规则，实现商业店铺不动产的“零租金运营”。其过程简述如下：沃尔玛在全美国各地建设超市物业，盖完之后将资产注入沃尔玛 REITs，接着，沃尔玛零售部门租用这些物业，并付给沃尔玛 REITs 租金。美国的 REITs 政策规定，每年 90% 以上的收益要返还给股东。于是，沃尔玛超市物业 90% 的租金又通过金融方式免税回到沃尔玛零售部门。又如，著名的万豪酒店，将旗下酒店打包进 REITs 上市之后，自己更加专注于酒店的管理与品牌塑造，发展步伐更加轻盈灵活。

五、REITs 的模式

我国的 REITs 基本为契约型 REITs，采用了基于资产管理计划的模式。这种模式实现了各参与方的风险隔离，具体的产品结构主要为“私募基金 + 专项计划”，也有部分采用“信托 + 专项计划”的结构。

（一）私募基金 + 专项计划

“私募基金 + 专项计划”结构（如图 1.5 所示）以专项资产管理计划为载体，通过私募基金实现对 SPV 公司/项目公司股权的收购，这是我国当前 REITs产品交易结构的主要模式。在这个结构下，基金管理人可以代表私募基金的利益出售处置物业资产本身或转让持有物业资产的项目公司股权等权益。

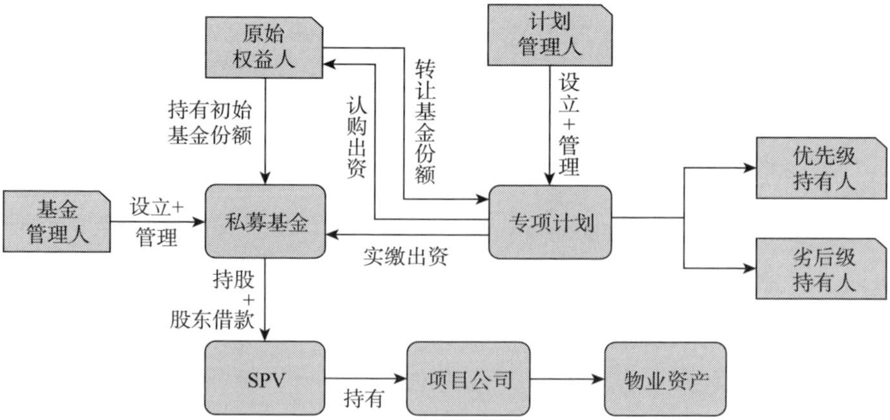

图 1.5 “私募基金 + 专项计划”的 REITs 结构

资料来源：光大证券研究所。

“私募基金＋专项计划”结构的运作流程如下：

（1）原始权益人基于其与基金管理人、基金托管人签署的《基金合同》《基金份额认购书》持有私募基金的全部份额，而该基金拥有底层物业资产的所有权。

（2）专项计划认购人与计划管理人签订《认购协议》，将认购资金以专项资产管理方式委托管理人管理，管理人设立并管理专项计划，认购人取得资产支持证券，成为资产支持证券持有人。通常设有优先级持有人、劣后级持有人。

（3）计划管理人购买基金份额，使专项计划成为私募基金的唯一份额持有人。

（4）私募基金将以增资、发放借款等方式向 SPV 公司/项目公司进行投资。最终私募基金持有 SPV 的 100% 股权及股东借款债权。

（二）信托＋专项计划

“信托＋专项计划”交易结构是指通过信托计划将资金最终投向物业资产，如图 1.6 所示。

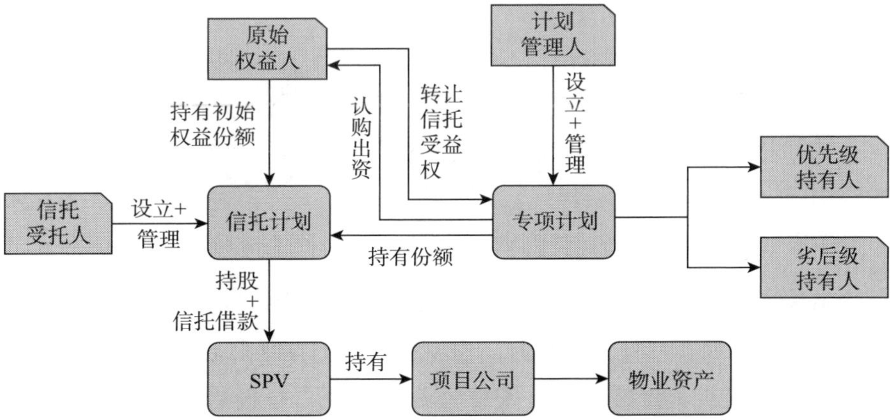

图 1.6　“信托＋专项计划”的 REITs 结构

资料来源：光大证券研究所。

这个交易结构的运作流程如下：

（1）原始权益人持有信托计划的全部信托受益权，该信托计划持有 SPV 及项目公司 100% 股权。

（2）专项计划认购人与管理人签订《认购协议》，管理人设立并管理专项计划，认购人取得资产支持证券，成为资产支持证券持有人，通常设有优先级持有人、劣后级持有人。

（3）计划管理人应根据约定，指示托管人将信托受益权购买价款划拨至原始权益人指定的账户，用于购买信托受益权。管理人购买信托受益权后，专项计划成为信托项下的信托受益人。

（4）信托计划将以增资、发放信托借款等权益性或非权益性的方式向 SPV 公司/项目公司进行投资。最终信托计划持有 SPV 的 100% 股权及股东借款债权。

第二节　REITs 试点正式启航

一、认识 REITs

假使公募 REITs 开闸，您愿意投资一条高速公路、一座商务办公楼，或是一个度假酒店吗？您的疑问是："这些动辄上千亿元的投资项目，我真的可以投资吗？"

原国家房改组组长、中房集团理事长、汇力基金董事长孟晓苏先生在接受媒体采访时表示，假如真正的 REITs 来了，老百姓将会多一条投资渠道，除了买房、买股票，还能买 REITs。REITs 作为中等收益、中等风险的金融工具，具有流动性高、收益稳定、安全性强等特点。它能够将这些不动产变成等值的金融份额。

为了更好地了解 REITs，给大家举一个简单的例子：假设很多游客去某地方观光旅游、住宿和购物，度假酒店有很不错的收益，为此有些人就想投资当地的度假酒店。但是，建造度假酒店不仅需要很长时间，还需要专业化的管理团队，对资金量有限的个人投资者而言，是很难实现投资度假酒店愿望的。公募 REITs 的出现，能巧妙地解决这个问题。个人投资者可以通过购买度假酒店的权益份额来实现共同的投资持有。这种投资份额每年可以高比例分配租金，还可以随时到市场上转让给别人。由此使这种投资成为一种安全性高、收益性强、转让便利、增值性好的金融产品。

老百姓通过购买 REITs，拥有了分享不动产收益的机会。REITs 的收益原理与股票相似，它不仅能够让不动产收益进入资本市场流通，而且能够将收益的大部分用来给投资者派发红利。投资者既能享有基础资产增值，又能享有分红派息。除此之外，投资者还能够将 REITs 在公开的二级市场上转让。例如，房地产信托基金（REITs）的公司，会去选择购买或者投资一些房地产项目，可以是住宅房产、零售房产、商务办公楼、酒店、厂房、仓库等。如果管理得当，这些房地产投资项目会产生一定的现金流回报（如租金）。假如普通个人投资者通过购买 REITs 成为那座乡村度假酒店的股东之一，那么，在扣除了相关的费用之后，REITs 公司会向股东（普通个人投资者）定期发放分红。一般来说，REITs 的分红率要比普通股票高，而且投资风险低，收益相对稳定。

二、公募 REITs 破冰

2020 年 4 月 30 日，中国证监会与国家发展改革委联合发布《关于推进基础设施领域不动产投资信托基金（REITs）试点相关工作的通知》（证监发〔2020〕40 号，以下简称《通知》），明确要求在基础设施领域推进不动产投资信托基金（以下简称基础设施 REITs）试点工作，标志着境内基础设施领域公募 REITs 试点正式起步。

《通知》明确了基础设施 REITs 试点的基本原则、试点项目要求和试点工作安排。根据《通知》要求，中国证监会与国家发展改革委将加强合作，按照市场化、法治化原则，充分依托资本市场，积极支持符合国家政策导向的重点区、重点行业的优质基础设施项目开展 REITs 试点。国家发展改革委将对项目是否符合国家重大战略和产业政策、是否符合固定资产投资管理法规以及是否形成良性投资循环等方面作出判断并研究提出指导性意见。中国证监会已同步就《公开募集基础设施证券投资基金指引（试行）》公开征求意见。中国证监会、上海证券交易所、深圳证券交易所、中国证券投资基金业协会将建立专门的业务受理、审核、备案等工作机制，专人专岗负责，提高工作效率，落实各项监管要求。

试点方案主要采用“公募基金＋单一基础设施资产支持证券”的产品架构模式，对重点行业、重点区域进行聚焦，在参与主体、投资管理、项目运作、信息披露、监督管理等方面逐项统一规范。

作为中国REITs发展的一个里程碑式的事件，公募REITs试点的方案体现了中国公募REITs的重点发展方向，标志着学界和市场讨论多年的中国版公募REITs终于迈出了实质性的一步。

三、基础设施REITs

中国版REITs为什么要选择从基础设施领域破题？

当前率先在基础设施领域试点公募REITs，既有利于盘活存量资产，提升直接融资比重，降低企业杠杆率，也有利于丰富资本市场投资品种，拓宽社会资本投资渠道，从而形成良性投资循环。

加快推进基础设施REITs试点，对发挥好资本市场的枢纽作用、盘活基础设施领域存量资产、引导聚集社会资金、创新投融资模式具有重大意义。一方面，公募REITs提供了一种新的投融资方式。在中国基础设施传统投融资模式下，存在投资效益不一、融资渠道狭窄、资本退出困难等问题，导致地方政府债务负担重。另一方面，公募REITs聚焦基建领域，符合目前经济发展的背景。基础设施REITs拥有其他融资方式所不具备的优势和特点，与基础设施领域资金需求非常匹配，无论是在宏观经济层面的降杠杆、补短板，还是在基础设施行业的投融资模式改革，以及微观层面的企业竞争力提升等方面，均具有积极的意义。

四、REITs 规模

近几年，地方债居高不下，基础设施资产和存量不动产十分庞大，专家普遍认为，REITs 是化解债务和盘活存量资产最科学、最有效的金融工具。正如孟晓苏博士在接受媒体采访时表示，REITs 在中国“大行其道”是迟早的事，是中国经济发展必须走的路，是“基础设施和地方债实现华丽转身”的必然选择。

《中国基础设施 REITs 创新发展研究》指出，中国存量基础设施规模超过 100 万亿元，若仅将 1% 进行证券化，则可撑起一个万亿元规模的基础设施 REITs 市场。如果参照美国公募 REITs 市场规模，中国公募 REITs 市场规模未来可达数万亿元。城镇租赁用地住房、集体土地租赁住房、养老院项目和公租房是较为适合发行租赁住房 REITs 产品的基础资产。这些庞大有保障的政府资产、央企国企资产以及商业物业资产，都能做成 REITs。

在谈及中国 REITs 市场规模时，孟晓苏博士认为中国 REITs 市场至少能做到像股市一样大规模。就拿政府资产来说，目前中国的直接负债是 27 万亿元，加上或有负债和间接负债，数量还要大一倍，但 70% 以上的地方债是用于基础设施建设，是有资产保障的，而 REITs 无疑是用来化解这些地方债、盘活这些基础设施资产最科学的证券化工具。未来中国 REITs 市场完全可能做到像股市一样大规模，大概率能达到 40 万亿元。

第三节　为什么需要 REITs

一、生逢其时的 REITs

2020 年 4 月 30 日，《关于推进基础设施领域不动产投资信托基金（REITs）试点相关工作的通知》的发布，正式宣告中国版本公募 REITs 的产生。有些人觉得 REITs 姗姗来迟，但业内人士普遍表示，目前是推出 REITs 的最佳时机，公募 REITs 在国内的发展更加充满希望。在新冠肺炎疫情对经济的严重冲击下，业内人士纷纷表示，在国内试行 REITs 模式选择以基础设施 REITs 为突破口，既能调动各方积极性，又能与房地产市场做好“隔离”，不得不说是一个现实的、应景的、必然的选择。

2020 年 6 月 10 日，首场以“借力公募 REITs，优化投融资结构”为主题的国企投融资沙龙在上海举行，此次活动吸引了近 200 名来自长三角、京津冀等地的国资监管机构、以基础设施建设或园区开发为主业的国企集团以及知名公募基金、券商银行等相关机构人士踊跃参与。

上海国有资本运营研究院院长罗新宇在致辞时表示，公募 REITs 新规出台是一项具有划时代意义的制度性创新举措，既是存量时代的发展需要，也是国资监管进入“管资本”时代的需要。他认为，公募 REITs 不仅能为国资国企优化报表、重组债务和资本运营等领域开辟新空间，也将促进国资国企存量资产加快资本化、证券化进程，并对未来国有资本布局和功能发挥产生深远影响。①

上海国有资本运营研究院投融资中心首席专家罗桂连认为，公募 REITs 在中国有广阔发展空间。他以美国和新加坡为例，详细阐述了基建 REITs 在这些国家从起步到成熟的发展历程，并总结分享了基建 REITs 盘活存量资产、降低融资成本等多个优势，并为中国公募 REITs 发展出谋划策，提出优化税收政策、简化交易结构等宝贵建议。

中泰证券分析师笃慧表示，发布 REITs 试点工作的意义，在于它将改变居民资金流向基建的方式。老的方式是居民资金通过购房、土地财政来支撑基建，但随着我国城市化速度的放缓、居民杠杆率的上升，长期来看，地产销量很难持续增长甚至会萎缩，老模式必然难以持续，因此需要设计新的模式。

国家金融与发展实验室特聘研究员陈思杰在文章《未来已来——简评公

---

① https：//www. sohu. com/a/401028920_ 481760.

募 REITs》中表示，本次公募 REITs 的推出，一方面，让市场看到了金融创新的持续升级，鼓励了广义的公募基金管理机构向更多大类资产领域延伸服务半径，体现专业管理机构的能力；另一方面，从资产层面，精准结合当下大量存量不动产资产，聚焦于核心发展区域的基础设施领域，通过回笼资金的形式，进一步支持本轮新基建的开发。①

中关村现代产业研究院副院长、国家发展改革委 PPP 专家库专家郑建平在接受《证券日报》记者专访时表示："REITs 来了，这是解决 PPP 项目社会资本方退出的一剂真正良药。"

证监会首任主席刘鸿儒在第一次召开的证监会职工大会上曾讲道："我们是第一代拓荒人，没有现成的经验可以参考。我们的任务就是开荒、修路、铺轨道。"中国资本市场发展已近而立之年，但依然有许许多多的拓荒人在开荒、修路、铺轨道，他们在国内不遗余力地宣传和推广 REITs，并绘制 REITs 发展蓝图，其中的艰辛难以言表，意义不言而喻。②

二、商业地产的现状与痛点

对国内存量地产来说，公募 REITs 的试点启航，或许能够创造商业地产新生态，以它为基础资产的 REITs 也将迎来发展机遇。

商业地产是承载科技、教育、生态、文旅、消费、物流、医疗等众多产业的空间载体。譬如在新冠肺炎疫情期间，火神山医院科学的隔离空间设计可以给新冠肺炎患者提供医疗救助；现代化的物流仓库可以在苛刻的环境下储备抗疫药品及物资，保障群众基本生活需求；医疗产业园区，完善的科研设备可以让研究人员研发病毒疫苗。由此让我们更加明白商业地产的价值。

然而，我国商业地产的发展没有得到长期稳定的资金支持：第一，诸多保险资金、社保资金等机构投资人受制于政策调控的基调，无法合理地配置于商业不动产；第二，银行等传统金融机构普遍给开发商限制贷款额度，并

---

① 陈思杰．未来已来——简评公募 REITs［J］．金融博览，2020（6）：50－51.

② 尚义．拓荒新 REITs 赋能新基建［N］．中国证券报，2020－07－04（A6）.

且对应的类 REITs、CMBS 等创新性金融产品没有得到行业的重视。

因此，市场不仅需要政策对商业地产进行松绑，而且需要搭建商业地产商与投资人（或机构）之间的桥梁。业内专家普遍表示，这座桥梁或许就是 REITs。

三、住宅地产的现状与痛点

近年来，以政策性和周期性为主要特征的房地产市场，正面临着一个新的发展趋势：一方面，采用“重资产 + 高周转”模式是我国传统房地产企业通常的做法，在特定的经济发展阶段，这种模式确实发挥了重要的作用，但是目前却暴露出难以解决的诸多问题；另一方面，市场下行的周期开始显现，在某种程度上影响着房地产行业发展。当前，一些房地产企业开始由传统的重资产模式向轻资产模式转型。

商业地产轻资产模式主要是指分工专业化和资产轻型化。分工专业化是指房地产开发从投资到开发、规划、设计、建筑、物业、服务分别由产业链条上的专业化公司分工完成，其资产来源更多的是社会大众，一般只有约 15% 来自银行。这种模式不以拥有土地资产为核心或开端，而是以企业运营所带来的价值增值为重点。

而资产轻型化模式，对于传统的房地产商来说，启动门槛非常高，不仅需要具备良好的外部条件，企业自身也需要有专业化的资产管理能力和强大的资源整合能力。这对我国当前的房地产行业无疑是巨大的挑战。

对于传统购房者来说，买卖房地产通常需要费不少周折。从挑选房子开始，购房者就需要找中介，花时间去做尽职调查，然后确定银行估值和贷款，再请律师完成相关文件。在这期间，购房者一般需要花费大量的时间去审查各项细节，才能最终签署合同，而在他们卖房子的时候，则需要花费的时间会更长。

如果投资者选择购买 REITs，那么相对于传统购房投资来说会更便利。一般由不动产信托投资基金的管理公司去并购或者投资房地产项目，可供投资的房地产项目范围十分广泛，可以是住宅房产（如公寓）、零售房产（如购物大厦）、商务办公楼、酒店、厂房和仓库等。人们只需要购买相应的 REITs 产品，然后就可以像交易股票一样在市场开放的时候随时买进卖出，这要比真正交易一套房子方便很多，也灵活得多。这样可以更大程度地帮助客户用长期资金投资更好的优质不动产项目，在短时间内需要资金的时候可以更快地实现资金回笼。

四、抵押型 REITs 收益与抗风险能力相对齐高

2020 年新冠肺炎疫情在全球暴发，让各国正视经济下行的现实，许多投资者也开始选择更加保守的投资策略。相比股票、债券等传统金融产品，REITs具备相对稳定、相对高收益等特点。REITs 的收益来源主要有两类，一类是定期派发的股利收益，另一类是在二级市场上低买高卖的资本利得。例如，股利收益的来源有持有型物业的租金收入，而物业租赁通常属于刚性需求，租赁收入长期处于稳定增长的状态，这使 REITs 兼具抗通胀性与稳定成长的特点。

此次疫情间接引发各国资本市场的崩盘，特别是美国抵押型 REITs 成为美股的抛售重灾区，股价跌幅甚至超过了美股大盘指数，这让很多人质疑 REITs 抗风险能力。抵押型 REITs 通过将募集资金贷款给房地产开发商以及经营者赚取利息收入，必须要靠滚动放贷获取规模收益，当中自然加了不少杠杆来提高收益率，另外，这类 REITs 产品不会持有过多的现金，因而偿债能力也比较弱。高杠杆加上低现金流，一旦经济出现系统性风险，开发商、经营者都还不起债，作为债主的抵押型 REITs 就可能出现流动性危机，无法兑付二级市场投资人收益，所以也就不难看到投资者因恐慌而大量抛售抵押型 REITs 的情况。

事实上，这种质疑是对 REITs 的一种误解，我们经常谈及的公募 REITs 通常指的是权益型 REITs。权益型 REITs 直接投资房地产，通过租金和买卖收入赚取利润，当前全球大部分 REITs 属这一类。

在疫情期这一特殊时期，资本市场非常需要逆周期调节工具，而 REITs 带来的长期股权资金正好能成为稳定市场的压舱石。并且 REITs 具备稳定增

长及抗风险能力，也可对冲疫情带来的不利影响，形成地产行业健康发展的长效机制。

第四节　国外 REITs 发展情况概述

一、美国 REITs 发展概述

1960 年，美国推出首个 REITs 产品，到现在已经 60 多年。美国已成为全球规模最大，也是最为成熟的 REITs 市场。REITs 在美国投资范围十分广泛，不仅仅局限于传统房地产行业，而且已经延伸至公路铁路、输变电系统等基础设施和公共服务等多个领域。美国 REITs 的不动产证券化模式，实现了不动产投资小额化、不动产逐步动产化、风险分散化和投资简单化。截至 2019 年年初，美国共发行公募 REITs 产品 221 只，总股权市值达 1 万亿美元，约有 8000 万的美国民众通过退休金或者其他投资基金间接持有 REITs。

回顾美国 REITs 的发展历史，美国 REITs 大致经历了初创阶段、成长阶段、波动阶段、复苏阶段和高速扩张五个阶段。

美国 REITs 的初创阶段（1960—1967 年），发展动力明显不足。1960 年，美国国会通过了不动产投资信托基金法案（Real Estate Investment Trusts）、税捐稽征法（the Internal Revenue Code of 1960）。初期法令不仅可以帮助汇集投资人的资金，而且可以赋予 REITs 税赋优惠。但由于当时的不动产是需要通过第三方经营管理获利的，而不是通过不动产投资信托基金管理，并且投资人通过合伙的方式获得收益高于不动产投资信托基金。所以，早期的不动产投资信托基金发展比较缓慢。在 1968 年之前，只有 10 多家 REITs 公司，总市值只有约 2 亿美元。

美国 REITs 的成长阶段（1968—1974 年），美国 REITs 公司数量快速成长了将近 20 倍，REITs 总资产激增了 45%，当时法令对银行存款利率设定上限，而有价证券的收益率不受利率管制的限制，不仅促使大众资金大幅流向证券市场，而且促使美国 REITs 的发展达到巅峰。

美国 REITs 的波动阶段（1975—1985 年），1974 年以后美国 REITs 的总体规模开始不断萎缩，资产总额由 204 亿美元大幅下降，直到 1980 年，REITs 跌到谷底，资产总额降至 70 亿美元。在此期间，从业者乐于操作高财务杠杆，寻求短期扩张。早期的经理缺乏优秀的投资能力和管理资产能力，也缺乏多样化的投资组合产品，除此之外，当时的 REITs 只允许被第三方经营管理。20 世纪 70 年代，美国遭遇整体经济衰退，利率不断升高，这无疑打击了不动产投资信托基金的发展。1981 年以后，美国 REITs 开始在经营上考虑多样化投资，这样有效降低了投资运营风险和负债率。

美国 REITs 的复苏阶段（1986—1990 年），1986 年美国国会设立了《税收改革法》，从此加速了美国不动产投资信托基金的复苏。该法案限制了有限合伙的减税优惠，削弱了税收抵扣的能力，降低了不动产投资信托基金准入标准，允许不动产投资信托基金拥有不动产，开放 REITs 可以直接经营管理它们的资产，不再需要通过第三方组织。在该法案的推动下，REITs 得到了快速发展，负债比率由 1973 年的 70% 降至 1985 年的 50%。

美国 REITs 的高速扩张阶段（1990 年以后），经济开始复苏，投资人的信心逐渐恢复，刺激了不动产投资信托基金的发展。1990 年，全年共有 119 家不动产投资信托基金上市交易，资产市值为 87 亿美元。2002 年，在美国各大证券交易所上市交易的不动产投资信托基金大约有 180 只。此外，美国的不动产投资信托基金的回报率通常高于固定收益债券的回报率和直接进行不动产投资的回报率。1993 年 12 月至 2003 年 1 月，不动产投资信托基金的平均年股息率达 6.96%，高于十年期美国政府债券（5.86%）、标准普尔指数公用股（4.45%）及标准普尔 500 指数（1.79%）。2005 年年底，美国的不动产投资信托基金市值已经达到 3306.9131 亿美元。从全球来看，作为一个资产类别，REITs 的规模大小以及完善程度已经成为一个国家是否存在发达、高效的金融市场的重要标志之一。

二、日本 REITs 发展概述

日本是亚洲首个推出 REITs 的国家。

2000 年，日本修订了本国的《关于资产流动化法》和《信托投资公司法》，扩展了信托投资资金的使用范围，增加了对房地产领域的投资的规定，从而使 REITs 在日本的推出成为可能。

2001 年，首期发售了两只 J – REITs 产品——日本基建 REITs 公司和日本房地产投资公司，正式挂牌东京证券交易所（TSE），共涉及 46 块不动产资产，总价值 3580 亿日元。与普通股票不同，日本 REITs 不仅可以在 TSE 市场进行交易，还拥有相对较为稳定的收益率。截至 2014 年，总共有 47 只 REITs 产品在 TSE 挂牌。①

2003 年，日本房地产证券化协会成立。

2004 年，日本首只住宅房地产投资信托基金发售。

随后几年，日本 J – REITs 发展迅速，2007 年达到 5 万亿日元规模。

2008 年，东京证券交易所修改了公募发行的 REITs 要求，同意 REITs 投资海外不动产。

截至 2018 年年底，日本在公开市场上发售的 REITs 产品达到 61 只，涉及 3900 块不动产资产，总市值达 17 万亿日元。

在短短的 20 年间，日本 REITs 始终保持高速发展势头，并涉及房地产业的不同领域。这既离不开日本政府专项法律法规的支持，也离不开日本央行的保驾护航。

三、新加坡 REITs 发展概述

1999 年，新加坡颁布了《新加坡房地产基金指引》。2002 年，新加坡公开发行了第一只 REITs 产品，是亚洲继日本之后第二个推出 REITs 的国家，

① 孙汉康．国外 REITs 发展的经验及对我国 REITs 转型的启示［J］．经济问题，2019（10）：56 – 63.

当前拥有亚洲最大的 REITs 市场，处于亚洲地区 REITs 募资中心的地位。新加坡 REITs 与欧美 REITs 的主要区别在于，REITs 由基金管理人进行外部管理。此外，新加坡的 REITs 市场较为国际化，即大量 REITs 持有的基础物业除了位于新加坡本国之外，位于马来西亚、中国、印度尼西亚的也占有较高比例。新加坡的 REITs 采用上市信托制/基金制模式，针对不同的物业类型可以设立多只 REITs。截至 2014 年，包括嘉茂（Capita Mall Trust，CMT）等为业界所熟知的总共有 27 只 REITs 产品在新加坡交易所（SGX）挂牌。

新加坡 REITs 的迅速发展，离不开政府提供政策法律支持，新加坡金融管理局积极征集各类提案，不断完善市场规则，提高市场运行效率。当地便捷、宽松的上市条件，成了国内地产商选择 REITs 境外上市的首选地。

无论是最为成熟的美国市场，还是亚太范围的新加坡和日本市场，从制度发布到市场成熟，无不经历了较长的发展过程。

第五节　国内 REITs 发展情况概述

一、类 REITs 产品

自 2002 年开展房地产信托业务以来，我国探索并推出了具有一定相似性的“类 REITs”产品。这是因为国内当时尚未推出严格意义上 REITs 产品的相关法律法规，在市场上发行的产品均是部分符合了国外成熟市场 REITs 的标准，因此称其为“类 REITs”产品。

二、最早的 REITs 产品尝试

我国内地企业最早的 REITs 产品尝试是从境外市场开始的。2005 年 12 月，越秀不动产信托投资基金在中国香港联交所正式挂牌上市，成为第一只以内地物业作为注入资产的“离岸”REITs。越秀在保持控股股东地位的基础

上，通过向中国香港资本市场出让 70% 的 REITs 股权，融得了 33 亿港元。

此后，我国众多房地产企业纷纷计划在中国香港通过 REITs 实现上市，但都由于严格限制外资进入房地产有关政策的执行而搁浅。在 2010 年七部委联合发布《关于加快发展公共租赁住房的指导意见》后，春泉、开元、汇贤等 REITs 产品在中国香港市场陆续上市。北京华联商业信托于 2015 年 2 月登陆新加坡资本市场，为中国物业资产打开了在新加坡上市的大门。2017 年，凯德商用中国信托、大信商用信托等也在新交所发行成功。这些能够说明，我国并不缺乏可作为 REITs 基础资产的优质物业，只是由于缺乏相关的法律基础，该类资产还无法在国内通过 REITs 上市，因此只能借道中国香港和新加坡的成熟资本市场实现上市退出。

三、REITs 在国内的发展

2014 年 5 月，我国第一只私募“类 REITs”产品（中信启航专项资产管理计划）在深交所综合交易平台挂牌交易，其采取了“私募基金 + 专项计划”的模式，对于我国后续“类 REITs”的发展起到了引领作用。

自 2017 年以来，“类 REITs”在住房租赁领域也取得了重大突破。由新派公寓在 2017 年 11 月发行的首单长租公寓 REITs 开始，保利、碧桂园、旭辉、越秀、泰禾、阳光城、深圳人才安居集团、平安不动产、海南发展控股、珠海华发等国有及民营企业先后发行了以租赁住房、人才公寓等作为基础资产的“类 REITs”产品。截至 2018 年 12 月，国内已成功发行“类 REITs”产品 43 只，发行规模达 903. 2 亿元。

2019 年 6 月，“上海广朔实业有限公司 2019 年第一期光证资产支持票据”发行，这是国内首单以高速公路（隶属河北交通投资集团公司）作为基础资产发行的银行间 REITs 产品。截至 2019 年 8 月，国内已累计发行“类 REITs”产品 54 单，总发行规模为 1139 亿元，其中，52 单是在中国证监会体系监管之下，2 单是在中国银保监会监管体系之下。经过监管层和业界多年来的共同努力，中国“类 REITs”的发展颇有成效，但与国际上成熟的 REITs 产品还存在一定的差距。

第六节 REITs 和政府 PPP 项目相结合的益处

一、政府 PPP 项目的现状和困境

改革开放 40 多年来，我国经济社会的飞速发展，带来了人们对物质和精神需求的日益增长，也催生了对基础设施建设的大量需求。然而，基础设施存量资产却给地方政府带来了债务负担、资金压力，也造成了对财政改革的阻碍。那么，如何处理好这些存量资产，对地方政府而言，是亟须解决的问题。一方面，基础设施建设是衡量地方政府业绩的重要指标之一；另一方面，存量资产影响着我国城镇化建设，同时也是增强经济内生增长动力的关键。

我国传统城镇化的建设模式可以概括为“一高一低一难”，“一高”即融资平台债务高；“一低”即公共供给的效率低；“一难”即民间资本进入难。在这种形势下，为了缓解地方政府的债务压力，可以考虑打开民间资本参与城镇化基础设施建设和公共服务融资的通道，提高公共供给的效率，即启动 PPP 模式。

PPP 模式（Public Private Partnership），即政府和社会资本合作，激发民间资本活力，鼓励私营企业、民营资本与政府进行合作，参与公共基础设施的建设，是政信金融的一种实践形式，可以有效缓解地方政府债务压力。

PPP 模式有三个重要特征：一是伙伴关系，政府和民营企业共同行使权力，共同承担责任；二是利益共享；三是风险分担。PPP 模式对不同基础设施可采用不同方式，已有的基础设施可以采取 PPP 方式吸引民间资本参与，改建、扩建、新建也都可以采取 PPP 方式激发民间投资的活力，从而降低地方政府单纯依靠财政投入带来的资金压力。

PPP 模式在我国推动速度很快，但在此过程中存在不少问题，主要包括地方财力可能无法承受、实际操作过程不规范、相关政府会计制度不完善以及缺乏全面绩效管理等问题。如果处理不到位，很可能无法实现中央政府通

过 PPP 提供公共服务和降低财政风险并举的初衷，反而会形成新的地方隐性债务。

PPP 模式在西方发达国家应用较为成熟，但在我国，起步和应用都较晚。2013 年，PPP 还处于初级阶段，职责简单，模式单一，并未融入国家治理体系。2014 年，我国推行新一轮 PPP 改革时，把 PPP 视为一种创新的公共产品和公共服务供给管理方式，打破过去的“官办官营”，转变为“官督民营”。目前处于探索应用阶段，应用范围较广。当前在交通运输建设、能源建设、教育和保健机构建设、安全设施建设等方面应用较广，如公路、铁路、桥梁、港口、城市供水供电供气排污等。

PPP 模式虽然在我国基础设施建设中应用较为广泛，但在应用程度上尚不成熟，目前需要应对的风险较高，同时并没有形成完善的应用路径和成熟的可借鉴经验。但是，PPP 模式具有传统融资模式所没有的很多优点，未来必定具有广阔的应用前景。

但是，PPP 模式在我国的发展进程中，一直面临着一个难点和痛点，那就是社会资本的退出问题。正如国家发展改革委 PPP 专家库专家郑建平在接受媒体采访时表示：“REITs 来了，这是解决 PPP 项目社会资本方退出的一剂真正良药。”

郑建平认为：“PPP 模式是我国在推进基础设施建设与公共服务领域深化改革的必然选择。自党的十八届三中全会以来，我国 PPP 模式相关政策密集出台，‘忽如一夜春风来’，PPP 模式大面积推广就此展开。紧接着，就在全国‘千树万树梨花开’，至今已逾 6 个年头。由于地方政府的大干快上，PPP 项目无论良莠一哄而上，其中不乏一些改头换面的伪 PPP 项目。‘乱象’自然催生国家整顿与严格管控，相关部委自 2017 年开始陆续出台一系列政策文件，对 PPP 市场进行规范和整顿。很多不规范 PPP 项目被清理出库，PPP 发展开始减速，并在规范探索中曲折前进。PPP 依旧是今后长期在基础设施与公共服务领域的重要模式。”

“可 PPP 在中国的发展进程中，一直有一个难题和痛点，就是社会资本方的退出问题，特别是 PPP 项目完成建设期，进入运营期后，在存量 PPP 项目持续增加的阶段，将会越来越显得突出。”郑建平感叹道。

自 PPP 模式在国内推广以来，国家在相关政策和文件中强调应当丰富 PPP 项目投资的退出渠道，为社会资本构建多元化的退出机制，但其实没有多少能够退出的路径可选择。在原有政策框架下，理论上无非有以下几种可退出模式：一是 PPP 项目特许经营到期移交退出；二是 PPP 项目公司（SPV）的股权转让；三是公开上市（IPO）；四是资产证券化（ABS）。

对于以上四种模式，郑建平表示，“第一种到期移交退出，太过久远；第二种股权转让退出和第三种公开上市退出，实践中难度很大；唯有第四种资产证券化只能说比较有想象空间，但事实上进展非常缓慢。所以在原有政策框架下，PPP 项目的退出其实一直就是老大难问题，只不过因为我国的多数 PPP 项目还处在建设期或刚刚开始运营期，这个问题没有特别凸显出来而已”。

而这次 REITs 政策的横空出世，正是 PPP 项目退出的“及时雨”。

郑建平解释称，“PPP 项目的社会资本方，就可以把收益已经稳定化的 PPP 项目优质资产，通过 REITs 转为由社会资金所持有，实现真实出售 PPP 项目资产的权益型 REITs 而成功退出。对地方政府而言，REITs 化的 PPP 基础设施并没有离开本地。特许经营的社会资本方把水电气热等市政工程、收费道路桥梁、仓储物流等 PPP 项目资产卖给社会基金持有之后，地方政府并没有失去这些资产的使用功能。这些基础设施仍然为这个地方所服务，只不过持有人改变了”。

郑建平指出，“PPP 项目的 REITs 不同于 PPP 资产证券化，PPP 资产证券化（ABS）以项目收益权为标的，是一种债权型产品，它本身需要信用背书，难以实现‘真实出表’，还要考虑与运营期限的时间错配问题。PPP 资产证券化只是 PPP 项目社会资本方的间接退出，无法成为‘风险隔离’的直接退出。而 REITs 是以 PPP 项目优质资产为标的一种股权型产品。它不再是由建设期的社会资本方持有债权，而是由社会投资人来持有这些有收益的资产，是 PPP 项目社会资本方的完全退出。既然是股权完全转让，REITs 无须考虑期限错配问题。让以施工建设见长的社会资本，放下了退出顾虑，通过 REITs 转让资产，提前退出，回收资金后就可以投资新的 PPP 项目，这样更有利于发挥企业特长，而且让 PPP 领域的资金流动起来，反哺投资于更多的 PPP 项目。所以，把权益型 REITs 说成能够解决 PPP 项目社会资本方退出、大大提升 PPP 资产流动性的根本性金融工具，这一点也不为过”。

“同时，PPP 项目的资产，也为各类投资人提供了 PPP 领域的投资选择，PPP 基础设施类的优质资产就可以成为资本市场上的优质资产。REITs 并非固定收益的债权产品，其收益率取决于 PPP 底层基础资产的运营收益，如果某 PPP 项目资产管理和运营得好，那么该项目就能获得持续稳定的现金流，投资者的收益也就有保障。反之，可能收益不那么好。在后疫情时代，全球都进入了利率下行通道，估计在较长的时期内，债权类产品，无论是债券还是各类资管产品，都不大可能有较高的收益率。而且，在经济不景气的背景下，债权类产品出现违约不能兑付的风险也在增大。在这种情况下，有基础设施类 PPP 底层资产做保障，还能产生稳定收益的 REITs 产品，是稳健型投资人不错的选择。REITs 投资人既可以是社保基金、养老金、企业年金、险资等偏好长期投资的资本，也可以是普通投资人。对投资 REITs 的普通大众而言，很可能就是自己小区的水暖电热，自己走过的某段高速公路，自己乘坐的高铁地铁，也在为自己创造投资收益。”郑建平进一步表示。

郑建平最后指出，寻求 PPP 项目中社会资本方的退出问题，一直让业界同人“众里寻他千百度”，现在好了，横空出世的 REITs 就如“那人却在灯火阑珊处”，让 PPP 项目的社会资本方提前退出容易多了，继而让 PPP 领域的优质资产转化为资金的流动性也大大加强了，还让投资人能够获得 PPP 项目的稳定收益，REITs 对我国 PPP 事业的发展意义非凡。

二、REITs 盘活存量资产

2020 年，公募 REITs 试点项目范围聚焦在基础设施领域，是我国项目投资重点，数额少则数亿元，多则数十亿元，甚至数百亿元。基础设施 REITs 将通过“公募基金 + ABS”的方式实现，即公募基金产品购买基础设施资产支持证券，基金可在交易所上市交易。

中国版的 REITs 应从政府资产开始做起，它有两个特点：第一，通过发行公募基金来持有原来地方政府所持有的优质不动产，这样政府就可以拿到大量的资金，把这些不动产再由政府的平台公司反租回去；第二，通过管理内部化，继续由原机构管理持有这些不动产，并且保证证券化后的收益率。这样做适应了国际上 REITs 内部管理化的要求，如果 REITs 收益不足，政府可以通过购买服务把收益补足，这样也就解决了现在用商业地产发布 REITs 多半收益率不足的困难。

早在 2016 年 10 月 17 日，国务院发展研究中心 REITs 课题组组长孟晓苏受邀在中国证监会 REITs 国际研讨会上发表主题演讲时提到：推动 REITs 作为存量资产 PPP 的思路，来源于国务院探索基础设施等资产证券化的要求。

孟晓苏接受媒体采访时，从三个方面介绍了“用 REITs 实现政府存量资产 PPP”课题的主要思想。下面是孟晓苏讲话的全文：

各位专家、各位朋友：

我很高兴受邀参加中国证监会主办的本次 REITs 国际研讨会。我们课题组成立于 2015 年 7 月，到现在已经一年零三个月了。我们就“用 REITs 实现政府存量资产 PPP”做了深入研究，这是中国 REITs 的现实渠道。现在课题报告已经基本完善，但是还没有向国务院上报，因为还要形成试点方案，成为一个完整的报告。利用这次机会，我把课题的主要思想简要地向大家报告一下，希望大家帮助我们完善这个课题。

第一，中国政府对 REITs 较为重视。

推动 REITs 作为存量资产 PPP 的思路，来源于国务院探索基础设施等资产证券化的要求。2020 年 6 月初，国务院发布文件，就保障房、租赁房问题，提出了“稳步推进房地产投资信托基金（REITs）试点”的意见。这是 REITs 以英文简称的形式第一次写入国务院文件。我们课题报告研究的正是 REITs 和存量资产 PPP 的关系。刚才财政部孙晓霞司长已经完善地阐述了关于增量资产如何进行 PPP，我们重点研究的则是用 REITs 进行存量资产的 PPP。

关于 REITs 的基本概念，在座的都是专家，不需要我更多地介绍。REITs

就是一种把不动产收益权证券化变成上市资产，并且可以在市场上流通的产品。

2000年左右，我们请国外的专家来讲金融创新，他们说，“除了REITs，没有更好的金融创新可讲。”可见，国际专家对REITs高度重视。各国各地对REITs的规定，整理下来有收益权、流通、免税和限制投资开发这四项。

刚才洪磊会长介绍了，在房地产领域我们是最早关注和引进REITs理念的。2005年股市跌到998点时，我在国内组织了第一个研讨会，推出了这个理念。2006年在天津市政府的支持下，设立了首个REITs公司，名为“领锐公司”，但这些都没取得成果。到了2008年国务院发布文件，要求“开展房地产信托投资基金试点”，但第二句话就说错了，说“拓宽房地产企业融资渠道”。当时对REITs存在这样的误解，使得REITs在中国举步维艰。

第二，中国特色的混合型REITs如何化解地方政府债务。

近年来，REITs和政府资产的关系，包括REITs和保障房的关系，不断被介绍出来，这是中国REITs的现实实践之道。2009年后，我们看到地方政府资产增长，同时也看到了债务的堆积。根据有关部门的研究，现在各类地方债达到30万亿元。同时，地方政府的资产，达到108万亿元。大量的地方政府资产是由负债、财政投资以及资产增值三个方面构成的。现在地方政府还债困难，但其持有的资产价值很大。李克强总理在多次会议上讲道“地方性债务中70%用于基础设施建设，是有资产保障的”。而且负债和投资形成的资产已经迅速增值。一些房产已经有了3~5倍的增值。

中国REITs首先要学国外和境外经验。譬如，中国香港特别行政区政府把资产做REITs，“领汇基金”就是一种权益性REITs，是用政府拥有的商铺和停车场发行的REITs，表现很好。在美国还有把监狱拿来做REITs，称为“抵押型REITs”，做法是“sale and lease back”，在若干年后“buy back”。它用政府来交租的方式，使得资产从没有租金变成有租金，从非经营性的变成经营性的。在2021年3月25日的博鳌论坛上，我向美国REITs协会会长史蒂文先生做了请教，他说“美国不光有监狱REITs，还有政府办公楼的REITs”。这都是中国REITs直接可以学习的榜样。

这些年我们看到了主管部门对于推动 REITs 的努力，如中国证监会 2018 年就发文要求加强研究。我所提出的“用 REITs 可以有效化解地方债”，把 REITs 和政府资产联结在一起。2019 年年初，中国住建部提出要推动 REITs 试点，并且希望我们 REITs 机构能帮助把 REITs 试点开展起来。现在课题研究已基本完成的情况下，我们也在全国不少省份推动试点。我们的 REITs 结构和国际上的 REITs 结构是基本一样的，但不同的是，我们认为应当从政府资产包括央企资产来起步。按照一些地方政府省、市长的话来说，“完全用政府资产”，黄奇帆市长说“REITs 第一步先不要做民营企业资产”，因为税收和收益率不好解决，完全用政府与央企资产可以避免这些问题。REITs 资产还用政府平台公司进行回租，这样租金收益解决了，可以通过政府交租和政府购买服务的方式，使得 REITs 有足够的收益率。

这么做，地方政府可以拿到对价的资金。因为原先政府的大量资产是由大量的负债形成的，已经让地方政府背得透不过气。如果通过 REITs 把资产证券化了，政府把债务问题解决了，拿回了资金，但保持资产仍然在这个城市中不动，那么就能有效吸收全社会的资金为这个城市的基础设施建设服务。

这种资产出表安排，对于政府来说可以实现出表的目的，对我们来说形成了权益型的 REITs，而它的流通已经有了便捷的条件，通过基金的形式，特别是公募基金等工具，就很容易实现流通。在深市、沪市流通最方便。一些积极推动 REITs 试点的省市提出来，无论最终能不能在各自省建立 REITs 流转机构，这是地方政府对 REITs 有积极性的信号。

我们设计的 REITs 期限在 7～20 年，应当能由政府或平台公司原价回购，这样就解决了“国有资产流失”的顾虑。在资金投入的时候很容易厘定资产价值。如果评估资产价格太高，地方政府还要多交税，虽然一部分税被地方政府征收，但是一部分税额是给中央的。所以按原值进入，再允许原值回购，这个关系就很容易确立。这也能解决投资人关于最终 REITs 投资怎么退出的顾虑，即最终由政府原价回购，投资人退出。这样的 REITs 可以在初期满足财政出表要求，对于投资人来说是“权益型 REITs”；后期由于又有政府回购安排，结束前又成为一种“抵押型 REITs”。也有一些地方政府提出来，

REITs能不能不回购，成为“永续化 REITs”？我们认为，即使可以永续化，也仍然应先做成政府能够回购的 REITs，这样可避免资金投入时的麻烦。

我们认为，这样的 REITs 可以成为公募资产证券化的最好办法。首先，政府或平台公司投资形成了有效资产，然后设立基金由 REITs 所有，通过入市流转，让投资人可以进退方便。这样地方债务可以有效化解，就可以再进一步负债，再借债利息就低了。基金到期时，由政府回购以保障投资人权益，也保证了国有资产不会流失。这种做法可以称为“混合型 REITs”。

第三，发展 REITs 与国家有关政策相契合。

现在发展 REITs 也有利于稳定中国的资本市场，特别是能给社保基金和养老金一个稳定增值的金融产品。中国老百姓历来就愿意持有不动产。如果利用 REITs 将不动产卖给社会机构包括老百姓，他们也会乐于持有。这能印证国际上一位著名的 REITs 机构推动者说的一句话，“REITs 将会在中国大行其道”。

现在国务院正在大力推动 PPP。刚才听到孙晓霞司长讲到关于增量资产的 PPP 问题。我们需要推动的是用 REITs 来做存量资产 PPP。这也是很重要的一部分，而且比增量资产的 PPP 操作还容易。现在中央要求的“去产能、去库存、去杠杆、降成本、补短板”，REITs 恰恰都能做到。这也是加强供给侧改革的重要方面，包括制度供给、管理供给和创新供给。

在研究 REITs 过程中，刘世锦组长问过我：“你已经提倡了 REITs 十多年，现在怎么却不着急了？”我说，“急也不行”。我自己发明了一个“喝啤酒理论”，让我对 REITs 在中国的实现很有信心。什么叫“喝啤酒理论”？就是我们在这儿喝啤酒时，我就断定你要上厕所。你说你就是不去，那你就继续喝吧，早晚往我说的这个地方走，这就是我的“喝啤酒理论”。有人说这么粗俗怎么还叫理论？那我就换一个说法叫“问题导向、倒逼机制”，倒逼他上厕所。这是一种“理论自信，道路自信，制度自信”。我们相信这种全世界已经畅行的产品和制度，一定能在中国实现。

今天的会议可以帮助我们完善这个思路。我认为中国 REITs 的突破，首先不应当是民营企业，而应当是着眼于有资产量的政府资产和央企资产。政府资产的证券化相对容易，我们也已经对它的结构做了完整设计。现在很多地方政府都很积极，REITs 试点地方政府中，最积极的是重庆，书记和市长直接来推动。还有贵州，这些 GDP 增速排在全国第一第二的省份，做 REITs 的积极性比较高，希望通过 REITs 减少政府债务，增强发展活力。上海市一些地方国企也比较积极，希望能在试点中取得突破。还需要提高央企把自身持有的存量资产做成 REITs 的积极性。REITs 课题到现在还没有正式上报国务院，原因是我们希望先做出试点再一并上报。这么重要的课题，要带着成果向中共中央和国务院报告。我希望各位专家能帮助我们深化对这个问题的研究，希望能通过引入 REITs 进入中国，推动中国经济的长期持续发展。谢谢大家。

从孟晓苏博士的主题演讲中可以总结出三点混合型 REITs 与政府 PPP 项目相结合的益处，以及为什么我国推行 REITs 势在必行。

第一，我国政府对 REITs 较为重视。2016 年 6 月初，国务院发布文件，就保障房、租赁房问题，首次提出了“稳步推进房地产投资信托基金（REITs）试点”的要求。中国证监会陆续发文，住建部推动 REITs 试点，地方政府积极配合推进。

第二，REITs 能够化解地方政府债务。2009 年后地方政府资产增长，债务也在堆积。通过 REITs 工具，政府可以剥离债务，由 REITs 持有资产，同时通过资产回租，保持政府保有管理权。同时，政府也可以在一定期限后以原价回购 REITs。不仅解决了国有资产流失的顾虑，而且提供了投资者退出的路径。借鉴美国、中国香港等地 REITs 的发展经验，中国政府可以在大量存量资产的基础上发展 REITs。

第三，发展 REITs 与国家有关政策相契合。REITs 能兼顾中共中央要求的五大任务，即“去产能、去库存、去杠杆、降成本、补短板”。REITs 也是加强不动产融资供给侧改革的重要方面，包括制度供给、管理供给和传统供给。同时，REITs 的发展也有利于稳定中国的资本市场。REITs 受益权证可上市流通，有利于化解“资产荒”，扩大资本市场规模；REITs 稳定收益有利于吸引稳健型投资者；中国投资者乐于持有不动产，REITs 有着巨大市场空间。

第二章　REITs 与地方债

第一节　公共资产

一、公共资产的定义与范围

普遍理解认为公共资产即公共基础设施，而公共基础设施分为经济性和社会性两大类。经济性公共基础设施一般包括交通运输、能源公用和通信等，如高速公路、桥梁等经济性公共基础设施；社会性公共基础设施包括市政道路、社区活动中心和消防设施等，如煤气、自来水和地铁等市政设施。

公共资产有时候也称公益性资产。国家发展改革委、财政部联合发布的《关于进一步增强企业债券服务实体经济能力严格防范地方债务风险的通知》（发改办财金〔2018〕194 号）中细化了公益性资产的定义：包括公立学校、公立医院、公共文化设施、公园、公共广场、机关事业单位办公楼、市政道路、非收费桥梁、非经营性水利设施、非收费管网设施等。

国家发展改革委、中国证监会在基础设施类 REITs 公募试点中指出，基础设施公募 REITs 的五大重点板块分别为：①仓储物流；②交通基建，包括收费公路、铁路、机场、港口等；③环境治理，包括污水处理、垃圾处理、固体和有害废弃物处理等；④市政公用，包括水、电、煤气、供暖等；⑤新型基础设施，包括数据中心、人工智能、5G、基站、物联网、宽带网络、有线电视、智慧交通、智慧能源、智慧城市项目等。

目前，我国公共资产与国有资产有时候界限不清，应该按其性质、功能等进行分类管理，建立非经营性公共资产概念体系，界定非经营性公共资产范围，而不是简单地区分。对资产的分类管理是国际惯例，不同性质和用途的资产应采用不同的管理方法，这样才能最大限度地实现资产的高效运作。目前，各国都根据各自的国情进行不同程度的分类管理，如美国以资产用途为基础，新加坡以行业性质为基础。我国可以将非经营性公共资产进行分类管理，与国有资产有所区别的是，公共资产可以按国家发展改革委和财政部文件的定义分类为公益性资产。前者是国有公用资产，后者是提供给公众使用的公益性资产。

这样针对不同性质的非经营性公有资产采取不同的管理方式，立法、配置、管理、监督等均形成各自的体系，使各种非经营性资产都能够在各自的领域发挥最大效用。

特别要关注的是新型的公共资产。2020年《政府工作报告》提出，要“加强新型基础设施建设”，国家发展改革委明确了新型基础设施的范围，提出新型基础设施是以新发展理念为引领，以技术创新为驱动，以信息网络为基础，面向高质量发展需要，提供数字转型、智能升级、融合创新等服务的基础设施体系。

基础设施包括公用基础设施和专用基础设施，公用性质的基础设施如交通、环境等，为所有产业部门的运营提供支撑和服务，一般以政府投资建设为主；专用性质的基础设施如农业、工业、能源等，为专门产业部门的运营提供支撑和服务，一般由政府与企业根据设施应用范围分别投资建设。新型基础设施包括公用设施和专用设施，但总体上属于以专用性质为主的基础设施，它与传统基础设施的一个区别就是主要为高新技术产业及应用提供支撑和服务，并以市场化投资建设为主，由政府与企业根据设施应用特点分别投资建设。因此，从理论上说，新型基础设施的完整含义，应包括“为高新技术产业及应用服务”和“以市场化投资建设为主”两个要素。

在界定概念的基础上，我们还要进一步确定新型基础设施的范围。目前新型基础设施主要包括三个方面的内容：一是信息基础设施，主要是指基于新一代信息技术演化生成的基础设施。比如，以5G、物联网、工业互联网等为代表的通信网络基础设施，以人工智能、云计算、区块链等为代表的新技术基础设施，以数据中心、智能计算中心等为代表的算力基础设施等。二是融合基础设施，主要是指深度应用互联网、大数据、人工智能等技术，支撑传统基础设施转型升级，进而形成的融合基础设施，如智能交通基础设施等。三是创新基础设施，主要是指支撑科学研究、技术开发、产品研制的具有公益属性的基础设施。比如，重大科技基础设施、科教基础设施、产业技术创新基础设施等。这是一种广义的范围，有利于我们更好地理解和把握新型基础设施建设的方向。

二、公共资产的特点

公共资产作为公共基础设施，是为公众设置和使用的，不允许某个人独占或排他的一些基础性设施，公众可以共享，如医疗机构、教育机构、道路桥梁等。因此，作为基础设施的公共资产有以下特点：公益性、垄断性、收费性、竞争性。

因为公共资产具有的公益性，公共资产与一般的基础设施有所区别。核心是公共基础设施是为社会生产和居民生活提供公共服务的物质工程设施，是用于保证国家或地区社会经济活动正常进行的公共服务系统。它是社会赖以生存发展的一般物质条件。

同样，作为公共资产的新基建与传统的基础设施建设，也有所区别。新基建与传统基建的一个重要区别是，新基建主要依靠市场化投资，政府不是主要的投资主体。政府扩大对新基建的投资主要是为了解决其中的公共投资问题，特别是扩大科技研发创新所需的公用基建投资，同时起到逆周期调节市场需求、对社会投资起导向作用的效果。而对于高新技术产业的专用基建投资、应用高新技术改造传统基建投资，政府投资主要是发挥“四两拨千斤”的作用，重点是拉动和引导民间资本的投资。

新基建投资与传统基建投资的一个重要差别，就是新基建投资的投资前景和收益回报具有更大的不稳定性。推进新基建投资主要依靠市场化投资，需要建立一种政府部门搭台、市场主体唱戏的机制。政府要推动和引导新基建投资，就要改变行政性、计划性的管理方式，转而实施市场化的管理方式。要继续深化“放管服”改革，推行负面清单的监管制度，使市场在资源配置中起决定性作用，使投资者更大程度地依据市场信息决策并承担投资风险。

三、海外公共资产

（一）海外公共资产分类

海外对基础建设的理解已超出了传统范畴。不仅是交通运输、能源和废物废料处理，环境质量和人类健康等也成了一个国家基础建设的重要考量。可持续发展的要求给传统基础设施和新兴可持续性企业带来了众多挑战，这些挑战包括在严格的经济制约因素和极具挑战性的政府规章制度下执行项目。

在一些经济体/区域，可持续性基础设施投资的一个主要特点是，来自政府或由政府提供便利的资金比例很高，或来自公共和私营部门投资的混合。了解这种可以采取多种形式的关键体系对支持该行业至关重要。

我们可以看一下海外公共资产的分类举例：

——能源

- 石油和天然气（下游、中游、上游）
- 公共设施
- 可再生能源（生物燃料、地热、核能、太阳能、风能）

——基础设施

- 通信网络
- 工程设计、采购、建造
- 交通运输（桥梁、港口、铁路、公路）

——可持续发展

- 农业和自然资源
- 高能效的能源产品和服务
- 废物废料治理
- 水资源管理

（二）美国基础设施分类

从金融产品角度，美国将公共资产从广义上分为基础设施、数据中心、自建仓储、工业园区等。受政治体制影响，美国在基础设施建设部署上存在较大不稳定性，但是对新型基础设施建设的投资却一直被作为推动经济增长的重要手段，相关战略部署立足长远，正在积极推进。

1. 主要战略部署

自2008年全球金融危机以来，美国先后实施了《美国复苏与再投资法案》《美国国家空间数据基础设施战略规划草案（2014—2016）》《修复美国地面交通法基建法案》《联邦大数据研发战略计划》《增强联邦政府网络与关键型基础设施网络安全》《美国重建基础设施立法纲要》等战略计划，出台了《网络与信息技术研发计划》《大数据研究计划》《能源制造业系统伙伴关系计划》等具体的实施细则，旨在通过加强新型基础设施建设来摆脱经济危机，提升产业竞争力，实现经济复苏。其中，科技领域新型基础设施建设主要包括下一代能源基础设施、高速互联网、科研基础设施、人工智能、大数据等方面。如表2.1所示。

表2.1　主要的政策与战略部署

政策名称	实施时间	发布部门	“新基建”领域部署
《美国复苏与再投资法案》	2009年2月	美国联邦政府	高铁生产装备、医疗卫生设备、宽带网络、智能电网、化石燃料生产装备等
《美国国家空间数据基础设施战略规划草案（2014—2016年）》	2013年7月	美国联邦地理数据委员会（FGDC）	国家地理空间数据库、云计算、新移动地理空间传感器平台等
《修复美国地面交通法基建法案》	2015年12月	美国国会参众两院	基础设施修复技术
《联邦大数据研发战略计划》	2016年5月	美国联邦政府	加强科研网络基础设施建设，包括芯片、高性能计算、云计算等，数据集本身、通用计算工具、标准制定等

续表

政策名称	实施时间	发布部门	“新基建”领域部署
《增强联邦政府网络与关键型基础设施网络安全》	2017 年 5 月	美国联邦政府	电力传输线、铁路桥、网络、关键技术专利、能源技术、关键材料技术等
《美国重建基础设施立法纲要》	2018 年 2 月	美国联邦政府	生物能、氢能、太阳能基础设施，5G 通信基站，自动驾驶基础设施，无人机设备运输系统，模块化基础设施装备

资料来源：计世研究院。

2.《美国重建基础设施立法纲要》的主要内容

2018 年 2 月，特朗普政府出台《美国重建基础设施立法纲要》（以下简称《纲要》），从出台时间来看，《纲要》与我国“新基建”战略部署时间较为接近，面临着相似的国际背景和外部环境，建设领域上存在一定相似性。《纲要》更加偏重融资，传统基础设施占比较大，科技领域的基础设施建设更多以其他的专项计划来部署。在技术领域上，《纲要》重点投资现代交通、新能源、5G 通信基站、智能电网、宽带网络、大数据等领域，注重对成熟技术的应用和推广。相比而言，根据国家发展改革委对“新基建”范围的界定，我国“新基建”包括信息基础设施、融合基础设施、创新基础设施，技术领域涉及 5G、物联网、工业互联网、卫星互联网、人工智能、云计算、区块链等新兴技术，特别重视对重大科技基础设施、科教基础设施、产业技术创新基础设施等创新基础设施的投资。如表 2. 2 所示。

表 2. 2　《美国重建基础设施立法纲要》重点投资领域与我国“新基建”对应领域

主要领域	细分领域	计划和目标	我国“新基建”对应领域
交通	道路、桥梁和运输	修复道路和桥梁	智能交通基础设施
	机场	机场改进计划，NextGen 更新计划	
	铁路	改善城际客运铁路和高速铁路，升级桥梁、隧道和轨道	
	港口和内陆航道	疏浚、维护船闸、水坝、港口以及其他沿海和内陆航行水道	

续表

主要领域	细分领域	计划和目标	我国“新基建”对应领域
水资源、给水和排水系统	—	大型水利基础设施，清洁水和饮用水管道系统	融合基础设施
下一代能源基础设施	—	输电和配电设备升级，可再生能源设施，下一代能源基础设施	智慧能源基础设施
高速互联网	—	中程有线、远程有线，原有宽带网络升级	以5G、物联网、工业互联网、卫星互联网为代表的通信网络基础设施
城镇基础设施	主要街道振兴	社区街道，智能交通，韧性基础设施，自行车和行人慢行交通体系等	融合基础设施
	多模式交通投资带动经济复苏投资计划	改善城市安全，缓解城镇拥堵	
	公共交通	公共交通设施维修，公交车和铁路、地铁、轻轨，有轨电车和公共汽车	
	公共教育	学区教学设施，校舍	
	韧性城镇建设	关键基础设施，灾害预防设施	
农村基础设施	—	改善农村基础设施，增加农村商业收入和个人收入，农村区域互联互通，公共土地基础设施	融合基础设施
缓解社会问题的基础设施投资	公共土地和印第安部落地区重要基础设施	公共土地、公园管理、林务管理、医疗设施、学校等建设	无
	退伍军人和国民警卫队服务设施现代化	退伍军人护理，医院诊所维护	
基础设施创新转型项目	自动驾驶技术和车辆	自动驾驶的基础设施设计、维护和操作，道路维护	以人工智能、云计算、区块链等为代表的新技术基础设施，融合基础设施
	新轨道运输技术	个人车辆和公共交通	
	无人机	无人机运输	
	模块化基础设施技术	隧道挖掘，道路、桥梁修建	

续表

主要领域	细分领域	计划和目标	我国“新基建”对应领域
刺激基础设施投资的创新融资	创新融资工具	融资	无
	州基础设施银行	贷款和信贷援助	

资料来源：计世研究院。

第二节　用 REITs 解决地方债问题迫在眉睫

改革开放 40 多年来，我国的各项事业取得了快速发展。目前我国经济增长模式主要是依靠投资拉动经济增长，再加上以 GDP 为核心的地方官员政绩考核体系，使地方政府为了拉动 GDP 增长而大举借债投资。我国部分地方政府超规模举债，债务风险突出。有些地区为了追求经济发展，盲目投资，导致地方性债务急速扩张，甚至呈几何倍数增长，地方性债务风险不断加大。例如，鄂尔多斯的地方债务问题。我国地方债正在成为经济稳定发展的“隐患”，甚至有些海外媒体称，我国地方债将是我国三大金融风险之一。

据媒体报道，为降低金融风险，健全管理机制，解决地方债务问题，早在 2013 年，国务院委托审计署就地方政府债务问题进行全面摸底和测评。全国审计机关对中央、省、市、县、乡五级政府性债务进行彻底摸底和测评，包含 36 个地区，4 万多个被审计单位。审计结果表明，截至 2013 年 6 月底，全国各级政府负有偿还责任的债务 206988.65 亿元、负有担保责任的债务 29256.49 亿元、可能承担一定救助责任的债务 66504.56 亿元。虽然债务风险总体可控，但经盘查，发现债务问题突出。我国地方债总体债务规模大，在各地方政府中，所举借的债务种类多、规模大、具有隐蔽性，并且有不断扩大的趋势。①

从 2014 年开始，我国面对地方政府性债务的困扰提出了“地方政府债券 +

① 审计署，http：//xinxi. audit. gov. cn：8888/gdnps/content. jsp？id = 129787。

PPP”的解决措施，出台了一系列法律规范和政策文件，以实现“疏堵结合”，有序化解地方政府性债务。

2014 年 9 月，国务院颁布了《关于加强地方政府性债务管理的意见》（以下简称《意见》），明确规定地方政府不得为融资平台公司提供担保，并采取地方债置换和规范城投债发行等配套举措以化解地方债可能衍生的风险。

《意见》是地方债务顶层设计的开端，明确了加快建立规范的地方政府举债融资机制：①赋予地方政府依法适度举债权限，明确划清政府与企业界限，政府债务只能通过政府及其部门举借，不得通过企事业单位等举借。②建立规范的地方政府举债融资机制，地方政府举债采取政府债券方式。主要包括两种情形，一是没有收益的公益性事业发展确需政府举借一般债务的；二是有一定收益的公益性事业发展确需政府举借专项债的。③推广使用政府与社会资本合作的融资模式。鼓励社会资本通过特许经营等方式，参与城市基础设施等有一定收益的公益性事业投资和运营。政府通过特许经营权、合理定价、财政补贴等事先公开的收益约定规则，使投资者有长期稳定收益。

2014 年 9 月，财政部发布《关于推广运用政府和社会资本合作模式有关问题的通知》（财金〔2014〕76 号），提出推广 PPP 模式是国家确定的重大经济改革任务，对于加快新型城镇化建设、提升国家治理能力、构建现代财政制度具有重要意义。

新《预算法》于 2015 年 1 月 1 日起生效，将地方债的发行正式化，明确规定经国务院批准的省、自治区、直辖市预算中建设投资必需的部分资金可在国务院确定的限额内以发行地方政府债券的形式举借债务，给予我国地方省级政府发行债券的权利。明确限制地方政府的举债方式，除发行政府债券外，其他任何方式都被认定为违规。

随着一系列政策文件的出台，从 2015 年开始，我国地方政府性债务余额增速减缓，“债券 + PPP”的解决措施起到了一定作用。

但 2016 年地方债再呈爆发式增长，地方债务余额大，增速快，共计发行了 1159 期，同比增长 87.24%；规模 6.05 万亿元，同比增长 98.69%。截至 2016 年年末，我国地方债余额达 17.18 万亿元，增速达 7.38%，仍然高于

2016 年 GDP 6.7% 的增速。5 年来，地方债由 2012 年的 3.8 万亿元增加到 2016 年的 17.18 万亿元，增长 352.11%，同时段 GDP 由 51.95 万亿元增长到 74.41 万亿元，增速为 43.23%。①

一、地方债整体规模

地方债主要包括显性地方债和隐性地方债。参照财政风险矩阵的分类规则，并结合我国地方债务特点，按照政府承担债务责任的种类和程度不同，将地方政府债务进行了以下分类，如表 2.3 所示。

表 2.3　地方政府债务分类

地方政府债务	直接债务（现时义务）	或有债务（未来义务）
显性债务（经过法律、合同明确）	1. 国债转贷 2. 政府统借统还外债 3. 专项贷款 4. 国际金融组织贷款 5. 国内金融机构借款 6. 农业综合开发借款 7. 向单位、个人借款 8. 拖欠财政周转金工程款、工资、养老金 9. 其他	1. 政府担保外债（包括外国政府贷款、国际金融组织贷款） 2. 政府担保内债（国内金融组织贷款、单位借款、个人借款、中外合资融资租赁特定贷款） 3. 拖欠养老金 4. 其他
隐性债务（未经法律、合同明确）	1. 基础设施建设负债 2. 教育负债 3. 应该由地方政府负担的粮食亏损补贴（政策性挂账债务） 4. 社会保障支出负债（社会保险资金缺口） 5. 其他	1. 地方金融机构呆坏账 2. 政府直接干预形成的国有企业、政策性金融机构的债务 3. 国有企业改革成本 4. 公共部门的违规担保（未经中央政府担保的地方政府和其他机构的偿债资金缺口） 5. 项目单位不能偿还的政府借资 6. 下级政府财政危机 7. 其他

资料来源：根据公开资料整理。

① 朱颖，戚友翅．我国地方债的发展趋势及风险防范［J］．现代金融，2017（12）：33－35.

显性直接债务是指经过法律、合同明确由地方政府承担支付义务的必然性债务；隐性直接债务是指未经法律、合同明确具体偿还责任的教育、社会保障等未来预期性债务；显性或有债务是指政府明确承诺对担保项目出现的坏账进行全部或部分偿付的债务；隐性或有债务是指地方政府没有明确承诺但会承担部分道义性责任的债务，也是风险系数最高的一种地方债务。政府负债率（年末债务余额÷当年 GDP×100%）是衡量经济总规模对政府债务的承载能力或经济增长对政府举债依赖程度的指标，一般 60% 为警戒线。

就我国地方政府整体债务规模而言，由于统计口径不同，地方债务规模的数据并不一致。目前，业界对于隐性债务规模的估算结果存在较大差异。

国际清算银行（BIS）的数据显示，我国 2017 年年底的政府债务余额为 38. 8 万亿元人民币，除去当年财政部公布的地方政府债务余额 16. 5 万亿元，则估计的隐性债务余额为 22. 3 万亿元。

国际货币基金组织（IMF）据 2019 年第四条的磋商报告测算，2018 年我国地方政府债务总规模为 64. 5 万亿元，其中，隐性债务余额约为 30. 9 万亿元，主要表现为地方政府融资平台的额外债务 24. 1 万亿元，各类政府基金约 6. 8 万亿元。从余额上看，BIS 与 IMF 估计的差距较大。

清华大学的白重恩在 2018 年《我国政府投融资发展报告（2017）》发布会暨地方政府债务管理研讨会中提到："到 2017 年 6 月底，发行过城投债的企业的债务余额是 47 万亿元左右。"

中国社会科学院国家金融与发展实验室的张晓晶在 2017 年度的《我国去杠杆进程报告》中提到，当前地方政府融资平台债务约为 30 万亿元。

2020 年第一季度，地方债规模超历史同期。1 月及 2 月地方债发行量占全年预测规模超 30%。1 月地方债共发行 7850. 64 亿元，相比 2019 年 1 月 4180 亿元同比激增 87. 8%，主要是专项债的大幅增加，1 月专项债发行 7148. 21 亿元，规模超 2018 年同期 4 倍。2 月地方债共发行 4420 亿元，相比 2018 年同期的 3642 亿元增加了 21%，其中，专项债 2400 亿元，较 2018 年 2 月增加 50%。2 月地方债发行价格进一步压降至 3. 34%。募集资金用途 42% 为狭义基础设施建设，加上园区建设和交通基础设施建设（包括收费公路和轨道交通）等用途，基础设施建设类占比达74%。其中15年及以上长期限地方债占比大幅度上升。

二、地方债省区规模

1. 2016年地方债务规模

根据2016年各省、自治区、直辖市地方债余额、GDP及负债率统计，债务余额最大的为江苏，超过万亿元，其次是贵州、山东，分别为8721亿元、8494亿元，余额最小的为青海、宁夏和西藏，分别为1339亿元、1175亿元、156亿元。

由于GDP总值不一样，债务负担能力各有差别。2016年，31个省市自治区中负债率最高的为贵州、青海及云南，负债率分别为74.32%、52.06%、42.72%，其中，贵州已经超过国际警戒线（>60%），负债率最低的为山东、广东、西藏，分别为12.68%、10.55%、10.06%，尤其是广东，在GDP高居榜首的同时，负债率也很低。①

2. 2017年地方债务规模

根据2017年各省、自治区、直辖市地方债余额、GDP及负债率统计，债务余额最大的为江苏，其次是广东、山东和贵州，分别为12026.28亿元、10730.60亿元、10196.80亿元和8607.15亿元，余额最小的为青海、宁夏和西藏，分别为1512.57亿元、1248.40亿元和98.64亿元。

2017年，31个省市自治区中负债率最高的为青海、贵州、海南和云南，负债率分别为61.54%、59.77%、40.02%和39.93%，其中，贵州已经超过国际警戒线，负债率最低的为河南、广东和西藏，分别为13.61%、10.29%和9.12%。

3. 2018年地方债务规模

根据2018年各省、自治区、直辖市地方债余额、GDP及负债率统计，债

① 朱颖，戚友翅．我国地方债的发展趋势及风险防范［J］．现代金融，2017（12）：33－35.

务余额最大的为江苏，其次是山东、浙江和广东，分别为13285.55亿元、11436.70亿元、10794.43亿元和10007.81亿元，余额最小的为青海、宁夏和西藏，分别为1763.20亿元、1389.18亿元和134.79亿元。

三、我国地方债特点

地方政府债指的是有财政收入的地方政府及地方公共机构发行的债券，是地方政府根据信用原则、以承担还本付息责任为前提而筹集资金的债务凭证。

在新型城镇化的背景下，基础设施建设需要大量资金，这些让地方政府面临较大的支出压力。结合目前地方债整体现状，可见我国地方债具有如下特点：①债务总体规模大。在各地方政府中，所举借的债务种类多、规模大、具有隐蔽性，并且有不断扩大的趋势。②债务偿还能力低。财政紧张的地方政府偿债能力十分有限，有的地方政府因为不能按时偿还会出现本息不断累积的情况，这就会使地方政府更加无法偿还所举借的债务。③债务结构不平衡。我国整体债务水平呈现出一种不平衡状态，在经济发达的地区如上海、北京等，地方债务的风险较低，但在江西、甘肃等欠发达地区，债务的规模就比较大且风险也较大。④管理机制不完善。地方政府没有完善的债务举借、偿还的体制机制，管理十分混乱，而这一点则进一步弱化了地方政府的偿债能力。

除此之外，我国地方债还有如下特点：①政府债务期限较短，流动性风险较大。我国地方债的期限平均不到5年，而国外一般长达15年。②我国地方举债以政府融资平台公司举债为主。各个地区的融资平台举债占全部地方债的比例不同，占比区间一般为30%～60%。③地方举债的方式呈现多样化，主要有发行债券、银行贷款、信托融资、BT融资和应付未付款项等。④地方债务的投向以公益性投资为主。根据各地债务审计报告，通常用于保障房建设、交通建设、市政建设、土地收储、教科文卫、农林水利等。

第三节　中国式“次贷”

一、地方债核心问题

我国地方政府是推动经济发展与社会进步的重要力量。在我国财政分权的体制下，地方政府没有足够的财权来匹配其事权，往往是通过举债的方式来筹集所需资金。对于地方政府来说，地方债可谓一把“双刃剑”：一方面，通过合理的债务发行、使用和偿还，可以在很大程度上发挥债务资金的杠杆作用，促进地方经济发展；另一方面，如果债务的发行规模、时机或者成本等任何环节考虑不周，就有可能导致地方债偿还出现困难，陷入信用危机，危害经济发展和社会稳定。

李本松教授曾提到，我国地方债存在的核心问题主要包括地方债务规模大、部分地区债务增长过快、合理不合法、显隐性交织、监督和管理不完善等。①

为了促进经济发展，我国地方债现象是普遍而大量存在的。既有合理性，又缺乏合法性。我国地方政府做了很多事情，如大力建设公共基础设施、民生工程等。但当我国地方政府无力承担时，就只能通过举债的方式来进行。从严格意义上来讲，我国地方债在过去很大程度上是不合法的。2014 年 9 月 21 日《国务院关于加强地方政府性债务管理的意见》颁布之前，我国地方政府并没有被授予借贷举债和发行债券融资的权力。由此可见，我国地方债普遍大量存在是合理的，但同时也是缺乏合法性的。

我国地方债是显性地方债和隐性地方债交织在一起的。为了发展经济，我国地方政府过去主要通过举债解决资金问题。但在缺乏法律授权的条件下，

---

① 李本松．论我国地方债产生的根源和新常态下的解决对策［J］．现代经济探讨，2015（5）：45－48.

我国地方政府举债常常是变相而隐秘的，并且经常是多部门化、多样化和多途径化的，多头举债和举债过程是没有透明公开的。有些地方债是由中央政府代为举债，纳入政府预算管理，这些地方债务是显性存在的。但是更多的是地方政府、各部门、事业单位等独自借贷举债，并且没有经过审批和纳入统一管理，所形成的债务是隐性存在的。

长期以来，关于我国地方债的法律法规并不健全，同时也缺少完善的监督管理机制。多头举债、举债过程不透明的问题长期存在。有的是投入产能过剩行业，有的是重复建设。因此，地方政府债务风险已成为我国经济运行中的“隐患”，亟须关注并解决。

二、地方债存在的风险

我国地方政府债务风险，特指省级以及各级政府到期应承担债务超出自身偿付能力的可能性，以及相关衍生的影响财政收支的负面后果。

近年来，地方政府为解决收不抵支的矛盾，持续加大债务融资规模以增大资金投入，各类融资平台也在不断兴起，使地方政府债务规模与债务结构的风险上升。地方债在弥补地方财力、促进地区社会经济事业发展的同时，债务风险尤其是隐性债务风险日益凸显。早在 2015 年政府财政预算体系改革时，地方政府举债被明令禁止。但在经济发展的客观现实下，诸多合法模式逐渐被异化为地方举债的新途径，包括政府购买服务、PPP 合作模式、政府产业基金等。相应地，融资平台也有抬头之势。

第一，经过多年的“沉淀”和发展，这些隐性债务的规模十分庞大。受统计口径不同的影响，中国地方政府隐性债务数据会有所不同。从财政部官网披露的地方政府债务余额来看，自 2014 年以来，地方政府显性债务的增长速度相对较慢，年均增速仅为 2.4%，年均增量也只有大概 0.4 万亿元。反观隐性债务，自 2014 年以来的年均增速达到了 77%，存量迅速增加。IMF 于 2017 年估算出我国 2016 年的地方政府隐性债务余额约为 19.10 万亿元（其中，广义政府债务和狭义政府债务分别为 46.4 万亿元和 27.3 万亿元）；中国社科院于 2007—2014 年定期发布我国地方政府债务规模，我国地方政府的广义隐性债务规模高达 29 万亿元、狭义隐性债务规模达到 13 万亿元（不包括或有显性）。

第二，隐性债务的结构非常复杂，并且融资成本高。地方举债方式有银行贷款、发行债券、BT 融资、信托融资和应付未付款项等。这些主要是由融资平台贷款完成，2017 年融资平台贷款占地方政府隐性债务的 48%，虽然融资平台目前普遍能借到钱，资金链未断，但是维持资金链的债务成本高，近乎“放高利贷”。例如，2013—2014 年，很多地市级政府的融资平台通过信托、基金融资的成本超过 12%，县区级政府的融资平台甚至普遍超过 20%。另据审计发现，一些地方政府以 PPP 为名违规举债融资，采取政府回购、承诺固定投资回报等方式搞“明股实债”，包括由政府或政府指定机构回购社会资本投资本金或兜底本金损失；政府向社会资本承诺固定收益回报；政府及其部门为项目债务提供担保等。有的地方融资平台与电子商务公司合作建立网站，发布政府建设项目信息，约定筹资总额和资金利息，吸引社会资金参与，互联网金融平台对接政府项目和投资人，也即所谓的 P2G 平台，这种以政府信用作为担保的融资方式，在经济形势下行的压力下，面临较大的风险，如表 2.4 所示。

表 2.4 以政府信用作为担保的融资方式

债务形式	主体	具体形式
政府提供隐性担保/违规举债	机关事业单位	事业单位以教育等社会公益设施进行抵押融资；政府以文件、纪要、批示等形式要求或决定企业为政府举债或变相为政府举债
	国企（含融资平台）	承诺将储备土地预期出让收入作为公司偿债来源；只承担公益性项目建设或运营任务、依靠政府补贴偿还债务的融资平台；以国有资产为企业融资作抵押或者质押品
不规范的政府投资基金	产业引导基金	利用借贷资金出资设立各类投资基金；设立基金时，承诺回购社会资本方的投资本金，承担社会资本方的投资本金损失；承诺最低收益；额外附加条款变相举债

续表

债务形式	主体	具体形式
伪政府购买服务	地方政府	将公益性领域的建设工程作为政府购买项目；非金融机构提供的融资行为纳入政府购买服务范围；棚改项目
伪 PPP 项目	PPP 项目公司	对商业项目承担无限责任；向社会资本承诺最低收益；承诺回购社会资本方的投资本金或承担社会资本方的投资本金损失；通过相关合同额外附加条款变相举债

资料来源：根据内部资料整理。

第三，隐性债务投资收益率低，偿还风险很大。一方面，近年来，地方一直依托新出让地块的土地出让金筹集项目资本金，不考虑债务成本和偿债资金来源，并且相信中央政府一定会为其“兜底”，于是造成盲目举债。另一方面，市政建设和交通运输设施建设是地方债务最大的流向。但是这些基础设施的建设往往周期长，无法很快产生效益，而有一部分由基建带来的效益（主要是为公民生活带来的便利等）也无法直接计入基础设施的回报里。

总之，隐性债务不断地攀升、债务结构复杂化，对国民经济的平稳发展有潜在的风险冲击。由于社会资本对于公益性、城市建设项目风险的规避，融资风险大都集中于政府机关和国有企业等。一般来讲，政府承担债务的风险不会转化为个人风险。但是，倘若政府融资平台公司债务风险扩大，则极有可能产生以下问题：第一，财政风险。大多数地方融资平台公司依靠土地转让收入而没有持续的还债能力，因此会增加大量财政支出，甚至会导致国有资产流失。第二，金融风险。由于政策的不确定性和银行业的波动性，政府融资平台公司不合理的贷款结构极有可能导致系统性的金融风险。第三，政府信用风险。地方政府是国家信用的基石，如果地方政府违约，那么将严重影响国家信用。①

① 江凯，鄢斗，杨美英．国际经验视角下我国地方政府融资模式探讨［J］．中国房地产金融，2011（9）：14－16，18.

三、目前解决地方债的主要方式及存在的问题

2020 年受新冠肺炎疫情影响，全球经济下滑：一方面，中美贸易摩擦加剧，国际金融形势不容乐观，经济下行压力加大，财政收入增长缓慢。另一方面，我国经济依然需要靠政府投资来拉动，支持重大在建项目和补短板。由此推断，化解隐性债务是一个长期而艰巨的任务。

金融是现代经济的血脉，血脉通，增长才有力。近年来，国家高度重视防范重大金融风险，这是关键的一步，也是三大攻坚战中重要的一环。专家学者们为化解地方债想尽了办法，如发低息新债还高息旧债，实行贷款证券化，卖地还债等。

（1）发低息新债还高息旧债。实际上这就等于没有还债，地方政府的负债并没有降低，也限制了地方政府扩大投资。

（2）实行贷款证券化。把一些还不起的地方贷款证券化，实际上形成了中国式“次贷”。与美国次贷相比，中国次贷是由还不起债的政府造成的。除此之外，盲目的证券化会使地方政府对一些已经产能过剩的行业（包括钢铁、水泥、电解铝等）产生过度的投资热情，使这些行业产能过剩进一步恶化。

（3）卖地还债。出让土地是地方政府偿债的主要来源。但是，土地变现及增值都需要相当长的一段时间，等待合适的时机和买家也并不是件容易的事，尤其是在房地产行业低迷时期。

而有些专家却认为，用市场化方式创造现金流或许才是最佳方式。地方政府性债务作为地方性经济资源的一部分，必然会跟随着地方经济的发展而发生相应的运转。若某地区的地方政府性债务处于市场循环状态下，说明该地区经济结构正处于不断发展的状态中。同时，若地方政府性债务的本息周期循环速率快，说明此地方政府性债务的周期循环速率较快，债务企业的资金回本速率就比较快，经济的态势也就比较好；若地方政府性债务的投入迟迟不能回本，则从侧面反映出区域经济发展状况不够好。

从地方政府债务与地方经济发展之间的关系可以看出，我们需要采取更加市场化的手段，化解债务风险。通过市场化方式，引进民间资本，节约财政，抑制政府盲目投资，可以做到债务安全着陆。

第三章　用 REITs 化解地方债

第一节　用 REITs 解决地方债的思路

一、用 REITs 解决地方债的现实需求

假如地方政府不断地开展基础设施建设，那么不动产资产就会大量增加；假如地方政府不断地通过发债等方式开展城市建设融资，那么地方政府债务就会大量激增。对地方政府债务堆积过高这一问题，一些政府官员和许多专家学者提出通过"发低息新债偿还高息旧债"，实行"贷款证券化"和"卖地还债"等办法化解地方债。这些方法虽能解决眼下的问题，但实际上等于没有还债，地方政府的负债率没有降低，继续扩大政府投资很难，实际上变成了一种中国式的"次贷"。

对于国内地方债来说，由于有地方政府做背书，地方债从发行之日起备受各方资本的青睐，各个资管公司竞相追逐，但由于地方经济发展状况不同，一段时间后债券违约和延期一再发生，原本的箱底担保操作不再被资本方认可，甚至严重地造成信用违约，本金无法追回。我国地方政府性债务中，有 1/4 能还本付息，有 1/2 只能还息不能还本，另外 1/4 则是本息全不能还。但这些地方债务很多都形成道路、桥梁、水务、待出让土地等不动产，大部分是已成倍增值的优质资产。正如李克强总理 2015 年 1 月在达沃斯论坛致辞中所说，"地方性债务 70% 以上用于基础设施建设，是有资产保障的"，地方债所对应的公共资产特别是土地资产已成倍增值，这是实行"不动产证券化"

的最好条件。以往发行的地方债也好，资产支持计划也好，由于其本质还是借债，所以不是真正的 REITs，是类 REITs。虽然是类 REITs，但是以往发行的各种资产支持专项计划为推动真正的 REITs 的落地提供了基本的引导作用。

中国经历了 40 多年的改革开放，城市发展日新月异，城市空间不断向外延伸，形成了庞大的城市群；由此建设的包括城际相连通的高速公路，城市住宅配套的天然气、供水、供暖、供电，城市污水垃圾处理，固废处理，高新技术聚合产业园区等已经积累了百万亿量级的存量基建资产。这些资产广泛地存在于地方政府、城投公司、社会资本手中。然而长久以来，它们都缺乏一个有效的退出渠道，长期持续投入使其负债压力逐年增加。而另一边则是我国不断增长的居民财富，以及机构投资者对长期稳健收益的金融产品需求。

中国经济发展长期依靠房地产和基础设施投资。以房地产投资为例，1999—2018 年，中国房地产投资增长超过 30 倍。2018 年，中国房地产投资累计值超过 12 万亿元，同比增幅达 9.5%，较 2017 年的 7% 提高了 2.5 个百分点。房地产和基础设施投资大多与地方政府密切相关，卖地收入更是地方财政收入的重要来源之一。然而，随着中国经济增长模式的转型，以土地、房地产和基础设施为抵押品的信用扩张难以成为中国经济未来进一步增长的发动机。从中长期看，急剧的人口老龄化带来的消费需求出现巨大变化，储蓄率下降，房地产价格和投资下降；随着城镇化率的提升、产业结构的变迁和劳动力的重新配置，现有的产业投资、公共服务体系建设、房地产投资和城市基础设施急需优化配置。为了提升房地产、基础设施、公共服务体系等的投资效率，准确的价格信号极其重要。

基础设施 REITs 的推出恰逢其时，将成为盘活我国巨量存量基建资产的利器，有望促进地方政府及相关投资人降低杠杆、增加基建资金新来源、打开基建发展新空间。同时，也有望逐渐形成一个以万亿量级起计的大类资产市场，促进我国资本市场健康发展。REITs 对城市的发展具有长期重要的引导作用；把原来的短期借债转化为长期的发展资本，减轻了短期付息和还款的压力，同时为引导社会民间资本参与国家建设提供了一条切实可行的通道；

有利于打造具有中国特色的全民参与的市场化资源配置型资本市场。

二、用 REITs 解决地方债的思路与路径

2020 年 4 月，随着中国基础设施领域 REITs 试点工作相关文件的出台，REITs 作为一种权益性融资工具开始更多地出现在公众视野中。基础设施领域不动产投资信托基金（REITs）试点是贯彻落实党中央、国务院关于防风险、去杠杆、稳投资、补短板决策部署的有效政策工具，有助于盘活存量资产，调动各类社会资本积极性，促进基础设施高质量发展。因此，通过 REITs 进行金融创新，把公共资产中的优质资产通过 REITs 实现证券化，不仅可以有效地化解地方债，而且能够深化投融资体制改革，给资本市场提供优质资本品，促进我国资本市场稳健发展。

1. 用 REITs 解决地方债的思路

中国公募 REITs 将依据全球标准化 REITs 基本特点，以公开发行、公开交易方式，坚持权益型导向，实现 REITs 穿透持有不动产权益。其中，收入结构要求、分红比例、杠杆率及治理结构等具体规则参考成熟市场规则制定，按照有助于降低主体杠杆率、盘活存量资产、完善不动产资产定价机制的方向推动实施。用 REITs 化解地方债的思路有以下四个要点：

（1）基金置换权益，政府获取现金。通过私募或公募资金持有地方政府与其平台公司的优质不动产，租金按期分配给投资人，这些受益权证可以在资本市场上流通。政府通过动能转换，可以拿存量资产变现资金。这种资金的投向可以不受监管，收益率要求大概是银行 5 年贷款利息的收益率。存续期可为 3 ~5 年，也可达到 18 ~20 年，甚至永续。作为权益型 REITs，资产可以出表，可以降低政府负债率。

（2）实行内部管理，保持管理稳定。因为原有的资产管理相对规范，在实现了 REITs 这个顶层权益的变化之后，资产还可以由原来的平台公司管理，不必变更。譬如，还是由公路局管公路、由房管局管房产、由公用机构管公用设施和地下管网等。在这样的安排下，投资人能稳定获取租金，政府购买

服务的补贴可以少量补入租金，还保持了管理团队的稳定，人员不下岗。它符合国际上 REITs“管理内部化”的要求，对原资产提供方与投资人都是比较好的选择。

（3）基金入市交易，丰富资本市场。现在中国证监会与交易所积极支持 REITs 在深市和沪市流通交易。私募基金分优先级、次优先级与劣后级，可以有限流通。基础设施 REITs 允许公募基金进入不动产资产证券化，通过“公募基金 + ABS”的方式使 REITs 在我国获得突破，推动中国 REITs 实现场景爆发，可以极大丰富中国的资本市场。

（4）到期原价回购，增值全归政府。考虑到国有资产在入市时往往遇有评估难题，要规避“国有资产流失”的风险与顾虑。通过这种让原资产提供方有到期优先回购权的设计，可以打消国有资产流失的顾虑，减少资产评估中的障碍。有的地方政府不理解 REITs 为什么要让它回购，地方政府持有这么多商业资产干什么？孟晓苏博士指出：“即便要做成永续化的产品，也需要在开始时作出回购设计，可以避免在资产评估方面引发争议。未来可以在产品运行过程中再行商议，那时由政府放弃回购权，就可以变成永续化产品。”

2. 用 REITs 解决地方债的路径

有了这四个方面的设计思路，就可以使 REITs 从权益型、抵押型发展成混合型，以政府与平台公司投资所形成的有效资产，通过设立资金由社会持有；仍由政府与平台公司管理并保证收益，权益证可以入市交易，进退方便，这样可以把地方债务有效化解；基金到期，政府可以原价回购。有了这种金融产品，地方经济发展中的很多难题就可以一举化解。它能实现存量资产的动能转换；它是地方混改的最佳方案，每一个 REITs 就是一个混改项目，即使这些资金是来源于全国社保基金等国有资产，它的国有资产层级比地方政府的国有资产层级还要高，但是它通过 REITs 成为社会资金，它持有资产就是混改；它可以有效降低地方政府的负债，可以有效提升我国主权信用评级，可以丰富中国资本市场。它还可以通过发展直接融资打破刚性兑付，防止过度依赖间接融资而加大金融风险，具体 REITs 解决地方债的路径可以分为以下三种：

（1）地方政府举债形成可实现经济效益的公共资产，政府持有项目股权；

（2）地方政府将所持公共资产转化为“REITs”，成立私募股权REITs基金收购政府公共资产；

（3）通过沪深交易所上市，让商业保险、社保养老基金作为最终投资人。

三、用REITs解决地方债的案例分析

（一）国外及中国香港地区先进经验

国务院发展研究中心REITs课题组研究认为，前期可以以地方政府持有的公租房、廉租房、高速公路、火车站、汽车站等公共资产进行REITs试点，这是有西方发达国家和中国香港地区的经验可循的。美国有拿监狱做的REITs产品，如CCA Prison Realty Trust（代码为CXW）就是专门收购和运营监狱的REITs基金，美国新泽西州政府把CCA监狱通过发行出售给REITs基金后，再由政府租回使用，每年按照约定支付租金，被称为“Sale and Lease Back”（售后回租），基金到期时还可以由州政府把不动产权益回购回来。美国地方政府通过REITs这种金融产品有效实现政府资产、债务与资金的灵活转换。我国香港地区发行的第一只REITs“领汇基金”就是用香港特别行政区政府所持有的居屋、公屋中的商业物业与停车场所发行的基金，其中，270亿港元是投资，80亿港元是银行贷款，领汇基金把350亿港元支付给香港特别行政区政府，用以偿还其保障房建设负债，对应资产则转为社会资金持有，发行时年收益为6.7%，上市流通后很受资本市场欢迎。

（二）国内早期类REITs产品经验

1. 首单公募REITs产品——鹏华前海万科

2015年7月，鹏华前海万科REITs发行。鹏华前海万科REITs首次使用公募基金作为发行载体，发行期其单个投资者的单笔认购门槛仅为10万元。鹏华前海万科REITs上市后，其在深圳交易所场内二级市场交易的最低份额

为 1 万元。相较于其他类 REITs 产品，鹏华前海万科 REITs 对于我国公募 REITs 的借鉴价值在于，其法律结构的设计大大提升了类 REITs 产品的流动性。

鹏华前海万科 REITs 首次使用公募基金（封闭式混合型发起式证券投资基金）作为发行载体（见图 3.1），弥补了私募发行的类 REITs 产品在流动性方面的不足。但是，受到《证券投资基金法》中关于公募证券投资基金投资非上市企业股权的限制要求，鹏华前海万科 REITs 仅以不超过 50% 的基金资产投资项目公司股权，投资于其他资产组合的比例不低于 50%。由于不动产并不是鹏华前海万科 REITs 的主要底层资产（不高于 50%），且项目公司股权对应的只是期间收益权而非真正的产权，无法与投资者分享物业资产的增值收益，其仍不能算是符合国际标准的公募 REITs。

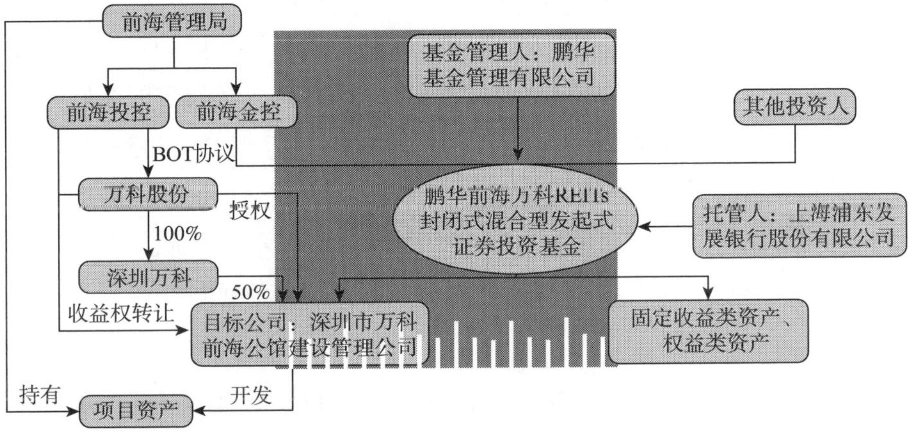

图 3.1　鹏华前海万科 REITs 产品结构及退出方式

资料来源：REITs 行业研究（公众号 ID：REITsResearch）。

当然，鹏华前海万科 REITs 在交易结构上与海外标准 REITs 存在一定差异。一是该产品受限于《证券投资基金运作管理办法》中关于公募基金持有单一公司集中度的相关规定，只能以不超过 50% 的资产配置在商业物业股权上，未体现出商业地产投资基金的行业特征；二是基金投资标的虽为前海企业公馆项目公司股权，但并未实际控制前海企业公馆物业产权（注：根据招募说明书，前海企业公馆项目为 BOT 项目，即由万科出资建设前海企业公馆，并通过8年的运营来回收项目投资，最后再无偿移交给前海管理局。因此，前海企业公馆项目公司仅拥有前海企业公馆项目自2013年9月8日至2021年9月7日的收益权，并不拥有前海企业公馆项目物业产权）。

故本单产品的实质为BOT项目“特许经营权”（收益权）的证券化。由于上述问题的存在，公募基金REITs产品可复制性不强，“鹏华前海万科REITs”之后并未出现同类型产品。

基金管理人与深圳万科、万科企业、目标公司、前海投控签订了《合作框架协议》及相关交易文件，对目标公司的增资入股、股权回购、业绩补偿及激励机制和各方承诺等进行了全面、完善的约定和安排，力争有效保障基金投资人的利益。

基金于募集成立6个月之内通过增资入股的方式获得目标公司50%的股权。基金增资入股后，依据相关协议和目标公司公司章程的约定，通过持有目标公司股权、获得目标公司利润分配以及深圳万科或其指定的关联方回购目标公司股权方式，获取2015年1月1日至2023年7月24日目标公司就前海企业公馆项目实际或应当取得的除物业管理费收入之外的营业收入，营业收入将通过业绩补偿机制和激励机制进行收益调整。增资完成日后6个月内，基金管理人、目标公司、深圳万科和万科企业将积极促成目标公司改制为股份有限公司。

基金通过向深圳万科及其指定的关联方溢价转让股权的方式实现逐步退出。基金应分别在2015年12月31日前、2018年12月31日前、2021年12月31日前和2023年10月31日前向深圳万科或深圳万科指定的关联方转让14%、18%、17.5%和0.5%的目标公司股权，直至基金全部股权退出。

鹏华前海万科REITs仅获得了目标公司50%的股权，同时该目标公司享有的只是标的资产的收益权，并未取得标的资产的权属，该产品实际上是BOT收益权的证券化。该产品的收益一部分来源于租金，另一部分来源于深圳万科或其指定关联方回购目标公司股权时形成的股权溢价。为保证投资人收益，该产品以“深圳万科一次性存入不低于2000万元的保证金至保证金账户，并确保每年维持不低于2000万元的保证金”的增信方式作为基金收益的担保。通常来说，公募基金只投资于上市交易的股票、债券、货币市场工具或其他基金份额，但该基金不超过 50% 的基金资产投向了非上市公司的股权，其在投资类别上获得了证监会特批，实现了重大突破。从公募基金的投资范围而言，并不包含非上市公司股权、债权等收益权，这是需要特批的第一个方面。

2. 海南省首单 REITs 产品——海南人才租赁住房 REITs

2019 年 3 月 25 日，博鳌亚洲论坛 2019 年年会召开之际，海南人才租赁住房 REITs 产品发行取得圆满成功。这是海南省首单 REITs 产品，也是全国首单省级人才租赁住房 REITs。

海南人才租赁住房 REITs 产品规模为 8.7 亿元，由海南控股担任原始权益人并提供增信，海南乐居不动产基金、工银瑞投分别担任基金管理人和计划管理人。产品受到国有商业银行、股份制银行与地方银行踊跃认购，最终超额认购 2.16 倍，优先级证券发行利率为 4.5%，创同期同类产品发行成本新低。如图 3.2 所示。

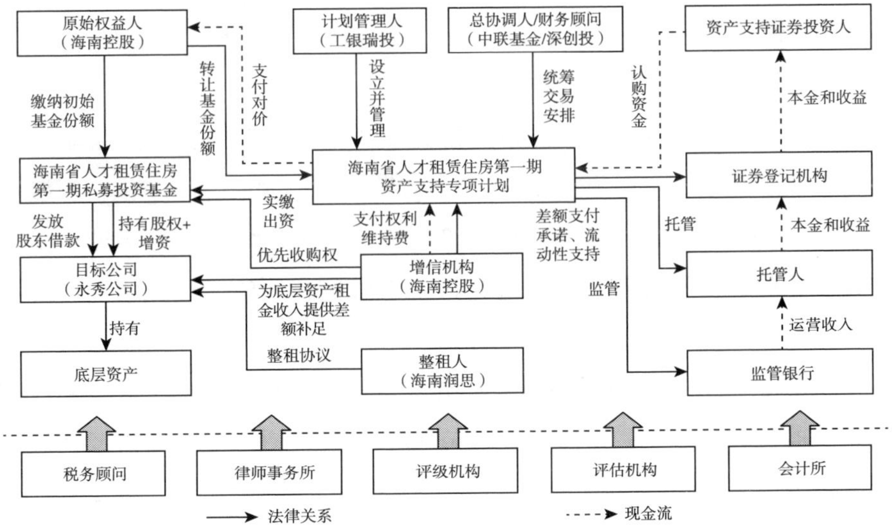

图 3.2　海南人才租赁住房资产支持专项计划项目架构

资料来源：作者绘制整理。

在海南人才租赁住房 REITs 筹备过程中，海南省财政厅牵头指导协调，推动组建了合资基金管理公司海南乐居不动产基金管理公司，创新方式落实了人才租赁住房税收优惠政策，并赴中国证券投资基金业协会协调 REITs 产品和海南乐居不动产基金管理公司备案等有关事宜。REITs 产品的成功发行，得到了中国证监会、深圳证券交易所、中国证券投资基金业协会的指导和大力支持，同时得到海口市政府与省住建厅、省税务局、省国资委、省证监局等相关部门的充分协同支持。

海南省人才租赁住房 REITs 的成功发行，有利于促进人才住房作为扩大开放、招商引才政策工具作用的充分发挥，打造海南省人才租赁住房可持续发展的创新投融资模式，构建房地产租赁运营长效机制，引导房地产市场健康发展，为全国探索出一条以市场化手段有效调控房地产的改革路径；同时也为海南省在基础设施、总部办公、医疗养老等不动产领域实施资产证券化探路，形成金融和不动产资产的良性循环，吸引社会资本参与海南省投资建设。

海南省将继续在人才租赁住房、基础设施等领域开展 REITs 探索，争取全国首批公募 REITs 试点资格，并在 REITs 税收中性等政策方面积极探索，发挥先行先试的政策优势，推进公募 REITs 试点。

海南人才租赁住房 REITs 发行规模为 8.7 亿元，其中，优先级证券 7.83 亿元，占比 90%，由 8 家银行机构参与认购，发行利率为 4.5%；次级证券 0.87 亿元，由原始权益人认购。优先级资产支持证券期限为 3×6 年，每 3 年设票面利率调整权和投资者退出选择权。中诚信证评给予优先级资产支持证券的评级为 AAA 级。

产品安排了优先级/次级资产支持证券分级、底层资产租金收入和权利维持费超额覆盖、海南控股出具的差额补足承诺、流动性支持承诺及评级下调收购承诺等增信措施。

该产品底层物业资产位于海口市秀英区，是配合海南省“百万人才进海南”人才引进战略的配套人才租赁住房。项目交通便利，距离即将开通的高铁长流站约 1 公里，周边配套设施齐全。资产由海南控股旗下租赁运营公司润思进行整租并对外运营分租。

3. 国内首单酒店类 REITs 产品——彩云之南国企混改 REITs

2015 年 12 月 23 日，国内首单以酒店物业为标的资产的类 REITs 项目“恒泰浩睿——彩云之南酒店资产支持专项计划”完成发行，并在上海证券交易所固收平台挂牌转让。项目融资规模总计 58 亿元。该产品是国内首单酒店类 REITs，也是 2015 年前所有证券化产品中发行规模最大的一单。

恒泰彩云之南酒店类 REITs 的成功发行使云南城投集团盘活资产，改善了财务状况，降低综合融资成本，实现原抵押权的释放，为后续创新资产运作腾出空间，更将公司轻资产运营的重大战略转型落到实处，也为国企混改探索出一个全新的实现路径和改革模式。

本案例述评发布于 2018 年 1 月，其中，关于酒店类 REITs 产品特征的分析研究对在当前疫情背景下的情况，具有重要参考意义。

酒店类 REITs 的特征：

一般来说，酒店类 REITs 的土地成本较高、建设周期长、建造成本大。

酒店和住宿行业的季节周期性非常强，与当地的旅游季节密切相关。

酒店类 REITs 的运营成本固定且无长期租约，一旦遇到流行性疾病或恐怖袭击等意外事件，对旅游行业的冲击巨大。

当经济情况较差时，由于旅行消费并非消费者必需品，经济下滑对其需求影响较大；而当市场状况好的时候，酒店持有人则有较强的议价能力。

酒店作为典型的经营性物业，现金流稳定，市场数据较为公开，是非常符合资产证券化入池资产的要求的，再加上酒店原值较高，企业资产固化，酒店产权方希望对酒店实行“出表”，目的在于增加自己的流动性和改善资产负债表。酒店类 REITs 的市场份额，很大程度上取决于该地区的区域属性，旅游型城市的酒店类 REITs 一般会更加发达。酒店类 REITs 一般涉及酒店服务及相关住宿型物业，此类物业通常是为商务人士、休闲旅游者、团体会议参加者及聚会提供食宿供应的酒店项目及度假村。

目前，从一、二线城市五星级酒店的数量来看，酒店市场潜力巨大。如果能以类 REITs 或者真正意义上的 REITs 来进行融资或退出，虽然比较复杂，但资金规模相当可观。酒店资产证券化为酒店持有者找到了新的创收点，而这一创收点成功与否又恰恰依赖酒店的品牌形象和服务理念。资产证券化为持有者找到了新的盈利点，让运营商得以更专注于酒店的服务与管理。目前酒店类 REITs 中存在的主要问题是如何确定酒店的估值，估值过高，投资者风险扩大；估值过低，对酒店持有方没有吸引力，尤其是酒店评估的度一向比较难以掌握。

酒店类 REITs 对酒店物业而言是一个良好的循环，即先通过物业收购来持有资产；之后对物业进行改造翻新，提升资产的价值，获得更高的盈利能力；然后运营资产，通过良好的运营打造品牌价值；最后将不符合公司长期战略发展的物业售出，而通过这些获得的资金则可以用来战略性地收购资产，这就保持了一个良好的循环状态。

云南城投集团的酒店类 REITs 成功发行实现公司资产盘活，改善财务状况，降低综合融资成本，实现原抵押权的释放，为后续创新资产运作腾出空间，更将公司轻资产运营的重大战略转型落到实处，也为国企混改探索出一个全新的实现路径和改革模式。

该产品针对酒店资产的经营特性作了结构化分层安排，优先 A 类证券规模为7.7 亿元，期限约 18 年，每 3 年末附票面利率调整权和投资者回售权，中诚信给予“AAA”的信用评级；而优先 B 类和优先 C 类的规模分别为 49.3 亿元和 1.0 亿元，期限均为 9 年，每 3 年末附票面利率调整权和投资者回售权，中诚信给予“AA +”的信用评级。

在交易结构上，该产品通过专项计划嵌套契约式基金，以股 + 债的投资形式实现对标的资产的间接持有和最终控制。该产品要素如表 3.1 所示。

表 3.1　彩云之南国企混改 REITs 产品要素

产品档次	规模（万元）	发行利率（%）	占比（%）	期限（年）	还本方式	评级
优先 A 级	77000	4.49	13.28	3 +3 +3 +3 +3 +3	过手型	AAA
优先 B 级	493000	6.39	85.00	3 +3 +3	摊还型	AA +
优先 C 级	10000	7.99	1.72	3 +3 +3	摊还型	AA +

产品标的资产为云南城投集团直接持有的两个五星级酒店，分别位于北京市三元桥商圈和云南省西双版纳旅游度假区，均由洲际酒店集团（IHG）运营管理。股权转让则采用相对市场化的定价，经过云南省产权交易所的公开挂牌转让程序，在涉及国资转让方面进行了积极有益探索。

该产品的成功发行一方面体现了云南城投、省国资的创新开放态度，另一方面也为之后的中信金石—碧桂园凤凰酒店 REITs 等树立了榜样。

截至2021 年末，共有 11 只基础设施公募 REITs 发行，在不同行业均有试点，涉及行业包括高速公路、产业园区、仓储物流以及生态环保，合计发行规模 358.67 亿元。详见第七章案例分析。

第二节　REITs 的比较优势

中国基础设施传统投融资模式存在投资效益不一、融资渠道狭窄、资本退出困难等问题，导致地方政府债务负担重。而基础设施 REITs 拥有其他融资方式所不具备的优势和特点。

一、REITs 自身的优势

1. REITs 的长期回报较高

REITs 投资者的收益由股利收益与资本利得组成，长期来看，股利收益占总收益的比重在 2/3 左右，是收益的重要来源。股利收益的来源主要为持有型物业的租金收入，租金水平的增长幅度基本可以覆盖通货膨胀水平，且长期保持着稳定增长的趋势，因此使得 REITs 具有抗通胀性与稳定成长的特点。此外，虽然资本利得的波动性较大，但从长期来看，依然维持着一定的正收益，大概占总收益的 1/3。

以美国为例，在过去 25 年里，富时美国权益 REITs 指数的年化回报达到 10%，该收益水平不仅超过美国国债、信用债的收益，更打败了美国的三大股指；在波动度方面，比标准普尔500指数波动性略高，低于纳斯达克指数。美国各类金融产品年化回报与年化波动如图3.3所示。

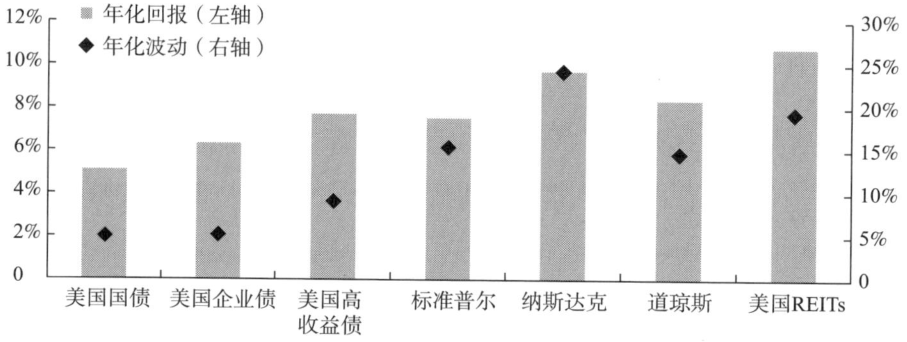

图3.3 美国各类金融产品年化回报与年化波动

资料来源：Bloomberg，上投摩根。

2. REITs具备较强流动性

REITs证券化的形式能够将不动产资产分割成较小的份额，实现了不动产流动性的增强，同时对于投资者来说，也得到了能够投资地产的机会，更重要的是投资者持有的股权能够上市交易并转让，其流动性及变现性强。公开交易的REITs让投资者的资产组合可以享有不动产资产的分红率，但不需要承担直接投资不动产所伴随的流动性风险。在证券交易所公开上市交易的REITs和其他股票一样，通过理财顾问或在线交易服务可以随时买入或卖出。

3. REITs可稳定派息

REITs按规定必须将90%的收入作为红利分配，投资者可以获得比较稳定的即期收入。由于REITs存在强制分红派息的要求，所以即使市场出现回调，影响市场对REITs及其底层资产的估值，对物业租金本身也不会产生重大影响。过去45年，富时美国权益REITs指数的平均收益为13.37%，其中，7.64%来自派息收益，占总收益的近60%。

4. REITs 可分散风险，开展多元化投资

由于 REITs 的长期收益由其所投资的房地产价值决定，所以，REITs 的收益与其他金融资产的相关度较低。投资者在资产组合决策中，会考虑 REITs 相对较低的波动性和在通货膨胀时期所具有的保值功能。这是 REITs 成为投资对象的一个重要因素。通过投资 REITs，投资者不仅可以投资不同类型的房地产，甚至可以投资不同地区的房地产，投资 REITs 有助于降低由股票和债券构成的资产组合的风险并提高其分红率，以此来分散投资风险。

根据 NAREIT 数据，美国不动产（不包括单户住宅）投资金额约为 17 万亿美元，占美国 79 万亿美元的可投资资产的 21.5%。由于不动产有与股票和债券不一样的、自身独有的驱动因素和发展周期，所以，不动产投资能够提升资产组合的分散化程度。根据 NAREIT “REITs 和上市不动产股权在目标日期的基金资产配置中的作用” 报告，资产组合配置在 REITs 上的最佳比例高达 17%。研究表明，包含 REITs 在内的更加分散化的资产组合与不包含 REITs 的类似资产组合相比，风险减少了 9 个基点，并产生 33 个基点的额外分红率。

5. 避免双重征税，获得税收优惠

REITs 运作过程中面临的税收主要包括 REITs 和投资者两个层面。其中，对 REITs 征税主要体现在 REITs 所得税环节和交易环节，如各国对于向股东或受益人分配的股息或收益免征公司所得税、大多数国家对于 REITs 的交易免征印花税，同时各国对 REITs 采取税收中性原则以避免 REITs 在交易中重复纳税；对于境内外机构和个人投资者，一些国家为了促进 REITs 的发展给予投资者一定的税收减免。新加坡不仅对 REITs 免收所得税，而且个人投资者从 REITs 取得的分红也免征个人所得税。这种优惠政策也使新加坡在短短几年时间内成为亚洲国家中仅次于日本的第二大 REITs 市场。

二、用 REITs 化解地方债的优势

用地方政府的公共资产，包括由政府补贴租金的公租房和廉租房做 RE-

ITs，以及其他有运营收益的高速公路、火车站、汽车站等公共资产做 REITs，可以把没有足够租金但由政府补贴租金或完全由政府回租的公共资产做 REITs，还可以鼓励保险资金、社保基金和其他机构投资者等社会资金来购买。它可实现稳定收益、按期分红与资产增值，还可以进行上市交易，给投资人提供退出市场的便利。这是中国化解地方债的有效途径。地方政府如果能通过 REITs 大幅度降低负债率，就具备了再发新债的能力，营造出新的不动产后还可再转给 REITs 持有，由此形成良性循环。此外，能够实现递延资产转让税收、避免自持物业双重征税等税收优惠。可见 REITs 这种金融产品能与庞大的地方债难题等中国实际相结合，通过试点用于化解地方债，就能让地方政府突破高杠杆负债的“瓶颈”，有效扩大政府投资基础设施的能力，推进供给侧结构性改革，REITs 就一定能为中国经济再次腾飞插上一对新的金融“翅膀”。

第三节　用 REITs 化解地方债的重要现实意义

REITs 是基础设施建设融资渠道新的探索，也是政策鼓励的发展方向之一。REITs 成为基础设施建设融资新的指引，对国有企业盘活重资产具有示范价值，对我国基础设施领域的长效发展机制的确立具有标杆意义。就现阶段我国经济发展情况而言，REITs 能够重塑企业再投资能力，化解地方债务负担，推动金融市场稳定健康发展，引导社会资本更多地投向重点民生建设方向，深化混合所有制改革，以及政府与社会资本合作。REITs 作为一项重大的金融创新，所代表的是一套全新的、更加健康的城市建设投融资模式。因此，REITs 对于推动我国供给侧结构性改革，实现国家的经济发展目标具有十分重要的意义。

中国人民银行、证监会等相关部门一直在研究促进基础设施 REITs 发展的法规及政策，进一步支持传统基础设施项目建设，如表 3.2 所示。

表 3.2 关于推进基础设施 REITs 发展的法规和政策

时间	会议/文件	内容
2016 年 12 月 26 日	《关于推进传统基础设施领域政府和社会资本合作（PPP）项目资产证券化相关工作的通知》	推动不动产投资信托基金（REITs），进一步支持传统基础设施项目建设
2017 年 6 月 7 日	《关于规范开展政府和社会资本合作项目资产证券化有关事宜的通知》	建立多元化、可持续的资金保障机制，推动不动产投资信托基金（REITs）发展，鼓励各类市场资金投资 PPP 项目资产证券化产品
2018 年 3 月 25 日	第八届北外滩财富与文化论坛	提升基金行业服务实体经济的质量和效率，研究推出投资不动产、基础设施的公募基金产品
2018 年 11 月 23 日	第四届中国 PPP 融资论坛	目前相关的金融监管部门正在研究基础设施 REITs 相关的制度和推进方式
2019 年 6 月 27 日	中国 REITs 论坛 2019 年年会	相较其他方式，REITs 具有权益性、公募、标准化等特点，通过发行基础设施 REITs 盘活资产，将收回资金用于新的基础设施补短板项目建设，从而形成良好的投资循环
2019 年 11 月 12 日	2019 中新（重庆）战略性互联互通示范项目金融峰会	证监会正会同相关部委，研究推进在国家政策重点支持区域的公募 REITs 试点工作，支持中新产业园区等新加坡在华投资基础设施项目通过公募 REITs 融资
2019 年 12 月 17 日	2019（第十一届）卓越竞争力金融峰会	证监会下一步将会继续会同相关部门，积极推动基础设施领域 REITs 的发行试点工作，盘活存量增长，创新投融资机制

资料来源：证监会，国家发展改革委，华泰证券研究所。

在政策的大力支持下，国内将推出一批具有稳定现金流及较好投资收益的示范项目，可能给市场提供一批风险较低、收益适中的投资品。目前，推广基础设施类 REITs 具有十分重要的意义（见图 3.4）。

1. 盘活存量资产，化解地方债务

由于基础设施资金投入量大，回报周期长，对政府和企业而言，大量的存量资产无法及时变现，沉淀了大量资产。通过推行基础设施公募 REITs，可以盘活基建领域的存量资产。地方政府若能够借助 REITs 来实现“举借新

债—投资建设—稳定运营—证券化退出—再度举债……”模式，形成政府部门及金融市场之间的良性资金及资产循环，就能够打破其负债能力“瓶颈”，增强其反复投资能力，并且推动其对于公共资产投资的评估方式向着市场化的方向发展。通过将缺乏流动性的基础设施存量资产转化成流动性强的金融产品，提高资金的利用效率，从而形成一个良性循环，基础设施资产的流动性和盈利能力都可以得到较大提高。尤其是疫情之后，国家为复苏经济发展将发力基础设施建设，但也需要考虑地方政府债务风险防控问题。而 REITs 本质上是一种非债务融资方式，能够在不增加债务杠杆率的情况下助力新老基础设施建设，形成良好的投资循环，有效化解地方债。

2. 拓宽融资渠道，降低地方政府杠杆率

一方面，REITs 可以通过存量资产的融资引入更为广泛的投资资金，置换出存量项目中的国有资本，降低地方政府对债务融资的依赖；另一方面，在新增项目中，REITs 也可以实现对政府资金的替代，避免地方政府通过新增负债扩大基础设施建设。总的来说，基础设施公募 REITs 的推行有望打破当前基建领域的融资困境。

3. 促进经济增长和升级转型

基础设施公募 REITs 可作为扩张性的财政政策的有益补充，从提高基建企业资金的流动性和吸引社会资本参与两个方面拉动基建投资，进而保持投资对经济增长的托底和拉动作用。此外，通过推行基础设施公募 REITs，可盘活存量基础设施并置换出流量资金，满足重点基础设施的新建及扩建，促进经济升级转型。

此外，REITs 还能促进资本市场的稳定健康发展。REITs 有能力成为资本市场的“稳定器”，能够对化解金融风险产生一定的帮助。综观国际市场，REITs 作为资本品具有与股票及债券价格相关度低、股息收益稳定、安全性较高等特性，使其非常适合保险公司、社保基金、养老基金、共同基金等机构投资者的投资需求。发展公募权益型 REITs，对促进资本市场的稳定及多层次化发展，促进直接融资，都具有重大价值。首先，REITs 与股票、债券类资产

相关度低，能够有效分散投资者资产组合的整体风险，并且提高资产组合的投资收益。其次，REITs 具有稳定收益特征，使其成为固定收益投资工具之外的另一种可行的投资选择。投资人通过配置于 REITs 产品，可以获得更高的安全保障。由于 REITs 收益及风险的独立化，投资者的利益也得到了最大限度的保障。

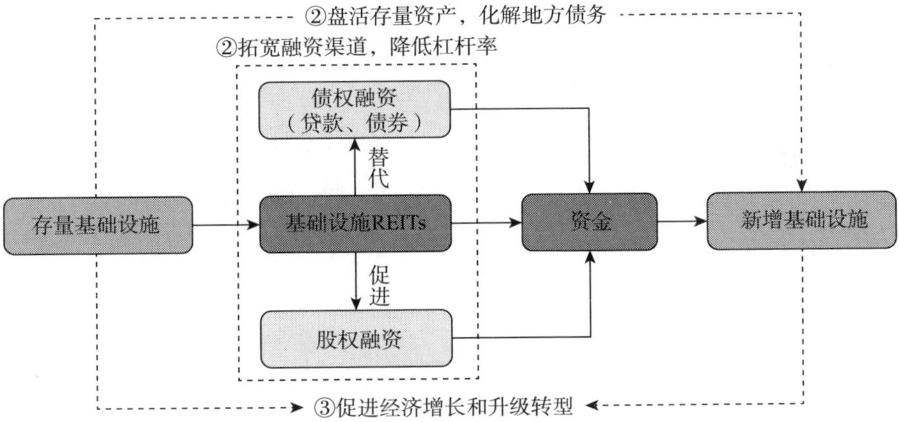

图 3.4 基础设施类 REITs 的意义

资料来源：华泰证券研究所。

第四章　REITs 产品的设计路径

本章重点介绍如何进行 REITs 产品的设计。第一节从 REITs 产品的参与者、基础资产、法律法规三个方面介绍 REITs 产品需要满足的前提条件；第二节重点介绍权益类与固定收益类 REITs 产品的设计思路，并详细区分基础设施 REITs 与商业物业 REITs 的设计差异；第三节阐述进行 REITs 产品方案设计的具体细节。

第一节　REITs 产品设计的前提条件

REITs 产品设计的核心前提是要具有符合产品特征的核心资产，除此之外，还要有特定的参与者并且符合相应的法律法规。本节将重点介绍 REITs 产品设计中特定的参与者和基础资产都具备哪些特征，并梳理 REITs 产品设计中涉及的法律法规。

一、参与者

发行 REITs 产品的核心目的是通过发行有价证券对房地产及基础设施等不动产进行投资，一方面能够使项目的原始权益人获得融资，另一方面可让更多的投资者参与到大型的不动产项目投资中。产品参与者主要由发起人、原始权益人、管理人、投资人与其他服务机构五个部分构成。

1. 发起人

REITs 产品的发起人可以是基础资产的所有者，也可以是具备资格的 RE-

ITs 产品的投资管理机构。项目资产的拥有者作为发起人发行 REITs 产品主要有两种动机：一是为项目或公司寻求融资，即通过项目已有的稳定现金流和收费权进行债务融资；二是为了出售资产，通过发行 REITs 产品出售资产不仅可以获得资金及溢价出售的收益，还可以实现项目移出资产负债表，改善财务状况。投资管理机构作为发起人发行 REITs 产品的主要目的是以 REITs 的形式收购地产物业等优质资产，再通过打包重组或分割出售的方式套利，获得溢价收益。

2. 原始权益人

REITs 产品的原始权益人是产品对应基础资产的所有者。国内的相关法律法规中虽然没有对一般 REITs 产品的原始权益人作出明确的规定，但是原始权益人作为基础资产的提供方，具有出售资产并向产品中的特殊主体取得对价的权利，是整个产品能否设立并完成投资的核心。原始权益人应至少具备如下条件：首先，发起人应是治理结构规范、经营稳定、管理与决策体系健全并且具备正常民事行为能力的法律主体；其次，发起人应与产品涉及的基础资产拥有清晰的权属关系；最后，发起人应当拥有一定的规模，以保证其在人力、物力、财力方面拥有能够完成交易的能力。

对于公募基础设施 REITs 产品，《公开募集基础设施证券投资基金指引（试行）》对基础设施资产的原始权益人提出了明确要求。首先，原始权益人必须完全享有基础资产的所有权或特许经营权，不存在经济或法律纠纷和他项权利设定；其次，原始权益人企业信用稳健、内部控制健全，最近 3 年无重大违法违规行为。

3. 管理人

管理人是 REITs 产品的运营者，贯穿于整个产品周期。REITs 产品的管理人一般为符合《公司法》《证券投资基金法》《私募投资基金监督管理暂行办法》等规定的公募、私募基金管理人或是其为特定产品成立的符合相关法律规定的特殊主体。管理人的基本责任为：依法募集资金，办理基金份额的发售和登记事宜；依据基金协议进行投资，管理基金财产，向基金份额持有人分配收益；进行基金会计核算并定期编制会计报告，按要求进行及时准确的信息披露，保管基金活动的相关资料；按照规定召集基金份额持有人大会，并在必要时代表基金份额持有人行使法律权利。

对于基础设施 REITs，《公开募集基础设施证券投资基金指引（试行）》征求意见稿中对管理人作了特殊要求。首先，作为管理人的基金管理公司应成立满 3 年，公司治理健全，内控制度完善，财务状况良好，具有良好的社会声誉，且不存在重大不良记录；其次，管理人应具有同类产品或业务的专业经验，且同类产品或业务不存在重大未决风险事项，具备健全有效的基础设施基金投资管理、项目运营、风险控制制度和流程；最后，管理人还应具有满足相应研究和投资能力的专业人员，并设置独立的基础设施基金投资管理部门。

总之，REITs 产品的管理人不仅要拥有相应的基金管理人资格，能够完成整个基金产品周期的投资与管理能力，还应对地产及基础设施行业拥有专业的行业知识以及运营经验，能够对 REITs 产品的基础资产拥有独立主动管理和处置相关资产的能力。

4. 投资人

投资人既是 REITs 产品的购买者，也是资金的提供方。目前国内发行的 REITs 和类 REITs 产品均为私募基金的形式，根据《私募投资基金监督管理暂行办法》的规定，私募基金的投资人总数不得高于 200，单笔投资金额不能低于 100 万元。国内已发行的 REITs 和类 REITs 产品的投资人也以银行、信托公司、券商、资产管理公司等机构投资者为主，有个人投资者参与的相对较少。随着公募 REITs 的逐步放开与市场的逐渐成熟，会有越来越多的个人投资者通过 REITs 产品参与到房地产和基础设施的投资中。

5. 其他服务机构

除提供基础资产的发起人、运营产品的管理人和购买产品的投资人外，其他服务机构也在 REITs 产品设计与发行中扮演着重要的角色。其他服务机构主要由法律服务机构、会计服务机构、评估服务机构、托管机构和销售服务机构五类机构构成。

法律服务机构主要为具有资格的律师事务所，负责 REITs 产品整个交易及运营环节的法律协议起草及相关审定工作。

会计服务机构是具有相应审计资格的会计师事务所，主要负责基础资产交易及运营环节的审计工作，出具对应的审计报告。

评估服务机构包括信用评级机构和资产评估机构，信用评级机构主要负责产品和交易主体的信用评级工作并出具相应的评级报告，资产评估机构主要负责 REITs 产品设立环节的基础资产价值评估工作。

托管机构是具有基金产品托管资质的商业银行，为 REITs 产品开立对应的资金托管账户，负责产品的投资、退出、支付分红等环节的资金监管工作。

销售服务机构的主要职责是在 REITs 设立时为产品寻找合适的投资人，并向其销售产品。常见的销售服务机构包括具有基金销售资质的商业银行、信托公司、基金代理销售机构等。

二、基础资产

基础资产的选择是产品设计的核心，REITs 类产品的基础资产应具备三个核心特征：一是 REITs 基础资产必须是权属清晰的不动产，并且不能附带他项权利；二是项目必须已建成并进入稳定运营期；三是项目应具有持续稳定的经营现金流，并且各项财务指标健康。对于资产是否适合作为 REITs 类产品的基础资产，可以参考 2014 年证券投资基金业协会发布的《资产证券化业务基础资产负面清单指引》中提及的具体规定。

REITs 产品的基础资产可以按照不动产的功能划分为商业物业类和基础设施类两大类。

（一）商业物业类资产

商业物业类资产是不动产产权属性为商业用途，已经建成的用于为商业活动提供场所和服务的楼宇以及配套设施的总称。常见的商业物业类资产包括写字楼、商场、酒店、公寓、仓储物流设施等，收入来源主要是场所租赁的租金收入以及配套服务的收费。

商业物业类资产是否能够成为优质的 REITs 资产，可以通过通用性、稀缺性和现金流质量三个方面判断。通用性主要体现在资产的用途是否广泛，通用性较高的资产可以服务于更多的客户，有效地降低资产的经营风险。稀缺性主要表现为资产的稀有程度，能够体现商业物业资产稀有性的重要因素是地理位置，地理位置具有唯一性，好的地理位置能吸引更多的客户，并且资产的增值潜力更大。现金流质量主要考量经营现金流的回收及时性以及收入来源的分散性，收入的分散程度越高，风险承受能力越强，不会因为失去某一个客户使经营业绩出现大幅度下滑，现金回收的及时性是偿付能力的重要保证。

（二）基础设施类资产

基础设施是指为社会生产和居民生活提供公共服务的物质工程设施，是用于保证国家或地区社会经济活动正常进行的公共服务系统。它是社会赖以生存发展的一般物质条件。常见的基础设施包括交通、邮电、供水供电、商业服务、科研与技术服务、园林绿化、环境保护、文化教育、卫生事业等市政公用工程设施和公共生活服务设施等。

基础设施类资产具有四个特点：①先行性和基础性，基础设施所提供的公共服务是所有的商品与服务的生产所必不可少的，若缺少这些公共服务，其他商品与服务（主要指直接生产经营活动）便难以生产或提供；②不可贸易性，绝大部分基础设施所提供的服务几乎是不能通过贸易进口的；③整体不可分性，通常情况下，基础设施只有达到一定规模时才能提供服务或有效地提供服务；④准公共物品性，有一部分的基础设施提供的服务具有相对的非竞争性和非排他性，类似于公共物品。

《公开募集基础设施证券投资基金指引（试行）》中还对可以发行公募 REITs 的基础设施资产作了具体的要求：①原始权益人享有完全所有权或特许经营权，不存在经济或法律纠纷和他项权利设定；②原始权益人企业信用稳健、内部控制健全，最近 3 年无重大违法违规行为；③经营 3 年以上，已产生持续、稳定的现金流，投资回报良好，并具有持续经营能力和较好的增长潜力；④现金流来源具备较高分散度，且主要由市场化运营产生，不依赖第三方补贴等非经常性收入。

按照上面对商业物业类资产发行 REITs 产品的三个判断标准，基础设施类资产更多的是要考量经营现金流的质量，因为基础设施受其用途的限制基本上都属于不具备通用性的稀缺性资产。适合于发行 REITs 产品的基础设施资产主要有道路、机场等交通设施，能源水利设施，以及通信设施。采用 PPP 模式建造的基础设施项目拥有明确的特许经营权以及项目到期退出方式，特许经营权的排他性是形成稳定的经营现金流的基石，基础设施类的 REITs 产品可以重点考虑选择 PPP 项目作为基础资产。

三、法律法规

组成金融产品的实质是一系列的法律契约与法律主体，合规性是 REITs 产品设计的一个重要前提。REITs 产品的设立、运营和退出过程中涉及的法律法规众多，以下将分三个方面具体介绍。

第一，产品的核心法律法规。REITs 产品的本质是一种证券投资基金，因此，产品依托的核心法律规范是《证券法》与《证券投资基金法》。《证券投资基金法》对证券投资基金的各方参与人的权利义务、管理人与托管人资格、基金的组织形式与运作方式、交易规则进行了详细的规定。如果 REITs 采用私募的形式，则还需要满足《私募投资基金监督管理暂行办法》中对基金管理人、投资人、组织运作方式等一系列问题的进一步具体规定。采用公募形式的 REITs 还需要满足《公开募集证券投资基金运作管理办法》的相关要求。除此之外，2020 年出台的《公开募集基础设施证券投资基金指引（试行）（征求意见稿）》还对公募基础设施 REITs 的发行提出更具体的要求，着重强调管理人应该具备丰富的行业经验与基础资产独立运营能力，以及具备发行该类 REITs 产品的基础资产条件。

第二，设立与投资环节的法律法规。产品设立与投资环节涉及的法律法规相对复杂，这一环节的核心是特殊交易主体的构建与基础资产的转让，基础资产注入的特殊交易主体一般是公司的形式，涉及的主要法律法规是《公司法》。双层 REITs 产品的第一层特殊交易主体的形式一般为信托或私募基金，这里涉及的主要法律法规是《信托法》以及前文提到的《私募投资基金监督管理暂行办法》，私募基金如果选择合伙制的形式，在注册设立时需要符合《合伙企业法》的相关规定。如果是通过投资资产支持证券进行投资的 REITs，首先需要依托基础资产发行资产支持证券，发行资产支持证券需要满足《证券公司及基金管理公司子公司资产证券化业务管理规定》中对于该类产品、资产、管理运作等具体规定。

第三，其他法律法规。REITs 产品的设立与运营是一个相对复杂的系统，除了上述两点中提到的与金融产品相关的法律法规外，还涉及其他多个门类的法律。产品设计、投资、运营过程中订立的契约需要符合《合同法》的要求，基础资产运营、REITs 支付收益等过程中涉及的税收问题需要符合《税法》的相关要求，基础资产的交易过程会涉及《物权法》《土地法》等相关法律法规。需要特别指出的是，基础设施 REITs 产品中涉及的资产绝大部分为国有资产，这类资产的交易需要符合关于国有资产的一系列法律法规。

第二节　REITs 产品的设计思路

根据 REITs 产品投资方式和收益分配类型的差别，可以将 REITs 分为权益类 REITs 产品和固定收益类 REITs 产品，本节将具体地介绍两类 REITs 产品设计思路，并且详细地比较商业物业类和基础设施类这两类不同基础资产的 REITs 产品存在的差异。

一、权益类 REITs 产品的设计思路

权益类 REITs 产品设计思路的核心是投资者通过投资 REITs 产品间接地持有基础资产，并通过基础资产运营产生的现金流及出售基础资产获得的溢价获得最终收益，基本思路如图 4.1 所示。

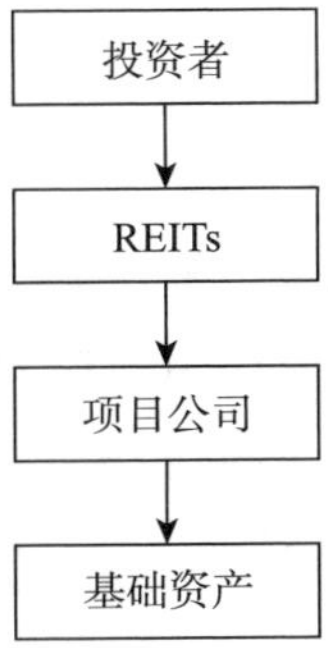

图 4.1　权益类 REITs 产品设计的基本思路

首先将基础资产注入特定的项目公司，REITs 产品通过持有项目公司的方式持有基础资产，投资者通过投资 REITs 间接地投资不动产项目。对收益的安排一般采用对基础资产每年的收益进行分红，产品到期出售资产收回本金并获得资产溢价收益。

考虑到现金流的安排以及节税的问题，可能会采用股权加债权的方式投资于项目，但是由于 REITs 产品本身借款给其他主体会受到合规的限制，采用这种投资方式的 REITs 一般不会由 REITs 直接投资给项目公司。目前市场发行的私募 REITs 产品的普遍思路是在 REITs 和项目公司之间再增加一层结构，选择信托或私募基金的形式，信托计划或私募基金主体通过股权加债权的方式投资项目公司，REITs 产品则通过认购信托计划或私募基金份额的形式进行间接的股权加债权投资。如果采用这种设计思路，对于产品的持有期分红一般都会约定为固定利率支付，项目公司每年按照固定的利率支付信托计划或是私募基金利息收益，再由信托计划或私募基金向 REITs 支付收益分红。

权益类 REITs 的主要收益来自出售基础资产获得的溢价，原始权益人在将基础资产剥离给项目公司并获得交易对价之后，不会再对基础资产的价值提供担保。对于项目现金流的掌控通常采取的增信措施是将项目公司的资产、收费权等抵押或质押给 REITs，以达到对经营现金流的控制。如果想进一步增加增信措施，有两种思路可以考虑。一种思路是由基础资产的运营方对经营现金流提供一定的保障，即与运营方约定月年的经营收入，在某一特定的金额内由运营方提供差额补足的承诺，同时也给运营方以适当的激励措施，超出约定金额的收益，可以给运营方提供一定比例的分红，以激励运营方更好地运营资产，这种增信措施的思路一般应用在基础资产为商业写字楼、酒店等收入相对分散，现金流稳定性差的 REITs 产品中。另一种思路是设置分层结构，在 REITs 产品本身或是两层结构的第一层结构——信托计划或私募基金中设置次级结构，由次级份额对优先级份额形成一定的风险保障，但是分层结构的设置实质上并未改变这类产品的整体风险。

在产品期限的设计上，权益类 REITs 尽量考虑相对较短的持有期，同时对产品的退出期限设定更灵活的选项，这可以帮助管理人选择更有利的时机出售基础资产以获得更高的收益。

二、固定收益类 REITs 产品的设计思路

固定收益类 REITs 产品的核心目的是基于稳定的现金流获得相对稳定的收益。由于产品管理规范的限制，REITs 产品很难大规模地通过借款的方式直接投资不动产项目。固定收益类 REITs 通常采用的设计思路是先依托于基础资产发行资产支持证券（ABS），再由 REITs 产品通过购买 ABS 的形式进行投资，基本思路如图 4.2 所示。

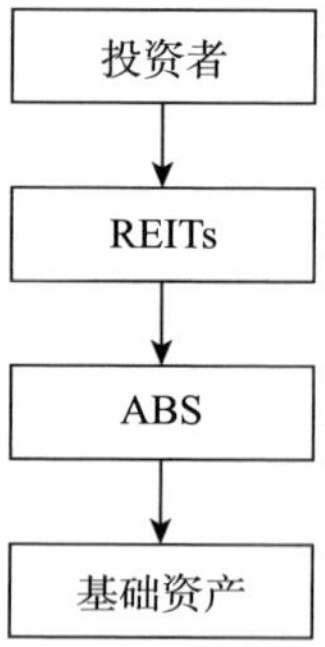

图 4.2　固定收益类 REITs 产品设计的基本思路

首先依托于基础资产发行 ABS，通常情况下，在发行 ABS 前会成立一个特殊目的主体，将基础资产或者是基础资产的收益权转入特殊目的主体，一般是公司的形式，然后 REITs 产品的投资人投资 REITs 后，REITs 直接购买 ABS，实现对基础资产的债权投资。

固定收益类 REITs 产品发行的主要目的是为基础资产的原始权益人提供融资，或是将未来的现金流直接变现。整体设计思路中需要重点考量的是基础资产的经营产生的现金流，产品存续期内的现金流一般要严格地覆盖本金和收益。产品的退出安排主要是以基础资产的现金流直接覆盖本金，通过 ABS 的运作直接支付给 REITs。固定收益类 REITs 的收益空间较小，年化收益率一般根据市场利率和产品相关的信用评级来确定。较低的收益就要求这类产品在设计上需要重点考虑本金安全，也即增加强有力的增信措施。增信措施具体的设计思路是除了将基础资产和收费权进行抵、质押外，还需要一个有担保能力的担保方对本金的安全提供担保，担保方一般为基础资产的原始权益人或是其指定的担保方，也可以是专业的第三方担保机构。对于项目的经营性现金流，同样需要提供差额补足的增信措施。进一步的增信措施：可以在 ABS 中设置次级份额，并由原始权益人认购该部分次级份额，为 REITs 投资的优先级份额提供风险保障。

固定收益类 REITs 产品也可以参考权益类 REITs 产品的设计思路，设计成短期产品。与权益类 REITs 的交易思路相同，在产品设立的时候将基础资产注入项目公司，原始权益人获得交易对价的资金，通过增加信托计划或私募基金的结构设计以股权加债权的方式投资项目公司，依托项目公司的经营现金流分红获得固定收益。与权益类 REITs 设计不同的是，在退出安排上不由管理人进行资产出售，而是在产品设立时即约定在产品退出时由原始权益人或是指定的第三方以约定的金额对基础资产进行回购。这种设计思路虽然与权益类 REITs 的设计思路基本一致，但是由于特殊的退出安排，REITs 不能获得基础资产出售的溢价收益。这种设计思路中虽然基础资产的所有权发生交易与转移，REITs 在产品的存续期也实际持有了资产，但是由于退出金额的固定，REITs 的投资者实质上只获得了固定收益。在固定收益类 REITs 中使用这种类似权益类 REITs 设计思路的好处有两点，一是这种设计思路的产品规模是依托基础资产的价值来确定而不是依托现金流，这可以使原始权益人获得更大规模融资，以这种思路设计的 REITs 产品实质等同于一种 100% 抵押率的抵押贷款，按期付息，到期一次性还本，产品的期限也可以灵活地设定，不用更多地迁就基础资产本身的投资回收期。二是可以在项目存续期内实现基础资产完全移出原始权益人的资产负债表，具有优化财务报表的好处。但是，采用这种设计思路设计固定收益类 REITs 产品也存在很大的弊端。问题主要出现在资产回购退出时，如果基础资产的承诺回购方无法按时筹集到回购项目所需的资金，可能会导致 REITs 产品无法按期退出，更严重的情况是回购方没有能力回购资产，导致 REITs 投资人的本金出现损失。

三、基础设施 REITs 与商业物业 REITs 的设计差异

（一）基础设施 REITs 与商业物业 REITs 的比较分析

基础设施 REITs 与商业物业 REITs 在产品设计思路中存在较大的差异，根本性的原因在于基础资产的差异性较强，并且原始权益人在产品运营中的行为限制不同，这导致了两类 REITs 产品在资产价值评估、支付方式与增信措施安排等多方面需要采用完全不同的产品设计思路。正确选择更符合基础资产特征的产品设计思路的关键在于了解两类产品存在的具体差异（见表 4.1）。

作为产品核心的基础资产，基础设施资产存在非常强的特异性，如交通、供水等设施，一般在同一地区内仅存一处，很多 PPP 模式建设的基础设施项目规定了到期必须无偿划拨，这导致了基础设施资产在进行估值时可供选择的估值方法比较单一，并且无法同市场行情进行横向比较。一部分基础资产的权属关系为国资控股，国有资产的交易有严格的转让规定，无法像商业物业资产一样灵活地设定交易对价进行交易或是注入 REITs 的特殊交易主体。对于 PPP 类项目，由于股权到期无偿划拨的要求，资产会随着时间的推移不断减值。商业物业的产权可以进行灵活的交易，本身存在增值空间，并且市

场存量丰富，可以进行更多的横向比较。基础设施项目本身可能会存在低息的政策性贷款，项目可能会存在很多他项权利，对于 REITs 的发行形成一定的阻碍，并且如果不考虑低息政策性贷款的低成本资金优势，基础设施资产自身的收益可能相对较低，依托该类资产发行的 REITs 产品可能很难满足投资者对于投资收益的要求。商业物业贷款多为商业性贷款，可以随时进行清偿，操作更灵活，并且随着经济发展和土地价值的增值，未来会拥有更大的增值空间。

发行商业物业类的 REITs 产品，可以根据发起人的实际需求灵活地选择私募或公募的形式，并且在交易结构的设计上也可更加灵活多变。商业物业 REITs 对于产品管理人并无特殊要求，只要管理人具有公募或私募基金管理人资格即可。但是，根据《公开募集基础设施证券投资基金指引（试行)》的要求，基础设施 REITs 必须采用公募基金的形式，同时管理人除了要具有公募基金管理人资格外还必须拥有丰富的行业经验以及独立管理基础设施资产的能力。对产品形式和管理人更严格的要求，可能会使基础设施 REITs 的产品规模以及多样性受到一定的影响。

在退出方式上，基础设施 REITs 受制于基础资产的股权交易相对受限制，部分资产已有收益权到期后的转让安排，在产品退出上更多的是依赖项目自身产生的现金流覆盖产品的本金和收益。而商业物业 REITs 拥有更灵活的退出安排，可以选择由指定的第三方回购来收回投资本金，也可以通过直接出售的方式获得溢价收益。

在产品增信措施上，基础资产运营产生的收费权、应收账款及项目公司股权或是项目资产进行抵、质押是 REITs 产品较为常见的增信措施，也是 REITs 产品加强资产控制防控风险的重要举措。为了进一步保障本金与收益的安全，REITs 产品会在整体交易中增加原始权益人或是第三方机构的担保、差额补足、到期回购基础资产等进一步增信措施。但是，由于基础设施 REITs 产品形式与原始权益人性质存在一定的特殊性，这类 REITs 产品难以增加进一步的增信措施，主要原因在于基础设施资产的原始权益人多为国有控股企业或政府相关部门，如果提供进一步的增信措施其实质是在增加隐性的政府债务，既不符合政府债务管理的要求，也不符合发行基础设施 REITs 产品现实意义。

表 4.1　基础设施 REITs 与商业物业 REITs 对比

	基础设施 REITs	商业物业 REITs
基础资产	估值减值特性 资产特异性强，估值方法选择相对困难 可能存在政策性低息贷款	产权存在增值空间 同类资产存量丰富，估值方法确定，可比性强 商业贷款融资为主
管理人	符合公募基金管理人条件 具备丰富的行业经验和项目托管能力	符合公募或私募基金管理人资格
退出方式	项目现金流 收益权转让	项目现金流 项目股权转让 回购安排
项目增信	特许经营权、收益权质押 项目公司股权质押或资产抵押	产权抵押、收费权质押 第三方增信

资料来源：华泰固收．基础设施类 REITs 全解析。

（二）基础设施 REITs 与商业物业 REITs 设计思路差异

鉴于基础设施 REITs 与商业物业 REITs 在基础资产特性、产品管理要求以及权属与原始权益人特征方面的差异，在产品的具体设计上应该采取不同的思路，并且在产品细节设计上更多地符合两种类型产品的自身特征，以满足产品发行人与投资人的不同需求。

首先，在产品的收益方式上，商业物业类基础资产因具有估值可比性与未来增值空间，可以更多地考虑权益类 REITs 产品的设计思路。通过资产运营期间产生的现金流满足固定收益，选择合适的时机或是在产品退出时出售基础资产获得较高的溢价收益，在搭建产品结构的具体思路上更多地考虑如何以一种合理的方式持有资产，以便于未来在资产进行出售交易时选择更加灵活方式以赚取最大的溢价收益。而基础设施类的资产如果能够克服在产权交易和持有方面的限制，也可以考虑设计权益类 REITs 的思路，通过购买持有后的出售来获得溢价收益。但是，部分基础设施类资产由于运营和处置的特殊要求，仅能考虑设计成为固定收益类 REITs，最具代表性的是 PPP

项目类资产，一般要求特许经营权到期后无偿划拨政府管理，这一类资产在产品设计上应该更多地注重对经营现金流的正确测定，通常根据现金流情况设计成每年固定还本付息的产品，在收益权到期后产品已完成还本付息并自动退出。

其次，在产品周期设计上，商业物业 REITs 的产品周期设计可以更加灵活一些，在保证项目现金流稳定，能够正常支付收益的前提下，可以为产品期限增加更多的选择权，灵活产品期限可以帮助管理人找到最佳的时机出手资产，获得更大的溢价收益。如果是固定收益类的产品，也可基于特定时间长度产生的现金流，通过发行 ABS 的方式帮助原始权益人灵活地安排资金。基础设施 REITs 也参考基于一段特定时期的现金流发行 ABS 的方式设计固定收益类产品，但是这种方式要求原始权益人提供更多的增信措施，实施起来较为困难。因此，基础设施类资产的产品期限设计上应该更多地考虑让产品期限与项目本身的运营周期相匹配，使项目的经营现金流严格地覆盖产品本金与收益。

最后，在风险保证措施上，前文已经提到了除资产、收费权的抵/质押外，商业物业 REITs 产品在设计时可以采取进一步增信措施，如要求原始权益人增加担保、差额补足、承诺资产到期回购等，也可以要求原始权益人通过认购次级权益的方式增加风险保障措施。但是，以上的进一步风险措施在基础设施 REITs 上实现的难度很大，在产品的该部分设计上可以考虑换用完全不同的思路。一方面，考虑到原始权益人自身提供增信的难度较大，可以考虑通过支付一定的价格引入第三方担保机构进行进一步增信，如专业的担保公司。另一方面，在沿用固定收益类 REITs 设计思路的基础上，可以将不同类型、收益、风险等级的基础设施资产打包发行 ABS，再将整个 ABS 切割成几部分，分别由不同的 REITs 进行购买，通过分散与多样化投资的方式分散风险。

第三节　设计方案

一、产品规模、产品期限与收益分配方式

（一）产品规模

产品规模在产品方案的具体设计上主要考虑三个方面因素，首先是基础资产本身的价值以及经营现金流的价值，对于资产价值的判定主要参考评估价值以及进行同类资产的比较，现金流价值的判定主要依托未来现金流折现法；其次是原始权益人的需求，如果原始权益人希望出售资产，则更多地依靠资产价值确定产品规模，如果原始权益人仅是希望将一部分未来现金流变现以获得融资，则更多地依托未来经营现金流的现值确定产品规模；最后是寻找一个融资规模与资产真实价值之间的合理比值，一般在 50% ~70% 这一范围内，固定收益类 REITs 产品的规模设定需要重点考虑这一问题，合理的融资规模与资产真实价值之间的比值能够有效地防控风险，特别是在产品偿付出现问题的时候能够通过处置资产及时收回本金。

（二）产品期限

无论是商业物业还是基础设施资产，项目本身的投资回收期都比较长，一般在 20 ~30 年，甚至更长。标准的公募 REITs 产品期限一般都会严格匹配基础资产的投资回收期，封闭运营时间较长，投资者一般通过在二级市场上出售 REITs 份额来实现退出。但是，由于我国的资本市场长期投资者相对匮乏，REITs 产品的期限偏好普遍为 3 ~5 年。因此，目前已经发行的私募 REITs 产品普遍采用“3 + X”这种比较灵活的期限设定，即在封闭运营期3 年结束以后，管理人有权根据实际情况适当地延长产品存续期，目的是选择合适的时机，以更有利的价格出售资产获得溢价收益。对于期限较长的 REITs 产

品，特别是公募 REITs，可以每一段时间设定固定的开放期，允许投资者赎回产品份额，以此来弥补期限过长导致的产品流动性较差的问题，这类产品通常采用“3X”的期限，产品总的存续期覆盖基础资产的投资回收期，并且每 3 年设置一个开放期可以赎回产品。

（三）收益分配方式

对于固定收益类 REITs 产品的收益分配与支付，通常采用固定利率的方式确定产品持有期内每一段固定期间的收益，支付上通常采用按年支付收益，到期一次性还本的方式，对于一些完全基础资产现金流还本付息的产品，也可以设定为每年按照固定金额还本付息的方式。权益类 REITs 的收益分配可以采用与固定收益类 REITs 相同的按年付息到期一次性还本的方式，如果产品存续期限较短，主要以出售资产获得溢价收益为目标，也可以设定为到期一次性还本付息。对于按照固定利率付息的产品，收益率的确定主要考虑三个方面因素：第一，市场利率行情，可以参考的市场利率主要有 Shibor 贷款利率、债券市场相似产品的市场利率或是相似 REITs 产品的收益率；第二，产品信用评级，信用评级由第三方的信用评级机构出具的评级报告确定，评级越高意味着产品的风险越小，产品的收益率也相应降低；第三，产品的增信措施，与评级的定价思想基本相同，增信措施的保障能力越大，方式越多，产品本金面临损失的可能性越低，在产品收益上需要支付的风险溢价也越少，收益率也相应下降。

二、分层结构

REITs 的分层结构大体分为两类，单一分层结构与多层结构。单一分层结构是指所有 REITs 产品份额持有人持有的每一份产品的权利与义务均相同。公募 REITs 基本采用这一类分层结构，主要原因是设计多层结构的 REITs 产品需要很多灵活的契约与交易结构安排，公募 REITs 的管理较为严格，难以在合规上达到要求。多层结构 REITs 产品中最为常见的是两层结构，即存在优先级份额和次级份额，优先级份额一般获得固定收益，而次级份额可以获得除优先级份额本金与收益外的全部基金资产。但是，在支付顺序上，次级份额的支付顺序在优先级之后，常见的支付顺序为首先支付优先级本金，然后支付优先级收益，最后的剩余部分支付给次级。一般的股权投资基金中设计两层结构的主要目的是通过优先级份额的存在为次级份额提供融资，以放大次级份额的收益。但是，在 REITs 产品中设计两层结构的初衷主要是考虑风险分担，次级份额的存在主要是为优先级份额提供一定的风险保障，在基础资产价值出现损失的情况下，优先保障优先级份额的本金和收益，REITs 产品中的次级份额大部分情况下会要求原始权益人来认购，实质类似于提供一种差额补足的增信措施，也有少部分投资者为了获取更大的投资收益主动投资次级份额。在多层结构的设计中也可以在优先级和次级中间增加一个夹层，夹层份额的收益分配权益和支付顺序介于优先级和次级之间，但是这种结构在 REITs 产品中很少采用，主要应用在一些并购基金的结构设计中。

三、退出方式

REITs 产品的退出方式主要包括如下两类：第一类，到期出售资产实现退出，这类退出方式是 REITs 产品中最为常见的方式，权益类的 REITs 产品的最终目的是通过投资基础资产股权，最终出售获得溢价收益，主要由管理人负责在产品到期时选择合适的时机与有利的价格出售资产，保障 REITs 份额投资人的收益最大化。但是，在这类退出方式中也有一种比较特殊的退出安排，即是由原始权益人或是其他指定的第三方在产品到期时以事先约定好的价格回购资产，这种退出安排一般不用于权益类 REITs 中，而是应用在固定收益类 REITs 产品中，在前文的设计思路中已经提到固定收益类 REITs 的主要作用是为原始权益人提供类似债券的融资，选择通过回购进行退出，虽然在整个产品的交易过程中股权发生了购买和卖出的变更，但是其实质是原始权益人基于基础资产的经营现金流支付利息，回购的过程相当于偿还本金。第二类，依托基础资产经营现金流实现退出，这种退出方式主要应用在固定收益类的 REITs 中，这类产品一般通过购买依托基础资产的现金流发行 ABS 进行投资，ABS 的实质是将未来的一系列现金流变现，基础资产的现金流在测算时严格覆盖了本金和收益，还有一种是投资于 PPP 项目的 REITs，由于 PPP 项目一般要求特许经营权到期后无偿划拨给政府，因此退出时是无法获得股权转让对价的，只能通过基础资产产生的现金流还本付息。

四、交易结构

交易结构的设计是产品方案设计的核心，是一项全局性的工作。交易结构是产品设立、交易、运营和退出整个链条的集中表达。交易结构的设计要在一张交易结构图中正确地表达 REITs 产品每一个参与者在整个产品交易中所在的位置、行使的职责与权利，指出产品涉及的每一个要素间的法律关系、资金的流向，以及整个产品设立、存续、退出过程中的每一个环节如何操作。

交易结构设计中最关键的环节是特殊目的实体（Special Purpose Vehicle，SPV）的构建，SPV 的具体组织形式可以是公司、私募基金或信托计划。构建 SPV 的目的主要有三点：第一，构建基础资产，由于 REITs 产品的基础资产必须是符合相关规定的、权属清晰、可以独立运营并产生现金流的财产，所以，REITs 产品一般通过构建一个公司形式 SPV 收购基础资产，实现基础资产的隔离；第二，进行主动管理，权益类的 REITs 追求出售资产时的浮动收益，将基础资产注入 SPV 能够使管理人更好地主动管理资产，也更便于产品退出时进行交易；第三，构建股权与债权投资方式实现税收穿透，通过合理地构建 SPV，可以实现股债结合的投资方式，更有利于现金流回收环节的税收优化，关于具体的税收优化问题将在下一章节中介绍。

REITs 产品主要采用双 SPV 的结构，这是一个典型 REITs 产品交易结构，如图 4.3 所示。

图 4.3 中的 SPV2 一般是一个公司制的主体，用于持有 REITs 的基础资产。投资人投资于 REITs 产品后，REITs 产品通过持有 SPV1 的份额将资金注入 SPV1，SPV1 通过股权与债权结合的方式投资 SPV2 实现对基础资产的投资。权益类 REITs 的 SPV1 通常选择的组织形式为契约型或合伙制私募基金、信托计划等，主要是为了克服 REITs 本身无法对 SPV2 进行借款的限制。固定收益类 REITs 产品的 SPV1 也可以是一个依托基础资产的现金流发行的资产支

持证券，REITs 通过投资资产支持证券的方式间接投资基础资产。权益类 REITs 的交易结构设计中，也可以直接取消 SPV1，设计成单一 SPV 的结构，将基础资产注入 SPV2 后由 REITs 直接通过持有 SPV2 股权的形式投资基础资产。这种单一 SPV 交易结构的设计相对简单，交易环节较少，操作也较为便捷。但是，REITs 产品直接持有公司股份的结构在合规上存在一定的障碍，特别是公募 REITs，根据《证券投资基金法》的规定，公募基金只能投资持有上市公司股票，对非上市公司股权的持有目前并无明确的规定，因此，在使用单一 SPV 交易结构的时候需要注意产品合规性的问题。

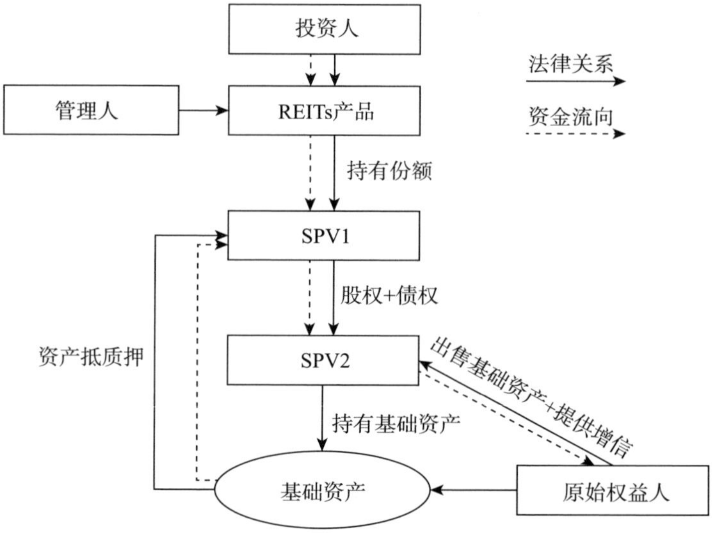

图 4.3　REITs 交易结构

资料来源：作者绘制整理。

五、其他条款

REITs 产品的其他条款主要包括两个方面：外部增信措施和退出安排。

外部增信条款包括担保、差额补足和现金保证三类，是 REITs 产品的风险缓解措施。担保条款主要约定在本金出现损失时由担保人进行代偿，担保人一般为基础资产原始权益人或其他有能力的第三方。差额补足条款主要约定基础资产运营期间的现金流不达预期时由承诺方进行差额补足。现金保证条款包含两种：一种是约定原始权益人开立保证金账户存入相应的金额用于差额补足与代偿；另一种是条款约定原始权益人或其股东需要认购 ABS 中的次级部分，优先保证 REITs 产品投资部分的本金与收益安全，这类条款主要出现在债权类 REITs 中。

退出安排条款主要约定在 REITs 产品到期后如何对基础资产进行处置。常见的退出安排条款主要是优先回购承诺，即由原始权益人或指定的第三方按照约定的金额，在产品到期后回购基础资产，保证产品到期后投资者安全退出。需要特别指出的是，基础设施类 REITs 中有很多以 PPP 模式形成的资产，这类资产在形成时一般要求在特许经营权到期后需要无偿划拨，在产品的其他条款设计时应对这类资产作特殊安排以保证产品的顺利退出。

第五章　REITs 产品的税收问题

税收问题存在于 REITs 产品投资、运营、退出的各个环节，厘清 REITs 产品的税收问题是保障 REITs 产品合规运营的基础。此外，正确合理地进行税收筹划，可以减少 REITs 产品的投资成本，实现投资收益的最大化。

本章共分为四节，前三节分别从 REITs 产品的设立、运营、退出三个阶段具体介绍产生税费的环节、涉及税种的计税金额与税率、税费的承担主体，最后一节介绍 REITs 产品税收筹划的要点，并探讨与 REITs 相关的税收政策问题。

第一节　REITs 产品设立与投资环节税费

REITs 产品的设立与投资环节是涉及税费种类最复杂的环节，因此需要合理的交易路径设计以达到最佳税收筹划。本节首先从 REITs 产品设立的各个环节入手，详细介绍可能产生税费的环节以及承担税费的主体，最后具体介绍设立环节涉及的各个税种的计税金额与征收比例。

一、产品设立与投资环节产生的税费

REITs 产品的设立与投资环节如图 5.1 所示，大体分为四个步骤，第一步：原始权益人将基础资产注入项目公司；第二步：设立 SPV，用于 REITs 向项目公司投资，根据前文产品设计中的介绍，SPV 一般是私募基金、信托计划，这一步也可能采用 ABS 的形式；第三步：REITs 投资 SPV 将资金注入 SPV；第四步：由 SPV 投资项目公司实现 REITs 对基础资产的投资。

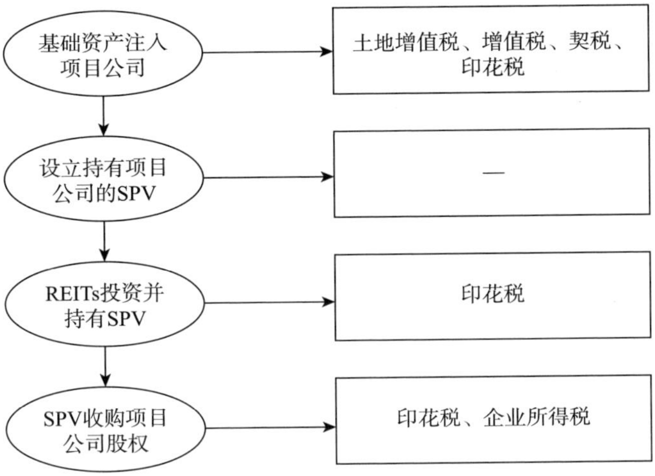

图 5.1　REITs 产品设立与投资环节税收种类

资料来源：作者绘制整理。

产品设立与投资环节的第一步是将基础资产注入为产品而专门设立的项目公司，以便于对基础资产的交易和运营管理。根据《关于营改增后土地增值税若干征管规定的公告》（国税发〔2016〕70 号）关于营改增后视同销售房地产的土地增值税应税收入确认的规定："纳税人将开发产品用于职工福利、奖励、对外投资、分配给股东或投资人、抵偿债务、换取其他单位和个人的非货币性资产等，发生所有权转移时应视同销售房地产，其收入应按照《国家税务总局关于房地产开发企业土地增值税清算管理有关问题的通知》（国税发〔2006〕187 号）第三条规定执行。"作为基础资产的原始权益人，无论是将基础资产作价直接入股项目公司，还是成立项目公司后将基础资产转让给项目公司，其实质都构成了对基础资产的销售行为，涉及土地及地上建筑物的转让，根据规定需要按照交易的实际金额缴纳土地增值税、增值税。

根据《契税法》的规定：土地使用权出让；土地使用权转让，包括出售、赠与、互换；房屋买卖、赠与、互换；以作价投资（入股）、偿还债务、划转、奖励等方式转移土地、房屋权属的均需缴纳契税。但是，根据《财政部税务总局关于继续支持企业事业单位改制重组有关契税政策的通知》（财税〔2018〕17 号）第六条规定："同一投资主体内部所属企业之间土地、房屋权属的划转，包括母公司与其全资子公司之间，同公司所属全资子公司之间，同一自然人与其设立的个人独资企业、一人有限公司之前土地、房屋权属的划转，免征契税。母公司以土地、房屋权属向其全资子公司增资，视同划转，免征契税。”因此，如果是原始权益人通过基础资产直接作价入股成立全资子公司，可以免征契税。

根据《印花税法》的规定：订立、领受在中华人民共和国境内具有法律效力的应税凭证需要缴纳印花税，应税凭证包括书面形式的合同、产权转移书据、营业账簿和权利、许可证照等。因此，在将基础资产注入项目公司的过程中，主要涉及土地增值税、增值税、契税、印花税四类税费。

产品设立与投资环节的第二步是设立持有项目公司的 SPV，SPV 的形式包括契约型私募基金、信托计划或 ABS，这类交易主体的注册设立一般不涉及税收问题。

产品设立与投资环节的第三步，REITs 投资 SPV 的过程中，如果发生金融产品份额的转让会涉及印花税，其他税种暂不涉及。

产品设立与投资环节的第四步一般为 SPV 收购持有基础资产的项目公司股权，以完成 REITs 产品对基础资产的投资。在这一过程中，项目公司的股权价值一般按照项目公司成立时基础资产的评估价值确定，项目公司的转让基本是按照股权价值评价转让，并不涉及需要缴纳所得税的利润。但是，对于基础资产价格的评估一般采取市场参考价格，相比于建设成本往往会有大幅度增值，根据《财政部 国家税务总局关于非货币性资产投资企业所得税政策问题的通知》（财税〔2014〕116 号）第二条的规定：“企业以非货币性资产对外投资，应对非货币性资产进行评估并按评估后的公允价值扣除计税基础后的余额，计算确认非货币性资产转让所得。”因此，原始权益人注资设立项目公司的行为将以物业不动产的市场评估价值扣除原计税基础计入应纳税所得额。上述企业所得税纳税行为在实际操作过程中，还需要关注《财政部 国家税务总局关于企业重组业务企业所得税处理若干问题的通知》（财税〔2009〕59 号）中企业分立事项同时符合五项特殊条件可适用特殊性税务处理规定。

二、产品设立与投资环节的税费承担主体

在 REITs 产品的设立与投资环节缴纳税负的主体主要有基础资产的原始权益人和项目公司。但是，由于不同税种的计税方式的不同以及交易目的的不同，部分税负的实际承担主体并非税负的缴纳人（见表 5.1）。

表 5.1 REITs 产品设立与投资环节的税费缴纳人及实际负担人

税种	纳税人	实际税负承担主体
土地增值税	原始权益人	原始权益人
增值税	原始权益人	REITs
契税	项目公司	REITs
印花税	REITs、SPV、项目公司	REITs
企业所得税	原始权益人	原始权益人

资料来源：作者绘制整理。

根据《土地增值税法（征求意见稿）》第一条的规定："在中华人民共和国境内转移房地产并取得收入的单位和个人，为土地增值税的纳税人，应当依照本法的规定缴纳土地增值税。"因此，在基础资产转让并设立项目公司的环节，基础资产所包含的土地增值税由基础资产的原始权益人承担。

增值税是以商品（含应税劳务）在流转过程中产生的增值额作为计税依据而征收的一种流转税。从计税原理上说，增值税是对商品生产、流通、劳务服务中多个环节的新增价值或商品的附加值征收的一种流转税。增值税一般采取价外计税的方式，由交易产品的交易金额与成本的差额确认，税费由交易的卖方缴纳。但是，在基础资产转让环节，总的交易价款的最终确定实质上会考虑增值税所涵盖的成本，因此，增值税的实际承担者是受让人。REITs产品设立环节产生的增值税实际上是 REITs 购买基础资产成本的一部分，计入 REITs 产品的总投资额中，实际税负的承担者是 REITs 产品本身。

根据《契税法》第一条的规定："在中华人民共和国境内转移土地、房屋权属，承受的单位和个人为契税的纳税人，应当依照本法规定缴纳契税。"根据《契税法》的规定，契税由房屋资产的受让人缴纳，在 REITs 产品中，项

目公司是基础资产的承载主体，也是基础资产转让中的受让人，产生的契税由项目公司缴纳。项目公司产生的一切费用最终都需要计入 REITs 的投资成本中，因此，契税的实际承担主体依然是 REITs 产品本身。

根据《印花税法（征求意见稿）》第一条的规定："订立、领受在中华人民共和国境内具有法律效力的应税凭证，或者在中华人民共和国境内进行证券交易的单位和个人，为印花税的纳税人，应当依照本法规定缴纳印花税。"在 REITs 产品的设立过程中，涉及签订交易合同，或是领受交易权证的环节均需要缴纳印花税，缴纳主体均为合同中的购买方或者是资产的受让方，因此，这部分税负均需要计入 REITs 的实际投资成本，最终的税负承担主体均为 REITs 产品本身。

企业所得税是对我国境内的企业和其他取得收入的组织的生产经营所得和其他所得征收的一种所得税。在 REITs 产品的设立环节只有原始权益人出让基础资产的环节涉及原始权益人收入需要征收企业所得税，上文中已经提到，在基础资产转让环节，无论是将基础资产出售给项目公司还是直接作价入股，均视同销售基础资产，由此产生的利润需要纳入企业所得税的征缴范畴。但是，《财政部 国家税务总局关于企业重组业务企业所得税处理若干问题的通知》（财税〔2009〕59 号）中有企业分立事项同时符合五项特殊条件可适用特殊性税务处理规定，操作中可根据财税〔2009〕59 号文的规定具体处理。

三、产品设立与投资环节的税费种类

REITs 产品设立与投资环节涉及的税费主要有增值税、土地增值税、契税、印花税、企业所得税五个税种。印花税虽然存在于 REITs 产品设立与投资环节的很多步骤中，并且均需最终计入产品的投资成本，但是由于其征缴比例较小，只占 REITs 投资成本中非常小的一部分，因此在这里不作详细介绍，征缴办法可参照《印花税法》中的具体规定。企业所得税的实际纳税人是原始权益人，具体的征缴还需要根据纳税人的其他经营情况确定，因此在这一部分中也不作具体介绍。本部分主要介绍 REITs 产品中发生金额较大的土地增值税、增值税和契税三个税种的计税金额以及征缴税率。

（一）土地增值税

根据《土地增值税法（征求意见稿）》的规定，土地增值税的计税金额为纳税人出售房产的总金额扣除成本后的余额。成本扣除项目包括：①取得土地使用权所支付的金额；②开发土地的成本、费用；③新建房及配套设施的成本、费用或者旧房及建筑物的评估价格；④与转移房地产有关的税金及其他规定可以扣除的项目。土地增值税实行的税率是四级超额累进税率，具体为增值额未超过扣除项目金额 50% 的部分，税率为 30%；增值额超过扣除项目金额 50%、未超过扣除项目金额 100% 的部分，税率为 40%；增值额超过扣除项目金额 100%、未超过扣除项目金额 200% 的部分，税率为 50%；增值额超过扣除项目金额 200% 的部分，税率为 60%。

土地增值税的征收只针对交易中心增值的部分，部分固定收益类 REITs 基础资产是以平价转让的方式注入项目公司，不涉及土地增值税。

（二）增值税

对于不动产交易中增值税的缴纳，主要参考国家税务总局 2016 年发布的《纳税人转让不动产增值税征收管理暂行办法》（国税发〔2016〕14 号）的相关规定：①一般纳税人转让其 2016 年 4 月 30 日前取得的不动产，可以选择适用简易计税方法计税，以取得的全部价款和价外费用扣除不动产购置原价或者取得不动产时的作价后的余额为销售额，按照 5% 的征收率计算应纳税额。②一般纳税人转让其 2016 年 4 月 30 日前取得的不动产，选择适用一般计税方法计税的，以取得的全部价款和价外费用为销售额计算应纳税额。纳税人应以取得的全部价款和价外费用扣除不动产购置原价或者取得不动产时的作价后的余额，按照 5% 的预征率向不动产所在地主管地税机关预缴税款，向机构所在地主管国税机关申报纳税。③一般纳税人转让其 2016 年 5 月 1 日后取得的不动产，适用一般计税方法，以取得的全部价款和价外费用为销售额计算应纳税额。纳税人应以取得的全部价款和价外费用扣除不动产购置原价或者取得不动产时的作价后的余额，按照5%的预征率向不动产所在地主管地税机关预缴税款，向机构所在地主管国税机关申报纳税。

（三）契税

根据《契税法》的规定，契税的计税依据如下：①土地使用权出让、出售，房屋买卖，为土地、房屋权属转移合同确定的成交价格，包括应交付的货币以及实物、其他经济利益对应的价款；②土地使用权互换、房屋互换，为所互换的土地使用权、房屋价格的差额；③土地使用权赠与、房屋赠与以及其他没有价格的转移土地、房屋权属行为，为税务机关参照土地使用权出售、房屋买卖的市场价格依法核定的价格。此外，对一些非营利性房产的转让，符合规定的可以免征契税。契税税率为房产交易总价款的3% ~5%，具体的征缴税率由各省级行政单位自行确定。

REITs 产品设立与投资环节需要缴纳的契税是按照基础资产的实际交易金额为计税金额计算需要缴纳的具体金额，在实际操作中需要特别注意的是基础设施资产中有部分资产是符合《契税法》规定的免征条件的，依托这些基础资产发行的 REITs 产品可以免征契税。

第二节　REITs 产品运营环节税费

一、基础资产运营相关税费

REITs 产品运营期间与基础资产运营相关的税费的纳税主体是持有基础资产的项目公司，涉及的主要税种有增值税、城镇土地使用税、房产税、企业所得税（见表5.2）。

（一）增值税

REITs 产品的基础资产大部分是通过出租房产获得租金收入以及其他配套

服务收入。根据《增值税法（征求意见稿）》的规定，纳税人销售交通运输、邮政、基础电信、建筑、不动产租赁服务，销售不动产，转让土地使用权等，增值税的税率为 9%。采用一般计税方法计算的应纳税额为当期销项税额与进项税额的差额。如果采用简易计税方法，当期的应纳税额则以销项金额乘以征收率确定，进项税额不能抵扣，征收率为 3%。基础设施 REITs 中部分基础资产不以经营房屋租赁为收入，其增值税的缴纳税率具体参照《增值税法（征求意见稿）》第十三条中的相关规定确认。此外，部分基础设施项目存在税收优惠和免税政策的，参考具体法律法规。

（二）城镇土地使用税

根据《城镇土地使用税暂行条例》的规定，城市、县城、建制镇、工矿区范围内使用土地的单位和个人，需要依照规定缴纳城镇土地使用税。城镇土地使用税的征收金额按照实际使用土地的平方米数计算，每平方米的纳税金额为：①大城市 1.5 元至 30 元；②中等城市 1.2 元至 24 元；③小城市 0.9 元至 18 元；④县城、建制镇、工矿区 0.6 元至 12 元。具体的征税金额由各省级行政单位自行确定。对于一些能源、交通、水利等基础设施项目，符合财政部规定的，可以予以减免土地增值税。

（三）房产税

房产税作为地税的一种，其内容解释须参考国务院发布的《房产税暂行条例》（国发〔1986〕90 号），但具体的实施细则由省、自治区、直辖市人民政府制定，抄送财政部备案。也就是说，房产税的征收管理在不同的省份须按照地方出台的房产税征收管理办法具体实施。根据条例的规定，房产税由房屋产权所有人按年缴纳，依照房产原值一次减除 10% ~30% 后的余值计算缴纳。具体减除幅度，由省、自治区、直辖市人民政府规定。没有房产原值作为依据的，由房产所在地税务机关参考同类房产核定。房产出租的，以房产租金收入为房产税的计税依据。依照房产余值计算缴纳房产税的，税率为 1.2%；依照房产租金收入计算缴纳的，税率为 12%。

（四）企业所得税

项目公司将其不动产出租给其他单位或个人获取租金收入，属于《企业所得税法》规定的“企业提供固定资产、包装物或者其他有形资产的使用权取得的收入”。按照合同约定的承租人应付租金的日期确认收入的实现，在计算应纳税所得额时应将租金收入全额计入。企业所得税的具体缴纳金额以项目公司经营的实际收入扣减相关成本与规定扣除的项目确定，企业所得税的税率为20%，对于基础设施项目国家另有规定减免企业所得税的另行参考具体规定执行。

二、收益分红相关税费

REITs产品收益分红中的税费主要由REITs的投资者承担，主要涉及的税种为所得税。按照持有该资产支持证券的主体分为机构投资者与个人投资者。对于机构投资者从REITs产品每年获得分红按照《企业所得税法》的要求纳入企业当期的收入，根据企业当期实际经营情况确认缴纳企业所得税。根据《个人所得税法》的规定，个人投资者获取的投资收益按照利息、股息、红利所得计算缴纳个人所得税，按照20%的税率一次性征收，在确认分红时直接代缴代扣。对于公募REITs，根据《关于开放式证券投资基金有关税收问题的通知》（财税〔2002〕128号）的规定，公募基金的分红收益无论是机构投资者还是个人投资者均免征所得税。

三、运营环节的其他税费

除上述两部分介绍的基础资产运营与收益分红时需要由项目公司和REITs产品投资人缴纳的相关税费外，REITs产品运营期间的其他税费还包括由产品管理人承担的税费。《财政部 国家税务总局关于明确金融房地产开发教育辅助服务等增值税政策的通知》（财税〔2016〕140号）第四条规定：“资管产品运营过程中发生的增值税应税行为，以资管产品管理人为增值税纳税人。”

因此，REITs 产品的管理要根据其每年收取的管理费金额计算缴纳增值税。根据《增值税法（征求意见稿）》的规定，纳税人销售服务、无形资产、金融商品，税率为 6%。因此，REITs 产品管理人在每年收取管理费时按照其收费金额的 6% 缴纳增值税。除此之外，REITs 管理人每年收入的管理费还需要纳入企业所得税的应税收入中，缴纳所得税。

表 5.2 REITs 产品运营环节税费

纳税主体	应税行为	税种	税率
项目公司	持有房产	城镇土地使用税	按平方米征收
		房产税	余值 1.2% 或租金 12%
	收取经营租金	增值税	一般计税方法 9%，进项可扣除 简易计税方法 3%，不可扣除
	经营利润	企业所得税	应税利润的 20%
投资人	项目年度分红	所得税	机构投资者计入当期应税所得 个人投资者按分红收益 20% 代扣代缴 公募基金免征
管理人	收取管理费	增值税	按总额 6% 征收

第三节 REITs 产品流转与退出环节税费

一、购买产品环节税费

REITs 产品购买时涉及的税收行为较少，主要为签订产品购买合同时需要缴纳印花税。根据《印花税法》的规定，证券交易按照交易总金额的 0.1% 征收印花税，该印花税只针对证券的出让方征收，不对证券的受让方征收。如果是在 REITs 设立时直接申购份额，根据《关于明确金融、房地产开发、教育辅助服务等增值税政策的通知》（财税〔2016〕140 号）的规定，基金申购暂不征收印花税。

二、赎回与转让产品环节税费

对于REITs产品的投资者而言，除REITs产品的分红外，可以通过产品份额的赎回或者转让的方式收回本金并获得收益。对于投资人选择在REITs产品开放期赎回份额，《关于开放式证券投资基金有关税收问题的通知》（财税〔2002〕128号）规定："对个人投资者申购和赎回基金单位取得的差价收入，在对个人买卖股票的差价收入未恢复征收个人所得税以前，暂不征收个人所得税；对企业投资者申购和赎回基金单位取得的差价收入，应并入企业的应纳税所得额，征收企业所得税。"该文件中还明确说明了基金赎回环节产生的印花税予以免征。

如果REITs产品的投资者选择在二级市场上出售基金份额，根据《企业所得税法》的规定，企业转让财产，获得股息、红利的收入均需要计入企业的应纳税所得额。因此，机构投资者转让REITs产品获得的收入应视同转让权益性资产获得收益，需要计入当期的应纳税所得额，缴纳企业所得税。对于个人投资者，根据《财政部 国家税务总局关于证券投资基金税收问题的通知》（财税字〔1998〕55号）的规定，对个人投资者买卖基金单位获得的差价收入，在对个人买卖股票的差价收入未恢复征收个人所得税以前，暂不征收个人所得税。目前，个人投资者在国内二级市场买卖股票获得的资本利得收益并未开征个人所得税，因此，目前个人投资者卖出REITs产品不涉及征收个人所得税的问题。

三、产品退出环节税费

REITs产品的退出主要有三种方式，第一种是管理人将项目公司持有的基础资产直接出售；第二种是由原始权益人或是指定的第三方按照约定的价格回购基础资产；第三种是REITs完全依托基础资产的现金流还本付息，到期后基础资产的收费权也随之到期，REITs产品自动解散。第三种到期自动解散的情形一般存在于基础资产拥有特许经营权的REITs产品中，以PPP项目居多，特许经营权到期后资产一般要求无偿划拨，基本不涉及税收问题。

第一种与第二种退出方式从交易流程看，本质上属于一种退出方式，即将项目公司持有的基础资产出售。涉及的税费种类与产品设立过程中将基础资产注入项目公司的环节基本相同，主要涉及土地增值税、增值税、契税、印花税、企业所得税。土地增值税与增值税是以不动产买卖之间的价差为基础进行征税，如果退出环节基础资产的出售价格不超过获得时的成本价格则不涉及缴纳土地增值税和增值税问题，如果出售价额高于成本价则依据差额征收土地增值税与增值税，具体征收办法参考本章第一节的内容。

产品退出交易环节由于不动产产权的变更，根据《契税法》和《印花税法》的规定，需要根据交易合同的总金额缴纳契税与印花税，具体纳税金额计算与征收办法参考本章第一节内容。与此同时，项目公司出售基础资产的行为根据《企业所得税法》的规定属于财产转让收入，应计入项目公司当年的所得税应纳税所得额中，并根据当期最终的经营情况缴纳企业所得税。

第四节　关于 REITs 产品税负的建议

一、现行政策下 REITs 产品税收筹划要点

合理设置交易结构并进行税收筹划，可以减少 REITs 产品的税收支出，通过降低投资成本获得更大的投资收益。REITs 产品产生税负较多的环节主要集中在资产交易与持有期间的股息分红。以下将从这两个方面入手，具体介绍 REITs 产品税收筹划中的要点。

（一）资产交易环节的税收筹划

对于不动产的直接转让，需要根据其价值的增长征收增值税、土地增值税以及契税和所得税，但是增值税、契税和土地增值税的征收要求是不动产的权属发生了转移。因此，对于基础资产的交易尽量通过交易公司股权的形

式实现，这样可以避免缴纳高额的土地增值税和契税等税负。

（二）持有阶段的税收筹划

REITs 产品的持有阶段较重的税收负担主要来自所得税的重复征收。主要的税收筹划思路是在 REITs 产品投资环节采用股权和债权结合的方式对项目公司进行投资，项目公司通过每年支付借款利息的方式代替分红。这种做法有两个方面的优势：一方面，可以减少项目公司层面的企业所得税，因为对于借款产生的利息，项目公司可以直接作为当期企业所得税的抵扣项目，对于这部分利息，无需缴纳 20% 的企业所得税，债权人仅需缴纳 6% 的增值税，实际缴纳税款的比例有了大幅度下降。另一方面，项目公司每年产生的运营成本主要是不动产的折旧，这部分成本并未实际形成现金流流出，而经营产生的收益则会产生现金的流入，如果采用确认企业利润进行分红的形式，由于折旧摊销成本的存在，很大一部分流入的现金流无法进行红利分配，会产生现金的闲置，而采用借款的形式，在支付利息后如果项目公司还有大量剩余现金，可以考虑通过直接偿还借款本金的形式将这部分现金进行回收，并且不涉及资产的交易，减少交易税费。根据市场案例和税收筹划，REITs 交易中构造的债权与股权的比例一般为 2∶1。

二、我国 REITs 产品税收政策问题

（一）税务负担显著提高投资成本

REITs 产品设立的第一步便是将基础资产注入项目公司，以实现目标资产的风险隔离，从而保护投资人利益。根据现行的税收政策，这一环节被视为不动产的交易行为，导致 REITs 的基础资产在划转的环节需要缴纳土地增值税、增值税、契税以及企业所得税等，这些繁重的税负最终都会成为 REITs 的投资成本，投资成本的增加使 REITs 的收益率显著降低，导致投资者对 REITs 产品的投资减少，严重阻碍了 REITs 产品的发展。虽然国家为鼓励企业重组先后出台了一些土地增值税和契税等方面的优惠政策，但是这些政策并不

能完全适用于 REITs 产品。为了套用政策、降低交易成本，便于实施 REITs，发行方有时不得不采用很复杂的交易模式，然而即使采用复杂的交易安排仍然无法最终规避 REITs 设立环节高昂的交易税费。

具体而言，土地增值税方面，《财政部 国家税务总局关于企业改制重组有关土地增值税政策的通知》（财税〔2015〕5 号）将房地产开发企业排除在优惠范围之外。但是，已经有相当一部分房地产开发企业转型为建设持有并持续运营工业、商业等地产，这类资产都是发行 REITs 产品的优质基础资产。在契税方面，在现行税制下，将作为目标资产的房地产项目划转给项目公司时，项目公司作为资产接受方需缴纳契税，虽然《财政部 国家税务总局关于进一步支持企业事业单位改制重组有关契税政策的通知》（财税〔2015〕37 号）中有在满足一定条件下公司之间土地、房屋划转免征契税的规定，但有时并不能完全适用于 REITs 事项。在企业所得税方面，不动产证券化一般都需要按实际市场价格评估基础资产价值，而土地、房屋等不动产较取得时往往都会有巨额增值，巨额增值会带来巨额的企业所得税税收成本，对企业而言是很大的负担，严重影响企业开展 REITs 业务。同时，现行企业所得税有关重组方面的优惠均有时间要求，即重组后连续 12 个月不改变被划转股权或资产原来实质性经营活动。REITs 设立过程会多次发生资产所有权变更，实践中往往会以“股权在连续 12 个月内是否发生变化”来判定是否能够适用特殊性税务处理，导致现有绝大部分 REITs 难以在内部重组环节适用特殊性税务处理的优惠政策。

（二）重复征税进一步提高运营与持有成本

REITs 产品大多采用成立项目公司的形式吸收基础资产并独立运营与核算，采用公司制的形式也就意味着 REITs 的基础资产在运营环节除了需要缴纳增值税等流转类税收外，对于每年运营产生的利润需要缴纳企业所得税，只有缴纳完企业所得税后的剩余部分才能够对投资者进行分红。除此之外，在分红环节，个人投资者和机构投资者还需要按照其获得的分红收益缴纳个人所得税和企业所得税。这实质上构成了对同一笔收入的所得税进行重复征收，使投资者的收益大幅度下降。这与国际通行投资者投资 REITs 产品税收优惠的做法存在差距。目前，美国、新加坡、日本等国均给予 REITs 不同程度的所得税豁免以避免重复征税。此外，REITs 投资持有人不仅要对取得的股息所得缴纳所得税，而且在出售 REITs 份额时也需要缴纳所得税。重复征税增加了 REITs 运营持有环节的成本，对 REITs 的发行定价造成非常大的影响。

（三）印花税成本巨大

由于 REITs 产品的设立和退出过程涉及较多的交易环节和权属变更，印花税是不得不面对的问题。印花税作为一个行为类税种在整个税收体系中的征收金额占比很小。但是，由于 REITs 发行的金额往往非常大，涉及的登记、管理、服务、销售等环节均需要缴纳印花税，因此，印花税也是一笔巨大的资金成本。而《财政部 国家税务总局关于信贷资产证券化有关税收政策问题的通知》（财税〔2006〕5 号）仅仅规定信贷资产证券化产品下的信托合同、管理合同、服务合同、发售以及购买信贷资产支持证券、资金账簿可以免征印花税，而不能适用于其他资产证券化类型，范围较窄。REITs 产品从设立至退出的各个环节形成的契约和凭证需缴纳的印花税累计金额巨大，进一步压缩了投资持有人的投资收益，严重限制了 REITs 产品市场的发展。

三、REITs 产品税收政策制定的建议

在大力推动房地产租售并举以及开放基础设施进入公开交易市场进行投资的大背景下，REITs 产品是实现成熟稳定的不动产项目融资及退出的重要的方式，但是，繁重的税收负担严重地制约了产品市场的发展。因此，有必要出台促进 REITs 产品市场发展的税收政策，具体可从以下三个方面考量。

（一）股息红利的免税政策

由于我国居民企业间股息红利免税政策要求必须为“直接投资”模式，通过中间层嵌套的间接投资不享受股息红利免税。股息红利是 REITs 产品收益的重要来源，且在运营环节已通过项目公司缴纳企业所得税。免除股息红

利是避免所得税重复征收的重要措施，可以极大地提高产品的投资收益。

（二）资产转移阶段的税收优惠

在 REITs 产品的设立、运营与退出过程中，税负最高的环节在于资产注入项目公司，涉及的税种繁多，并且 REITs 资产的原始权益人大多为房地产企业，不能享受企业重组的各项税收优惠政策，这使 REITs 的投资成本大幅度增加。建议出台配套的税收政策，将房地产企业发行 REITs 产品纳入企业重组的税收优惠政策中，同时对于增值税和土地增值税这类流转类税收，采取递延缴纳的办法，如在 REITs 产品退出时出售资产再行缴纳，如果由原始权益人直接回购资产，资产并未发生实质的权属转移，建议免除这部分税收，视同 REITs 产品的基础资产并未发生权属转移。

（三）降低印花税负担

由于 REITs 产品的交易环节较多，因此，产生的印花税负担较大。针对此问题，建议将信贷资产证券化的税收优惠适用范围扩大，将 REITs 与类 REITs 产品纳入税收优惠的政策中，对于产品的部分印花税进行减免，或是针对 REITs 交易的实质，仅对部分交易环节产生的印花税进行征收。

四、其他国家或地区 REITs 立法税收政策对比

（一）美国 REITs 税收政策

美国 REITs 可以为公司制或信托制，且目前大部分为公司制 REITs。1976 年《REITs 简化修正法》出台之后，允许 REITs 在原有商业信托的基础上以公司的形式成立。

美国 REITs 不强制要求上市，公募、私募形式都存在。至少有 100 位投资者，且前五大投资者持股比例不得超过 50%，保证了投资者的分散化。对于资产和收入，需将总资产的 75% 投资于不动产，至少 90% 的收入进行分红，满足条件方能减税（见表 5.3）。

表 5.3　美国 REITs 设立条件

核心关注点	主要内容
组织结构	· 公司制或信托制 · REITs 的投资者至少要有 100 人，其中前五大投资者合计持股比例不能超过 50% · REITs 可构建并拥有一个应税主体从事物业租赁服务、物业开发及其他非不动产业务，允许二者之间存在借贷和租赁交易，但对该类关联交易施加了较重的税负，要求其总资产占 REITs 总资产的比例不得超过 25%
资产要求	· 需将其总资产的 75% 投资于不动产、抵押贷款、其他 REITs 份额、现金或政府债券等 · 对具有纳税主体资格的子公司的股权投资不超过总资产的 20% · 持有除政府和子公司外某一发行人的证券不得超过总资产的 5%
收入要求	· 总收入中至少应有 75% 来源于不动产出租或出售利得、抵押贷款利息 · 总收入中至少应有 95% 来源于上述资源、股息、利息及证券出售利得（如果 REITs 没能满足 75% 或 95% 的收入测试，则将承担 100% 的惩罚性税收）
红利分配要求	· REITs 的应税收入除资本利得与确定的非现金应税收益外，可免税进行股利分配，但至少 90% 必须以股利的形式派发给投资者
长期负债要求	· 无限制

资料来源：兴业研究根据公开资料整理。

在 REITs 进行资产购置和处置时，美国的税收优惠政策较少，转让税、累进企业所得税、代扣代缴税等基本都要按规定缴纳，即在物业收购/处置阶段，尤其是出售方会承担大量的税费。在运行期，REITs 的应税收入除资本利得与确定的非现金应税收益外，可免税进行股利分配，但至少 90% 必须以股利的形式派发给投资者。

此外，美国还设置有惩罚性税收。超过 10% 的收入未分配，将接受惩罚性税收，即 REITs 还要缴纳 4% 的营业税。这样的税收惩罚激励，保证了 REITs收益分配的比例。

表 5.4 为美国 REITs 税收政策一览表。

表 5.4　美国 REITs 税收政策一览表

环节	纳税主体	税种	税基	征收条件
购置/处置物业阶段	买方	15%的代扣代缴税	交易价格	从境外个人、机构购买、交换、赎回或让与，获得不动产方缴税
	买方 卖方	0.5%～1%的转让税	交易价格	取得不动产时，由买方/卖方支付，REITs 无税收优惠
	卖方	15%～35%的累进企业所得税	出售利得	不动产转让环节，出售方对超过成本部分的收入正常纳税，但若不动产持有超过 10 年则有可能享受税收优惠（出售物业利得用于分红部分免税）
持有运营物业阶段	运营公司/REITs	100%惩罚性税收	违规金额	收益来源和分配比例未达到 REITs 成立要求中的 75%或 90%
				从事禁止性交易
		1%～3%的房产税	物业价值	各州税法对于税率规定有所不同，但对 REITs 都无税收优惠
		15%～35%的累进企业所得税	未分配利润	只有租金收入用于分红的部分免税
投资者分红阶段	境内企业	分红、利得 35%的所得税	分红，利得	股利分红收入、出售利得都需缴税
	境内个人	43.49%的所得税	分红收入	
		23.8%的所得税	出售利得	
	境外企业 境外个人	30%的代扣代缴税	分红收入	
		35%的代扣代缴税	出售利得	
		10%的代扣代缴税	返还股本	

资料来源：兴业研究根据公开资料整理。

（二）日本 REITs 税收政策

日本 REITs 在组织结构上与美国相似，通常是公司制，且在交易所上市。需要有至少 50 名投资者，且任何投资者不可单独拥有超过 50% 的份额。对于投资要求，总资产 50% 以上需要投资于合格资产，相比美国标准较低。收入的 90% 和出售利得的 90% 要分配给投资者。日本 REITs 设立条件如表 5.5 所示。

表 5.5　日本 REITs 设立条件

核心关注点	主要内容
组织结构	J－REITs 通常是公司制，并在交易所上市 至少满足以下条件之一： 1. 公开发行且最低发行金额为 1 亿日元 2. 财年末，至少有 50 名投资者 3. 财年末，由合格机构投资者 100% 持有 资产管理必须外包给资产管理人，资产托管功能必须外包给托管公司 任何投资者不得拥有超过 50% 的发行份额
资产要求	资产总值 50% 以上投资于合格资产（证券、地产、出租权、债务、期票等）
收入要求	无限制
红利分配要求	若想免除企业所得税，需将每年 90% 以上的净收入进行分配；出售利得的 90% 也应进行分配
长期负债要求	只可以向合格机构投资者借款

资料来源：兴业研究根据公开资料整理。

日本房地产投资信托在 REITs 税收优惠方面主要包括以下内容：用于分红的所得可以计入税前成本，允许在所得税税前扣除；持有房地产 5 年以下，出售后的收益所得税率为 39%，持有房地产 5 年以上，出售后的收益所得税率为 20%，旨在鼓励长期经营；购买用于 REITs 的房产的契税，税率由 5% 下调到 1.7%，旨在支持 REITs 初始阶段的发展。

（三）新加坡 REITs 税收政策

新加坡 REITs 通常是单位信托形式。对于投资者人数要求更高，需要至少 25% 的单位信托由至少 500 名大众投资者持有；对于投资的资产，要求保证 70% 以上的资产投资于与房地产相关的资产。与其他国家相似的是，新加坡也要求 REITs 每年 90% 的收入用于红利分配（对资本利得部分不作要求），才能获得 REITs 的税收优惠。新加坡 REITs 设立条件如表 5.6 所示。

表 5.6　新加坡 REITs 设立条件

核心关注点	主要内容
组织结构	·通常为单位信托形式 ·REITs 管理人应在新加坡有实体办公室，并且股东出资最低为 100 万新加坡元 ·需有独立的 REITs 管理人 ·至少 25% 的单位信托由至少 500 名大众投资者持有
资产要求	·至少 70% 以上的资产是投资于房地产和与房地产相关的资产 ·S－REITs 不能从事或参与房地产开发活动，无论是以独资或合资方式，还是以投资于非上市房地产开发商的形式进行 ·除了投资于获准开发的空地上即将开发的房地产外，不能投资于空地 ·投资于新加坡境内为开发完成的非住宅房地产，或者是新加坡境外未开发完成的房地产，均不得超过总资产的 20%
收入要求	·无限制
红利分配要求	·每年 90% 以上的收入用于分配 ·出售利得无最低分红要求
长期负债要求	·不超过资产总值的 35% ·达到相应评级可以提高至 60%

资料来源：兴业研究根据公开资料整理。

值得注意的是，新加坡禁止 REITs 投资于房地产开发活动，降低了 REITs 未来收益的不确定性。而对于标的物业所在国家，REITs 不仅限于新加坡境内。

在资产转让时，新加坡 REITs 最大的税收优惠来自 17% 的企业所得税的减免，但仅在交易物业为新加坡境内物业时有效。REITs 运行阶段，REITs 或公司层面的 10% 房地产税可全部减免，企业所得税部分减免。对于投资者而言，分红收益需要缴纳所得税，但资本利得全部免税。如表 5.7 所示。

表 5.7 新加坡 REITs 税收政策一览表

<table>
<tr><th>环节</th><th>纳税主体</th><th>税种</th><th>税基</th><th>征收条件</th></tr>
<tr><td rowspan="5">购置/处置物业阶段</td><td>买方</td><td>1% ~3% 印花税</td><td rowspan="2">交易价格</td><td rowspan="2">上市交易的 S – REIT 或者将在 6 个月内上市的 S – REIT 可以减免</td></tr>
<tr><td>卖方</td><td>4% ~16% 印花税（住宅物业）
5% ~15% 印花税（工业物业）</td></tr>
<tr><td rowspan="2">卖方</td><td rowspan="2">17% 企业所得税</td><td rowspan="2">出售利得</td><td>资本利得免税（除非公司以买卖物业为主，此时税率为 17%）</td></tr>
<tr><td>物业在新加坡本国时有效</td></tr>
<tr><td>卖方</td><td>7% 商品服务税（Goods & Services Tax，GST）</td><td>交易价格</td><td>商业地主无税收优惠
买卖住宅物业可以免除</td></tr>
<tr><td rowspan="3">持有运营物业阶段</td><td rowspan="3">运营公司/REITs</td><td>10% 房产税（每年付）</td><td>年值 Annual Value（扣除家具、设备、维护费后的租金）</td><td>无税收优惠</td></tr>
<tr><td>7% 商品服务税（Goods & Service Tax，GST）</td><td>租金收入</td><td>商业地产无税收优惠
租赁住宅物业可以免除</td></tr>
<tr><td>17% 企业所得税</td><td>未分配利润</td><td>分红部分免税
出售利得免税</td></tr>
<tr><td rowspan="3">投资者分红阶段</td><td>境内企业
境内个人</td><td>20% 预提所得税</td><td>分红，利得</td><td>分红不免税
出售利得免税</td></tr>
<tr><td>境外企业</td><td>10% 预提所得税</td><td>分红，利得</td><td>分红不免税
出售利得免税</td></tr>
<tr><td>境外个人</td><td>预提所得税</td><td>分红，利得</td><td>分红、出售利得均免税</td></tr>
</table>

资料来源：兴业研究根据公开资料整理。

（四）中国香港地区 REITs 税收政策

中国香港地区 REITs 只能以信托形式成立，且需要在港交所上市流通。

全部资产只可以投资于房地产项目，且除了修缮、翻新、改造外，不能投资于空置土地或参与物业开发活动。这一点在以上国家或地区中要求最为严苛。对于投资者的数量没有限制。对于红利分配，同样也是至少 90% 的净收益需要分配给投资者。如表 5. 8 所示。

表 5. 8　中国香港地区 REITs 设立条件

核心关注点	主要内容
组织结构	· REITs 需以信托形式设立，并在港交所上市 · 指定独立于 REITs 管理公司的受托人 · 委任独立的房地产估价师 · 每年进行 REIT 资产的评估计价 · 可以通过 SPV 购买和拥有不动产
资产要求	· 只可以投资于房地产项目 · 可以购入空置及没有产生收入或正在进行大规模开发、重建或修缮的建筑，但这些项目的累计合约价值不得超过总资产净值的 10% · 除了修缮、翻新、改造外，不能投资于空置土地或参与物业开发活动 · 允许通过特别子公司投资于旅馆或游乐园 · 不能对外贷款、为任何债务提供短期担保或不经受托人事先书面同意信托资产设担保 · 不能投资获得任何须承担无限责任的资产
收入要求	· 必须以获取连续稳定租金收入为目的专注投资于房地产 · 收入主要应来自房地产租金收益 · 持有不能产生收益的房地产资产不能超过 REITs 净资产总额的 10%
红利分配要求	· 每年至少将净收益的 90% 以分红形式分给单位信托持有者
长期负债要求	· 债务比例上限为资产总值的 45%

资料来源：兴业研究根据公开资料整理。

同样，中国香港地区 REITs 的标的物业也不限于中国香港。目前，中国香港共有 5 只 REITs 持有大陆物业（共 20 处），占据了全部上市 REITs 的一半。

中国香港地区：除物业处置利得可免税外，投资者收益亦有税收优惠。

中国香港地区对于 REITs 的税收优惠力度更大，购置/处置当地物业，针对卖方的出售利得都免征企业所得税。在持有物业运行 REITs 期间，对公司层面免除了对未分配利润的税务。如表5.9所示。需要注意的是，以上条款仅针对标的物业在中国香港境内的情形。譬如，越秀REITs的标的物业在中国内地，且其交易结构中的BVI公司作为在我国无常设机构的外国企业，同样需要根据我国的税法在企业层面缴纳增值税、土地增值税等涉及物业转让、经营的相关税项。从中国香港以外获取的利润无须在中国香港纳税。

表5.9　中国香港地区REITs税收政策一览表

环节	纳税主体	税种	税基	征收条件
购置/处置物业阶段	买方 卖方	收购物业：1.5%～8.5%印花税 收购股份：0.2%印花税 17.5%的企业所得税	交易价格 出售利得	不免税 免税
持有运营物业阶段	运营公司或REITs	15%的房产税	Net Assessable Value（租金+服务费和维护修理费）	不免税
		0.25%～1%印花税	租金收入	不免税
		16.5%企业所得税	未分配利润	SPV层面利润免税 来自SPV的分红免税 境外取得的收入免税
投资者分红阶段	境内企业 境内个人 境外企业 境外个人	所得税	分红 出售利得	分红、出售利得免税

资料来源：兴业研究根据公开资料整理。

在利润分配阶段，也免除了境内外投资者的个人所得税。这一点较其他国家而言较为特殊，按照税收中性的原则，REITs层面免征的所得税，需要在投资者层面征收，这样才能确保国家的税源不受损害。

第六章　REITs 试点政策解读

第一节　REITs 试点的政策沿革

中国对 REITs 相关问题的探索可以追溯到 21 世纪初信托业务相关的一系列法律法规出台之时。2001 年，原国家发展计划委员会牵头起草了《产业投资基金管理暂行办法》并向社会公开征求意见。2003 年，深交所开始研究发行 REITs 的可行性。

中国于 2005 年首次引进 REITs。2006 年，天津成立了第一家 REITs 公司——领锐资产管理股份有限公司。

2008 年，国务院下发了《关于当前金融促进经济发展的若干意见》，其中提到要开展房地产信托投资基金试点，拓宽房地产企业的融资渠道。

自 2007 年以来，孟晓苏博士不断倡导用中国的公租房、保障房和其他政府资产来发行 REITs，以推动中国 REITs 的现实实践。在他看来，地方政府大量负债的同时又大量地建设基础设施，使中国政府拥有巨量的资产，但是这些资产很多是以负债的方式拥有的，是两个错配，需要调结构、促改革。据中国社科院的统计，中国政府现在的直接和间接负债 71 万亿元，对应的资产是 125 万亿元，总资产大于总负债，总体状况还属良好。

为了解决地方债越积越重以及由此带来的一系列问题，孟晓苏博士在 2014 年就提出了可以通过 REITs 有效化解风险。随后国务院发展研究中心成立了 REITs 课题组，邀请孟晓苏和刘世锦担任组长，并邀请了全国政协副主席陈元担任总顾问，课题组研究如何引入 REITs 进行政府存量资产的 PPP，探索如何以市场化手段积极化解地方债。

李克强总理在2016年《政府工作报告》中提出“推动地方融资平台转型改制，进行市场化融资，探索基础设施等资产证券化，扩大债券融资规模”，2017年更明确地提出了“促进企业盘活存量资产，推进资产证券化”。国务院办公厅在2016年《关于加快培育和发展住房租赁市场的若干意见》中提出“稳步推进房地产投资信托基金（REITs）试点”，将REITs这个英文缩写写入了国务院文件，并作出了标准翻译——“房地产投资信托基金”。

与此同时，监管方面也针对REITs进行了大量研究论证，并通过不断完善资产证券化业务带动实务发展。

市场方面，REITs相关业务发展迅猛，从越秀集团赴港发行REITs开始，到鹏华前海万科REITs封闭式混合投资基金发行等创新性业务产生，再到“中信启航ABS”带动下的类REITs在境内蓬勃涌现，截至2019年年末，境内各交易场所共发行类REITs产品69只，上市资产规模达到1388亿元，境外共有16只REITs持有中国内地103处不动产，为在境内市场推出公募REITs奠定了良好的市场基础。

经过近20年的积累，2020年4月24日，国家发展改革委和中国证监会联合下发《关于推进基础设施领域不动产投资信托基金（REITs）试点相关工作的通知》（证监发〔2020〕40号，后文统称“4·24通知”），正式宣告了中国公募REITs的诞生。

目前，中国推动基础设施的公募REITs已经具备较好的基础。2020年8月7日，证监会又发布了《公开募集基础设施证券投资基金指引（试行）》（后文统称“8·7指引”）。

第二节　REITs试点新政的核心摘要

基础设施REITs作为潜在的投资标的吸引了众多投资者的关注。国家发展改革委和中国证监会自2020年“4·24通知”以来，积极推动相关的工作，并鼓励各地政府和企业进行试点的前期准备工作，明确提出了推进基础设施 REITs 试点的基本原则和项目要求。

“4・24 通知”特别强调了试点工作的三个方面要求：

首先是要聚焦重点区域，优先支持京津冀、长江经济带、雄安新区、粤港澳大湾区、海南、长江三角洲等重点区域，支持国家级新区、有条件的国家级经济技术开发区开展试点。

其次是聚焦重点行业。优先支持基础设施补短板行业，包括仓储物流、收费公路等交通设施，水电气热等市政工程，城镇污水垃圾处理、固废危废处理等污染治理项目。鼓励信息网络等新型基础设施，以及国家战略性新兴产业集群、高科技产业园区、特色产业园区等开展试点。

最后要聚焦优质项目。基础设施 REITs 试点项目应符合以下条件：

项目权属清晰，已按规定履行项目投资管理，以及规划、环评和用地等相关手续，已通过竣工验收。PPP 项目应依法依规履行政府和社会资本管理相关规定，收入来源以使用者付费为主，未出现重大问题和合同纠纷。

具有成熟的经营模式及市场化运营能力，已产生持续、稳定的收益及现金流，投资回报良好，并具有持续经营能力、较好的增长潜力。

发起人（原始权益人）及基础设施运营企业信用稳健、内部控制制度健全，具有持续经营能力，最近 3 年无重大违法违规行为。基础设施运营企业还应当具有丰富的运营管理能力。

“4・24 通知”最后还特别强调，要加强融资用途管理。“4・24 通知”指出：发起人（原始权益人）通过转让基础设施取得资金的用途应符合国家产业政策，鼓励将回收资金用于新的基础设施和公用事业建设，重点支持补短板项目，形成投资良性循环。

第三节　关于 REITs 试点的三大条件解读

一、对项目的权属情况的要求

“4·24 通知”明确了“市场原则、权益导向”这一重要原则，具体要求和专项债、产业基金、PPP 等方式有根本不同，不会出现明股实债、政府补足等模式，最终目标是为地方政府基础设施项目建立可持续的退出渠道，弥补项目投资资金特别是资本金的不足，达到化解债务风险、降低政府杠杆率的效果。

二、对项目收益及现金流要求

此次发文对项目资产质量、收入来源和资金用途作了详细规定，均意在降低政府性债务风险。首先是要求必须是成熟运营且前景良好的资产：经营 3 年以上，具有成熟的经营模式及市场化运营能力，已产生持续稳定的收益及现金流，具备较好的增长潜力，为聚焦优质资产聚集地，还明确了优先试点区域。其次是要求收入来源不能是政府机构：现金流来源具备较高分散度，且主要由市场化运营产生，PPP 项目应依法依规履行政府和社会资本管理相关规定，收入来源以使用者付费为主，不能依赖第三方补贴等非经常性收入。最后是明确回收资金用途：鼓励将回收资金用于新的基础设施和公用事业建设，重点支持补短板项目，形成投资良性循环。

三、对发起人和运营方的要求

如果政府及其实际控制的平台公司可以通过 REITs 实现良性循环，未来城投公司则可以从投融资功能为主转型为真正意义上的地方基础设施专业化运营主体。“8·7 指引”明确了基金管理人可以聘请第三方机构负责日常运营维护和档案归集管理等工作，城投公司作为对地方情况和资产状况最熟悉的机构，最有条件承担这一职责，并转型成为“轻资本”的运行主体。REITs 公开发行后，基于信息披露和规范管理的需要，还可以倒逼城投公司提高精细化运营管理能力，实现优胜劣汰。

根据“8・7 指引”，基金管理人处于该产品的核心地位，是确保基础设施项目持续健康运营的关键，因此，“8・7 指引”对基金管理人的要求最高，需要配备不少于 3 名具有 5 年以上基础设施项目投资管理或运营经验的主要负责人员，且对研究经验、业务经验、前期风险事项以及管理制度和流程都进行了具体规定。同时，对于基金管理人和资产支持专项计划管理人，要求他们具有同一实控关系，减少委托代理关系，保证风险可控。

“8・7 指引”对托管人、中介机构、原始权益人也提出了具体的要求。其中规定，原始权益人参与基础设施基金份额战略配售且比例不得低于基金份额发售数量的 20%，锁定期长达 5 年。

第四节　REITs 试点工作的前瞻

一、项目试点工作面临的有利条件和机遇

“4・24 通知”和“8・7 指引”的出台是中国 REITs 的正式开端，既吸收了 REITs 的共性优势，又结合了中国经济发展的特点，选择基础设施领域作为突破口。市场的各参与方，当前处于一个非常有利的实施环境，面临千载难逢的机遇，具体而言，有以下几点：

首先，境外 REITs 多从商业地产起步，但“4・24 通知”和“8・7 指引”均明确此次中国版 REITs 标的为基础设施，具体包括交通设施、市政工程、污染治理、新型基础设施、新兴产业集群和产业园区等，这一要求具有其内在必然性。

其次，从对经济的拉动作用来看，基础设施投资是当前和未来拉动经济

增长的重要引擎，在基础设施领域实现“稳投资”乃至“增投资”，是国内经济尽快摆脱疫情影响和迈向高质量发展的必然途径，而商业地产目前并非政策的支持方向和经济发展的关键动能。以基础设施作为 REITs 的破冰模式，之前已被同为新兴经济体的印度采用，可以作为有效借鉴。

再次，从新金融工具试点首先聚焦优质资产的基本逻辑来看，基础设施是最佳选择。根据亚太房地产协会的某项研究，在过去 1 年和 3 年中，工业、物流资产的年化综合回报率在所有物业类别中表现最佳，分别达到 31.4% 和 13.3%，而零售酒店等传统类型则收益率偏低。

最后，从对房地产调控影响的角度来看，将基础设施作为单独一类 REITs，明确排除住宅和商业地产，可以在房地产市场达到“稳预期”和“稳房价”作用，有效贯彻中央提出的“房住不炒”的政策思路。

二、项目试点工作可能面临的问题与解决方式

从国际市场经验来看，REITs 主流模式包括公司型和信托型两种。前者在利润分配、发行上市等方面同现有法律法规存在明显冲突，后者则在公开上市载体、非特定投资人合规性和信托公司职责方面同现有法律法规存在诸多不适应。如果以“一步到位”方式推进，面临问题多、范围广、流程长等问题，可能导致长时间无法落地。

事实上，自 2014 年以来，大量不动产资产以券商资产支持专项计划作为载体，以“类 REITs”模式实现了上市，为基础设施 REITs 的推出积累了宝贵的经验。因此，此次“分步走”，采用“公募基金 + 单一基础设施资产支持证券（ABS）”的产品结构，避免了上述对多项法律法规调整的问题，后续包括“公募基金 + ABS + 契约型私募基金/信托/有限合伙基金”等多种成熟方案都可以直接嫁接，具有较强实操性。

一方面，“8・7 指引”对于基础设施基金交易、扩募和延期预留了具体的执行路径，未来管理人可在不重新发行基金和资产支持证券的情况下完成基础资产的优化调整。另一方面，在证监会的权限内最大限度地突破了现有法规，要求公募基金对资产支持证券进行全额认购，突破了公募基金投资的

“双 10%”限制，可保障基础设施 REITs 公募发行的效率。

目前，中国基础设施存量规模超 100 万亿元，按照资产证券化率 1% 计算，我国基建 REITs 的潜在市场规模可超万亿元，为世界第二。

从目前的基建资金来源看，政府专项债发行额占基建投资的比重逐年走高，未来要源源不断扩展基金项目的投入资金，需要撬动更多民间资本的参与。基建 REITs 能为宽松财政刺激下的基建需求提供资金来源。

同时，基建 REITs 可以盘活 PPP 项目。“4·24 通知”明确指出：基建 REITs 底层资产为 PPP 项目的，PPP 项目应以使用者付费为主。这将改变过去 PPP 项目重建设、轻运营以及偏好政府付费的状况，未来的 PPP 项目将更重视项目运营与以使用者付费和可行性缺口补助为主的回报机制，为二次融资提供条件，同时减轻政府负担。

由此可见，基建 REITs 能否在中国市场上蓬勃发展，最核心的因素是能否给投资者提供有竞争力的财务回报。按照发达国家经验，基建 REITs 的股息率应该较国债收益率高 2%～3%，产品在市场上才有生命力。

但从目前我国的政策环境来看，基建 REITs 尚无明确的税收优惠，只能靠运营收入给投资者带来回报，因此只适合收费公路等传统基础设施。

此外，由于缺乏公司型 REITs 的明确法律地位，需要持续创新投入，而且，对风险回报率可能较高的如信息网络等新基建领域缺乏适合的 REITs 基金运营模式，同时，养老金递延纳税账户等一系列制度设计也尚待完善。因此，对于长期资金缺乏明确的吸引力。

三、项目试点工作的前瞻

众所周知，REITs 最为知名的规则是美国的“四项测试”，包括收入分配、资产构成、收入构成和组织结构。其他如日本、新加坡、中国香港地区和印度等市场也均有类似的规定。

“8·7 指引”在收益分配上，要求比例不低于基金年度可供分配利润的 90%，与上述市场保持高度一致；在资产构成上，要求房地产占比达到 80%，与上述市场相比处于较高的水平，意在保持这一产品的专用性；在收入构成上，没有具体要求；在组织结构上，类似于印度的基础设施投资信托，规定了原始权益人的最低持有比例和期限，并设定了机构投资人的持有比例下限，意在通过原始权益人和机构投资人的参与，降低项目道德风险、提高定价准确性并避免价格剧烈波动。至于基金的组织结构（最低 1000 人持有），则同《证券投资基金法》中公募要求保持一致。

具有一定特殊性的是“8·7 指引”对于基金管理人和托管人的要求较高，目前境外少有 REITs 对上述主体有专业化要求。印度的基础设施投资信托要求有 2 名 5 年以上经验基金管理人，但对托管人无业务经验要求。同时，“8·7 指引”规定，对外借款总额不得超过基金资产的 20%，低于多数市场 45%或以上的水平。上述两项设定，充分体现了试点期间求稳的思路。

从 1960 年美国推出首个 REITs，到现在已经历经 60 多年，但无论是最为成熟的美国市场，还是亚太范围的新加坡和中国香港地区市场，从制度发布到市场成熟，无不经历了较长的发展过程。中国从当下试点的发布，到 REITs 市场的真正繁荣，也很难一蹴而就，相关制度的建设和完善仍是一个较为长期的工作，还需要监管部门、市场主体和研究机构的持续参与和努力。

总而言之，中国证监会、国家发展改革委联合发布《关于推进基础设施领域不动产投资信托基金（REITs）试点相关工作的通知》和后续证监会发布的《公开募集基础设施证券投资基金指引（试行）》只是给中国的基建 REITs 颁发了一张法律上的“准生证”，它能不能顺利诞生并快速成长，取决于市场环境，而市场环境的形成及成熟依赖于税收政策等一系列配套政策的出台。

第七章　公共资产 REITs 的案例与发展

第一节　国内基础设施 REITs 案例

一、概况

（一）首批 REITs 产品资产概况

我国首批 9 只公募基础设施 REITs 于 2021 年 5 月 31 日开始公开发行认购，2021 年 6 月 21 日正式上市交易，9 只公募 REITs 产品资产信息如表 7.1 所示。

表 7.1　首批 9 只公募 REITs 产品资产信息

证券简称	资产类型	具体资产	类别	收入来源	管理人	管理费
博时招商蛇口产业园 REIT	产业园	万融大厦、万海大厦	产权类	租金、基础设施管理及服务收入	博时基金	固定 + 浮动管理费
平安广州交投广河高速公路 REIT	高速公路	广河高速广州段	特许经营权	高速通行费	平安基金	固定 + 浮动管理费
红土创新盐田港仓储物流 REIT	仓储物流	深圳盐田区物流中心	产权类	租金、管理费等	红土创新基金	固定 + 浮动管理费
中航首钢生物质 REIT	污染治理	首钢生物质、残渣暂存场等	特许经营权	垃圾处理服务费、发电收入及餐厨垃圾收运、处置费	中航基金	固定 + 浮动管理费

续表

证券简称	资产类型	具体资产	类别	收入来源	管理人	管理费
华安张江光大园 REIT	产业园	张江光大产业园	产权类	租赁及物业管理费收入	华安基金	固定管理费
浙商证券沪杭甬高速 REIT	高速公路	沪杭甬高速浙江段	特许经营权	高速通行费	浙江浙商证券资管	固定 + 浮动管理费
富国首创水务 REIT	污染治理	合肥深圳污水净化项目	特许经营权	污水处理业务收入	富国基金	固定 + 浮动管理费
东吴苏州工业园区产业园 REIT	产业园	国际科技园五期 B 区	产权类	租金、物业费、停车费	东吴基金	固定 + 浮动管理费
中金普洛斯仓储物流 REIT	仓储物流	普洛斯物流园（7 个）	产权类	租金、管理费收入	中金基金	固定 + 浮动管理费

资料来源：Wind，中融信托创新研发部。

从资产类型来看，9 只 REITs 的底层资产包括产业园区、高速公路、仓储物流、污染治理四大类，分别对应有 3 只、2 只、2 只、2 只，均为优质的基础设施项目。不同资产类型对应的收入来源不同。产业园区主要收入来源为租金、物业管理费等；高速公路收入来源主要是通行费；仓储物流主要收入来源是租金和物业管理费；污染治理项目收入来源主要是污水处理或垃圾处理服务费。

从资产性质来看，9 只 REITs 底层资产分为产权类和特许经营权。两只高速公路（沪杭甬高速、广州广河）和两只污染治理（首钢生物质、首创水务）为特许经营权；其他产业园和仓储物流资产为产权类。一般来说，产权类资产除了获得固定租金收入外，还可以获得资产增值带来的收益；特许经营权资产则主要来自经营期间的经营净现金流。

从管理人来看，目前法律要求公募基金承担主要管理职责，但由于运营经验较少，首批项目管理人都聘用了外部机构，即与原始权益人相关的运营机构。管理费的收取与普通公募基金有所不同，除了固定部分，还有浮动收益。以招商蛇口 REITs 为例，固定部分每年收取基金净资产的 0.15%，浮动部分按照当年可供分配金额的 3.5% 收取。

（二）首批 REITs 产品认购概况

首批 9 只公募基础设施 REITs 自公开发行以来，受到投资者追捧，全部实现超募。具体发行情况如表 7.2 所示。

表 7.2　首批 9 只公募 REITs 发行情况

代码	证券简称	发行规模（亿元）	募集份额（万份）	发行价格（元）	战略配售比例（%）	网下发售比例（%）	公众配售比例（%）
180101. SZ	博时招商蛇口产业园 REIT	20. 79	90000	2. 31	65	25	11
180201. SZ	平安广州交投广河高速公路 REIT	91. 14	70000	13. 02	79	15	6
180301. SZ	红土创新盐田港仓储物流 REIT	18. 40	80000	2. 30	60	28	12
180801. SZ	中航首钢生物质 REIT	13. 38	10000	13. 38	60	28	12
508000. SH	华安张江光大园 REIT	14. 95	50000	2. 99	55	31	13
508001. SH	浙商证券沪杭甬高速 REIT	43. 60	50000	8. 72	74	22	4
508006. SH	富国首创水务 REIT	18. 50	50000	3. 70	76	17	7
508027. SH	东吴苏州工业园区产业园 REIT	34. 92	90000	3. 88	60	30	10
508056. SH	中金普洛斯仓储物流 REIT	58. 35	150000	3. 89	72	20	8
平均值		34. 89	71. 111	6. 02	67	24	9

资料来源：Wind，中融信托创新研发部。

从募集规模看，9 只 REITs 共募集 314 亿元，平均每只约 35 亿元。

从发行价格来看，公募 REITs 采用类似 IPO 的询价制，通过网下机构询价确定。例如，招商蛇口 REIT 共收到 51 家网下投资者管理的 116 个配售对象的报价信息，报价为 2.1～2.42 元/份，最终确定认购价格为 2.31 元/份。

从认购对象来看，战略配售比例远超过 20% 的下限，平均值达到 67%，最高的广州广河达到 79%；网下机构发售比例平均值为 24%，基本在 17%～31%；公众投资者配售比例较低，平均值只有 9%，最低的广州广河约 6%。其中，原始权益人 20% 的部分锁定期为 5 年，超过 20% 的部分锁定 3 年，其他战略投资者锁定 1 年。

（三）首批 REITs 产品市场表现

1. 价格表现：首日涨幅高，首日后价格平稳

公募 REITs 基金场内交易类似正常的场内基金，其上市首日涨跌幅限制比例为 30%，非上市首日涨跌幅限制比例为 10%。

首批 9 只 REITs 于 2021 年 6 月 21 日上市，上市首日受到市场追捧，9 只价格均有上涨。其中，招商蛇口涨幅最高，为 14.7%，其次是中航首钢，为 9.9%。但首日后，9 只 REITs 波动幅度显著下降，近 2 个月基本围绕发行价波动，价格呈较为平稳的状态。截至 8 月 23 日，广州广河和东吴苏州二级市场价格较发行价下跌幅度最大，分别为 3.2%、1.1%；中航首钢和首创水务较发行价涨幅最高，分别为 8.1%、6.9%。统计来看，上市 2 个多月，有 5 只 REITs 曾跌破发行价。如表 7.3 所示。

表 7.3　首批 9 只公募 REITs 上市后价格表现

代码	证券简称	发行价（元）	上市首日收盘价（元）	首日涨跌幅（%）	收盘价（8 月 23 日）（元）	涨跌幅（8 月 23 日）（%）	均价（6 月 22 日至 8 月 23 日）（元）	均价涨跌幅（%）	是否破发
180101.SZ	博时招商蛇口产业园 REIT	2.31	2.650	14.7	2.353	1.9	2.363	2.3	否

续表

代码	证券简称	发行价（元）	上市首日收盘价（元）	首日涨跌幅（%）	收盘价（8月23日）（元）	涨跌幅（8月23日）（%）	均价（6月22日至8月23日）（元）	均价涨跌幅（%）	是否破发
180201.SZ	平安广州交投广河高速公路REIT	13.02	13.108	0.7	12.605	-3.2	12.686	-2.6	是
180301.SZ	红土创新盐田港仓储物流REIT	2.30	2.367	2.9	2.309	0.4	2.298	-0.1	是
180801.SZ	中航首钢生物质REIT	13.38	14.711	9.9	14.464	8.1	14.178	6.0	否
508000.SH	华安张江光大园REIT	2.99	3.166	5.9	3.006	0.5	3.022	1.1	是
508001.SH	浙商证券沪杭甬高速REIT	8.72	9.153	5.0	9.017	3.4	8.913	2.2	否
508006.SH	富国首创水务REIT	3.70	3.883	4.9	3.957	6.9	3.897	5.3	否
508027.SH	东吴苏州工业园区产业园REIT	3.88	3.907	0.7	3.836	-1.1	3.862	-0.5	是
508056.SH	中金普洛斯仓储物流REIT	3.89	3.972	2.1	3.927	1.0	3.891	0.0	是

2. 流动性表现：首日成交活跃，首日后换手率低

从首日成交来看，9 只 REITs 成交非常活跃，首日换手率（成交量/流通量）均超过了 10%，其中有 4 只产品接近或超过 30%，分别是招商蛇口（33%）、中航首钢（30%）、华安张江（29%）、富国首创（29%）。

但首日后，9 只 REITs 基金的成交量显著下降。从表 7.4 统计数据来看，6 月 22 日至 8 月 23 日，REITs 基金的日均换手率都在 2% 以下，前三位的是

招商蛇口（1.9%）、中航首钢（1.3%）、富国首创（1.2%），其他6只换手率均在1%以内。

表7.4　首批9只公募REITs上市后换手率

代码	证券简称	流通量（份）	首日成交量（份）	首日换手率（%）	日均成交量（份）（6月22日至8月23日）	日均换手率（%）
180101. SZ	博时招商蛇口产业园REIT	315000000	10390600	33	6012331	1.9
180201. SZ	平安广州交投广河高速公路REIT	147191000	18102600	12	1280904	0.9
180301. SZ	红土创新盐田港仓储物流REIT	320000000	50368900	16	2214944	0.7
180801. SZ	中航首钢生物质REIT	40000000	11834500	30	532816	1.3
508000. SH	华安张江光大园REIT	223350000	64708200	29	2309891	1.0
508001. SH	浙商证券沪杭甬高速REIT	128515876	24724600	19	898651	0.7
508006. SH	富国首创水务REIT	120000000	35033300	29	1487364	1.2
508027. SH	东吴苏州工业园区产业园REIT	36000000	42643700	12	2011122	0.6
508056. SH	中金普洛斯仓储物流REIT	420000000	75799900	18	2605196	0.6

资料来源：Wind，中融信托创新研发部。

注：因公募REITs的战略投资者有锁定期要求，这里换手率采用成交量/流通量。

二、高速公路类

（一）浙商杭徽（508001）

浙商杭徽高速 REIT 项目原始权益人为浙江沪杭甬高速公路股份有限公司（以下简称沪杭甬高速公司）。沪杭甬高速公司成立于 1997 年 3 月，注册资本为 43.43 亿元，第一大股东为浙江省交通投资集团有限公司，其持股比例为 66.99%，公司实际控制人为浙江省人民政府国有资产监督管理委员会。沪杭甬高速公司于 1997 年 3 月由原浙江省高等级公路投资有限公司独家发起成立，同年 5 月在香港联交所挂牌上市，是浙江省委省政府为开辟浙江交通与国际资本市场接轨的融资渠道、加快全省高速公路路网建设而设立的公司，是浙江省第一家境外上市的国有企业以及唯一的省属高速公路投资运营境外上市公司。近年来，沪杭甬高速公司努力打造成为国内领先的以高速公路基础设施投资运营为主，产融结合、适度多元的国际化投资控股企业，其主营业务主要包括高速公路运营、证券业务两大块，其他业务包括货物销售、酒店经营、房产销售和租赁业务等，但目前规模较小。2020 年，沪杭甬高速公司高速公路通行费、证券业务、货物销售及其他业务分别实现收入 64.02 亿元、51.35 亿元、52.93 亿元和 6.12 亿元，占营业总收入的比重分别是 36.7%、29.44%、30.35% 和 3.51%。2020 年，公司总资产为 1303.5 亿元，其中，流动资产合计 919.6 亿元，占比 70.55%，集中于货币资金（占比 19.6%）、交易性金融资产（占比 22.56%，主要是债券、基金、理财产品等投资工具形成的金融资产）和其他流动资产（占比 16.25%，主要是浙商证券融出资金和存出保证金）；非流动资产合计 383.39 亿元，占比 29.45%，集中于无形资产（占比 16.22%，主要是高速公路经营权）。为盘活存量高速公路运营资产、降低企业负债率、补充现金流用于再投资，2020 年 9 月，香港上市公司沪杭甬高速公司发布公告，公司考虑根据证监会与国家发展改革委于 2020 年 4 月推出的基础设施投资信托先导计划，通过公开募集基础设施证券投资基金的结构，将由浙江杭徽高速公路有限公司拥有的杭徽高速公路道路收费权于上交所上市①。2021 年 1 月，沪杭甬高速公司获得香港联合交易所关于分拆上市的批准函。2021 年 4 月，浙商杭徽高速 REIT 项目正式申报至上海证券交易所；2021 年 5 月先后获得上海证券交易所基金上市及资产支持证券挂牌转让无异议的函、证监会准予注册的批复。2021 年 6 月 21 日，浙商杭徽高速 REIT 在上海证券交易所正式挂牌上市。

1. 资产组合

根据浙商杭徽高速 REIT 项目招募说明书，本次 REIT 产品入池基础设施项目是杭徽高速公路浙江段及其相关构筑物资产组的收费权，其中，杭徽高速公路（浙江段）包含三段，分别为杭徽高速公路昌化至昱岭关段、杭徽高速公路汪家埠至昌化段和杭徽高速公路留下至汪家埠段。三段高速公路合计总里程数 122.25 千米，总投资 52.75 亿元，运营开始时间为 2004—2006 年，特许经营年限均为 25 年（见表 7.5），预计 2029—2031 年特许经营权陆续到期。

表 7.5　浙商沪杭甬 REIT 底层资产

	杭徽高速公路（浙江段）昌昱段	杭徽高速公路（浙江段）汪昌段	杭徽高速公路（浙江段）留汪段
起止地点	起自杭州市临安区昌化镇，终于浙皖两省交界昱岭关	起自杭州市临安区汪家埠，终于临安区昌化镇	起自杭州市留下镇境内的杭州绕城高速，终于余杭区与临安区交界的汪家埠
公路里程（千米）	36.537	67.410	18.298
运营开始时间	2004 年 12 月	2006 年 12 月	2006 年 12 月
特许经营年限（年）	25	25	25
决算总投资（万元）	98718.1	285690.01	143071.14

数据来源：《浙商证券沪杭甬杭徽高速封闭式基础设施证券投资基金招募说明书》。

① 浙江沪杭甬．自愿性公告：公开募集基础设施证券投资基金之建议分拆及于上海证券交易所独立上市［EB/OL］．东方财富网，https：//data.eastmoney.com/notices/detail/00576/AN202009251417325809.html.

本项目优势在于：

第一，项目高速公路资产质量好、地理位置优越、所在区域经济基础好、旅游资源丰富，为项目公路稳定良好的收费收入奠定基础。杭徽高速公路（浙江段）是国家高速公路网 G56 杭瑞高速的重要组成部分，也是浙江省公路网规划“两纵两横十八连三绕三通道”的一连。项目公路是连接黄山和杭州两大著名旅游胜地的交通要道，也是连接皖、浙、闽、赣的主干道之一，为安徽南部、杭州西部连接沿海、沿江经济带增加了一条便捷通道，对促进项目公路沿线及西部地区与经济发达的沿海、沿江地区的经济社会交流和资源共享具有重要意义。沿线地区经济发展状况良好、旅游资源丰富，优良的地理位置对项目公路车流量和通行费收入形成了良好保障。

第二，发起人沪杭甬公司作为浙江省最早的高速公路运营管理企业和浙江省交通集团高速公路运营管理平台，已经积累 20 多年的高速公路专业化运营管理经验，截至 2020 年年底，高速公路运营里程达 1141 千米，具有丰富的高速公路投资及运营管理经验，在高速公路收费、养护、道路保畅等方面也具备高水平的经营管理能力。

2. 商业运营

浙商沪杭甬 REIT 产品底层资产为三段高速公路，因此项目收入主要包括三段公路的收费收入，此外，其他业务收入为服务区房屋及经营权租赁收入、通信管道租赁收入等。2020 年 REIT 项目总收入 45674 万元，其中，高速公路收费收入 45188 万元，占营收比重为 98.94%。如表 7.6 所示。

表 7.6　浙商沪杭甬 REIT 营收构成　　单位：万元

收入	2018 年	2019 年	2020 年
高速公路收费收入	52910	58165	45188
其他收入	699	477	486
总收入	53609	58642	45674

数据来源：《浙商证券沪杭甬杭徽高速封闭式基础设施证券投资基金招募说明书》。

从高速公路运营数据来看，2018—2020 年，沪杭甬高速日均车流量稳步增长，到2020年上涨到23233辆，见表7.7。高速公路通行费在2018—2019年每年也保持10%的增长率。尽管受疫情影响，一方面2020年上半年高速公路流量有所减少，另一方面新冠肺炎疫情防控期间免收收费公路通行费政策推行，2020年通行费收入较2019年大幅下降，从5.82亿元降至4.51亿元（见表7.7），但自2020年下半年疫情缓和、高速公路恢复收费以后，通行费收入快速恢复，2020年下半年的通行费收入较2019年同期增长7.56%。

表7.7　浙商沪杭甬REIT运营信息

项目	2018年	2019年	2020年
日均全程车流量（辆）	19316	21468	23233
车流量同比增长率（%）	10.28	11.14	8.41
高速公路通行费收入（亿元）	5.29	5.82	4.51
通行费收入同比增长率（%）	10.38	9.93	-22.31

数据来源：《浙商证券沪杭甬杭徽高速封闭式基础设施证券投资基金招募说明书》。

3. 交易结构

浙商沪杭甬杭徽高速封闭式基础设施证券投资基金交易结构如图7.1所示，通过公募基金—资产支持专项计划—项目公司—基础设施项目的结构将

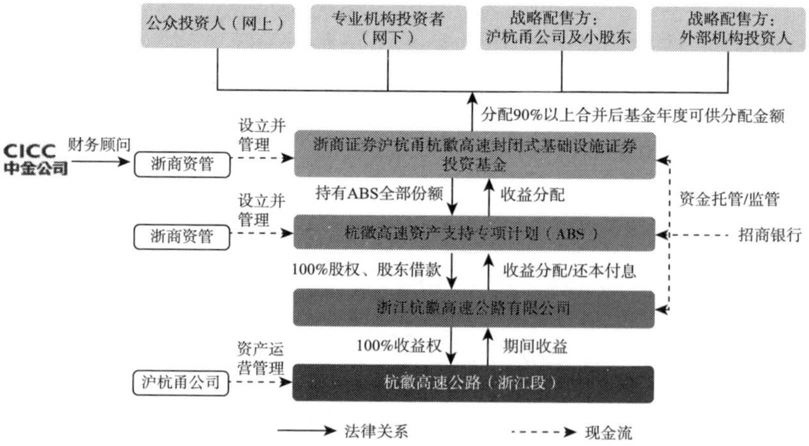

图7.1　浙商沪杭甬REIT项目架构

资料来源：《浙商证券沪杭甬杭徽高速封闭式基础设施证券投资基金招募说明书》。

杭徽高速公路浙江段资产纳入 REITs 产品中。各类投资者（包括沪杭甬公司）认购浙商沪杭甬杭徽高速封闭式基础设施证券投资基金；基金再认购杭徽高速资产支持专项计划；资产支持专项计划收购作为基础资产的项目公司浙江杭徽高速公路有限公司全部股权，同时作为项目公司债权人，与项目公司签署《债权债务确认协议》，确认股东借款，完成项目公司股债结构的搭建；浙江杭徽高速公路有限公司作为项目公司持有杭徽高速公路浙江段特许经营权。从现金流的角度来看，首先，客车、货车等通行车辆支付通行费及其他费用（如清障费用），高速公路服务区租赁方支付房屋租金；其次，持有杭徽高速特许经营权的项目公司浙江杭徽高速公司获得通行费收入与租金收入后，通过支付杭徽高速资产支持专项计划股东分红、借款利息等将现金流分配到专项计划；最后，专项计划经过浙商沪杭甬基础设施证券投资基金通过分红将收益分配至基金投资人（见图 7.2）。

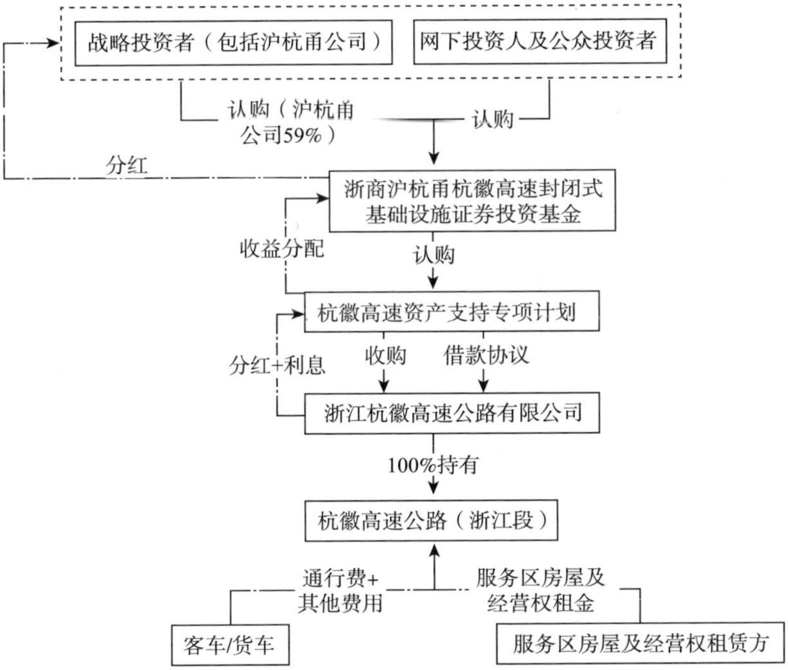

图 7.2　浙商沪杭甬 REIT 现金流分析

4. 财务状况

从财务的角度来看，如表 7.8 所示，浙商沪杭甬项目 2020 年营业总收入 4.57 亿元，同比下降 22.11%，主要原因是受疫情影响，一方面 2020 年上半年高速公路流量有所减少，另一方面新冠肺炎疫情防控期间免收收费公路通行费政策推行。2020 年净利润 586 万元，同比下降 93.64%，一方面受疫情影响高速公路暂停收费，另一方面养护成本有所增加。高速公路项目业务成本主要包括折旧及摊销、工程养护成本、员工费用等，后续随着疫情影响的减轻、免收高速公路通行费政策的取消以及交通流量的逐步恢复，营收与净利润有望逐步增长。资产端，2020 年总资产 28.96 亿元，以非流动资产中的无形资产为主，2020 年占总资产的 83.17%，主要是高速公路特许经营权。负债端，2020 年总负债 6.42 亿元，以短期借款为主，2020 年占总负债的 78.01%。

表 7.8　浙商沪杭甬 REIT 财务数据

	2018 年	2019 年	2020 年
营业总收入（亿元）	5.36	5.86	4.57
同比		9.39%	-22.11%
营业利润（万元）	14519	12050	309
同比		-17.00%	-97.43%
净利润（万元）	14700	9218	586
同比		-37.29%	-93.64%
资产总计（亿元）	31.98	30.54	28.96
同比		-4.51%	-5.19%
负债合计（亿元）	10.42	8.06	6.42
同比		-22.67%	-20.41%
所有者权益（亿元）	21.56	22.48	22.54
同比		4.28%	0.26%

数据来源：《浙商证券沪杭甬杭徽高速封闭式基础设施证券投资基金招募说明书》。

从估值与分红的角度来看，如表 7.9 所示，截至 2021 年 12 月 31 日，浙商沪杭甬 REIT 总市值 50.58 亿元，上市涨跌幅 15.61%。预计 2022 年可供分配金额 4.32 亿元，净现金流分派率为 10.50%。

表 7.9　浙商沪杭甬 REIT 派息数据

产品	总市值（亿元）	上市开盘价（元）	股价（2021 年 12 月 31 日）（元）	上市涨跌幅（%）	2021 年		2022 年	
					预计年度可供分配金额（亿元）	预计净现金流分派率	预计年度可供分配金额（亿元）	预计净现金流分派率（%）
浙商沪杭甬 REIT	50.58	8.75	10.12	15.61	5.11	12.40%	4.32	10.50

数据来源：《浙商证券沪杭甬杭徽高速封闭式基础设施证券投资基金招募说明书》。

（二）广州广河（180201）

广州广河 REIT 项目原始权益人为广州交通投资集团有限公司（以下简称广州交投）。广州交投成立于 1988 年 1 月，注册资本为 57.81 亿元，主要股东兼实际控制人为广州市人民政府国有资产监督管理委员会，持股比例为 100%。作为广州市交通基础产业唯一的龙头企业，广州交投主要负责广州市及周边地区经营性交通基础设施的项目投融资和运营管理，为政府承担相关项目的建设投资任务，因此，其主营业务主要是高速公路、城市快速路、机场、城际轨道等现代交通基础设施的投资、建设、经营、管理以及公路养护等。2020 年高速公路通行业务收入、工程公司施工业务收入分别为 38.86 亿元、29.59 亿元，占营业总收入的比重分别是 51.83%、39.46%，是公司营业收入最主要的来源。2020 年，广州交投总资产 1176.85 亿元，其中，流动资产合计 74.32 亿元，占比 6.32%，集中于货币资金（占比 3.26%）、存货（占比 0.8%，主要是已完工未结算的工程款及在建房地产项目）和其他流动资产（占比 1.15%，主要是待抵扣进项税及机场高速通行费收益权资产支持专项计划的托管账户资产）；非流动资产合计 1102.53 亿元，占比 93.68%，集中于长期股权投资（占比 14.66%，主要是对广州大广高速公路有限公司、广东省机场管理集团有限公司等合营、联营企业的投资）、在建工程（占比 9.57%，主要是高速公路、机场等交通基础设施的在建工程）和无形资产（占比 60.83%，主要是高速公路收费权、经营权）。为盘活存量高速公路运营资产、降低企业负债率、补充现金流用于再投资，2020 年 9 月，广州交投董事会作出决议，同意按照《广交投广河高速（广州段）基础设施不动产投资信托基金（REITs）项目实施方案》开展基础设施基金项目，按程序报广州市国资委审批后实施。10 月，广州交投股东广州市国资委原则同意广州交投依法申请国家首批基础设施不动产投资信托基金试点。2021 年 4 月，广州广河 REIT 项目正式申报至深圳证券交易所；2021 年 5 月，先后获得深圳证券交易所基金上市及资产支持证券挂牌转让无异议的函、证监会准予注册的批复。6 月 21 日，广州广河 REIT 在深圳证券交易所正式挂牌上市。

1. 资产组合

根据广州广河 REIT 招募说明书，本次 REIT 产品入池基础设施项目是广河高速（广州段）的收费权，其中，广河高速（广州段）是广东省内连接广州市、惠州市与河源市的广州至河源高速公路的广州段，位于广州市东北部，路线起于广州市天河区龙洞春岗立交桥，终于增城区九龙江大桥，与广河高速（惠州段）相接。广河高速（广州段）全长 70. 754 千米，总投资 69. 34 亿元，2015 年 12 月正式投入运营，特许经营年限 25 年，2036 年 12 月到期（从实际交工日期 2011 年 12 月开始计算）。

表 7. 10　广州广河 REIT 底层资产

	广河高速（广州段）
起止地点	起于广州市天河区龙洞春岗立交桥，终于增城区九龙江大桥，与广河高速（惠州段）相接
公路里程（千米）	70. 754
运营开始时间	2015 年 12 月
特许经营年限（年）	25
决算总投资（亿元）	69. 34

数据来源：《平安广州交投广河高速公路封闭式基础设施证券投资基金招募说明书》。

本项目优势在于：

第一，项目高速公路资产质量好、地理位置优越、所在区域经济基础好，为项目公路稳定良好的收费收入奠定基础。广河高速西起广州市天河区龙洞街道春岗立交桥，经由广州市天河区、增城区和惠州市北部，东至石坝互通立交桥，从而连通广州市、惠州市及河源市。广河高速作为连接珠三角与粤东地区的重要通道，兼有大通道的交通功能和城市通勤交通功能，集多种交通功能于一身。且广河高速所在粤港澳大湾区，地处“广佛肇”“深莞惠”和“珠中江”三大经济圈以及中国香港、澳门两大对外窗口城市的深度融合区域，地理和生态环境优势明显；珠三角地区社会经济发展水平较高，是全国经济的重要增长极。因此，优良的地区经济发展状况与地理位置对项目公路车流量和通行费收入形成了良好的保障。

第二，发起人广州交投作为广州市政府重点打造的交通龙头企业，具备突出的区域优势和项目获取能力，目前已拥有 30 多年的高（快）速路建设管理及铁路轨道交通项目投资经营经验，以全资、控股、参股等方式参与了广州市域大多数高（快）速公路和机场、铁路等交通基础设施的投资建设，具有丰富的高速公路投资及运营管理经验。

2. 商业运营

广州广河 REIT 产品底层资产为广河高速（广州段），项目收入主要是高速公路收入。2020 年 REIT 项目总收入 54299 万元，其中，通行费收入 54093 万元，占营收比重为 99.62%。如表 7.11 所示。

表 7.11　广州广河 REIT 营收构成　　单位：万元

	2018 年	2019 年	2020 年
高速公路通行费收入	68146	70039	54093
其他收入	158	168	207
总收入	68304	70207	54299

数据来源：《平安广州交投广河高速公路封闭式基础设施证券投资基金招募说明书》。

从高速公路运营数据来看，2018—2020 年，广州广河高速日均车流量稳步增长，从 2018 年的 37026 辆提升到 2020 年的 43091 辆（而这仅是 2020 年 5—12 月的统计车流量，1—4 月受到新冠疫情影响，未统计相关数据）。高速公路通行费收入在 2018—2019 年也保持稳步增长。尽管受疫情影响，一方面

2020 年上半年高速公路流量有所减少，另一方面新冠肺炎疫情防控期间免收收费公路通行费政策推行，2020 年通行费收入较 2019 年大幅下降，从 7 亿元降至 5.41 亿元，但自 2020 年下半年疫情缓和、高速公路恢复收费以后，通行费收入快速恢复，2020 年下半年的通行费收入较 2019 年同期增长 7.56%。

表 7.12　广州广河 REIT 运营信息

项目	2018 年	2019 年	2020 年
日均全程车流量（辆）	37026	38498	43091（5—12 月）
车流量同比增长率（%）	21.15	3.98	11.93
高速公路通行费收入（亿元）	6.81	7.00	5.41
通行费收入同比增长率（%）	—	2.78	-22.77

数据来源：《平安广州交投广河高速公路封闭式基础设施证券投资基金招募说明书》。

3. 交易结构

平安广州交投广河高速公路封闭式基础设施证券投资基金交易结构如图 7.3 所示，通过公募基金—资产支持专项计划—项目公司—基础设施项目的结

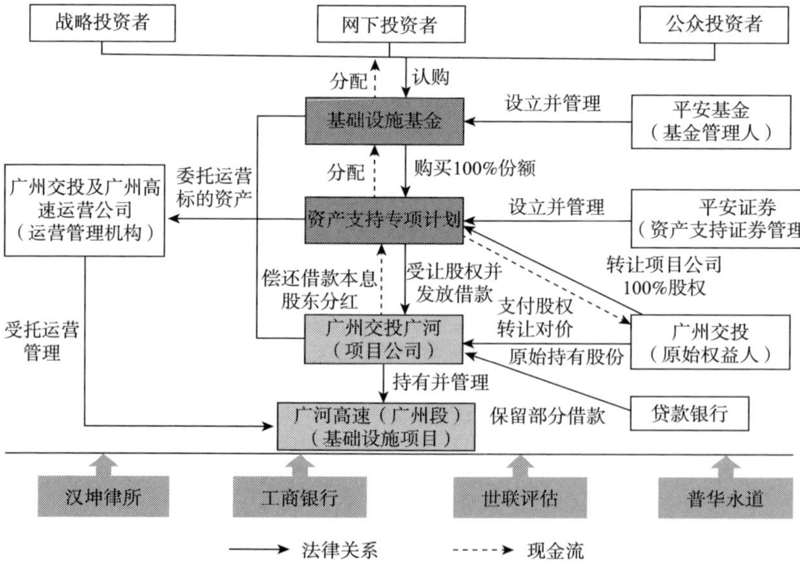

图 7.3　广州广河 REIT 项目架构

资料来源：《平安广州交投广河高速公路封闭式基础设施证券投资基金招募说明书》。

构将广河高速广州段纳入 REITs 产品中。各类投资者（包括广州交投）认购平安广州交投广河高速公路封闭式基础设施证券投资基金；基金再认购广河高速资产支持专项计划；资产支持专项计划收购作为基础资产的项目公司广州交投广河公司全部股权，同时资产支持专项计划与项目公司签订借款合同，将剩余专项计划资金用于向项目公司发放借款；项目公司广州交投广河公司拥有广河高速广州段特许经营权。

从现金流的角度来看，如图 7.4 所示，首先，客车、货车等通行车辆支付通行费及其他费用；其次，持有广河高速特许经营权的项目公司广河公司获得通行费收入及其他收入后，通过支付广河高速资产支持专项计划股东分红、借款利息等将现金流分配到专项计划；最后，专项计划经过平安广州交投广河高速公路基础设施证券投资基金通过分红将收益分配至基金投资人。

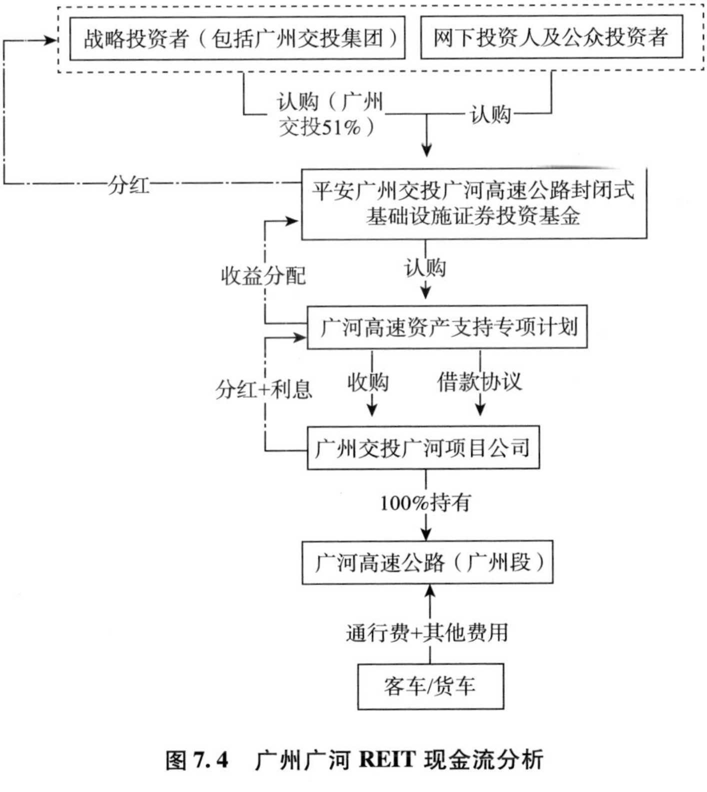

图 7.4　广州广河 REIT 现金流分析

4. 财务状况

从财务的角度来看，如表 7. 13 所示，广州广河项目营业总收入 2020 年为 5. 43 亿元，同比下降 22. 66%，主要原因是受新冠肺炎疫情及免通行费政策影响。2020 年净利润 0. 57 亿元，同比下降 62%，同样也是受新冠肺炎疫情及免收通行费政策影响。高速公路项目业务成本主要包括折旧及摊销、公路养护成本、职工薪酬等，后续随着疫情影响的减轻、免收高速公路通行费政策的取消以及交通流量的逐步恢复，营收与净利润有望逐步增长。资产端，2020 年总资产为 54. 69 亿元，以非流动资产中的无形资产为主，2020 年占总资产的 99. 55%，主要是高速公路特许经营权。2020 年总负债为 36. 61 亿元，以基础设施项目银团贷款等长期借款为主，2020 年占总负债的 99. 04%。

表 7. 13　广州广河 REIT 财务数据

	2019 年	2020 年
营业总收入（亿元）	7. 02	5. 43
同比		-22. 66%
营业利润（亿元）	2. 00	0. 73
同比		-63. 34%
净利润（亿元）	1. 50	0. 57
同比		-62. 10%
资产总计（亿元）	56. 97	54. 69
同比		-4. 00%
负债合计（亿元）	38. 70	36. 61
同比		-5. 41%
所有者权益（亿元）	18. 26	18. 08
同比		-1. 03%

数据来源:《平安广州交投广河高速公路封闭式基础设施证券投资基金招募说明书》。

从估值与分红的角度来看，如表 7. 14 所示，截至 2021 年 12 月 31 日，广州广河 REIT 总市值为 91. 8 亿元，上市至 2021 年 12 月 31 日微涨 0. 72%。预计 2022 年可供分配金额 6. 26 亿元，净现金流分派率为 7. 20%。

表 7.14　广州广河 REIT 派息数据

产品	总市值（亿元）	上市开盘价（元）	股价（2021 年 12 月 31 日）（元）	上市涨跌幅（%）	2021 年		2022 年	
					预计年度可供分配金额（亿元）	预计净现金流分派率（%）	预计年度可供分配金额（亿元）	预计净现金流分派率（%）
广州广河 REIT	91.8	13.02	13.11	0.72	5.38	6.19	6.26	7.20

数据来源：《平安广州交投广河高速公路封闭式基础设施证券投资基金招募说明书》。

（三）华夏越秀（180202）

华夏越秀高速 REIT 项目原始权益人为越秀（中国）交通基建投资有限公司（以下简称越秀中国）。越秀中国成立于 2010 年 7 月，注册资本为 40 亿元，公司单一股东为越秀交通基建有限公司（以下简称越秀交通），持股比例为 100%，公司实际控制人为广州市人民政府国有资产监督管理委员会。公司股东越秀交通于 1997 年在香港联交所上市，主要从事收费高速公路、桥梁、码头等基建项目的投资、收购和运营，在发展过程中得到了越秀集团及广州市国资委在融资、资金拆借及公司管理等方面的大力支持。越秀中国主要从事高速公路及桥梁的投资和经营管理，主营业务收入来自收费高速公路的通行费收入，其他业务收入包括租赁收入、服务费收入、往来款利息收入等，收入规模较小。2020 年，越秀中国通行费收入、租赁收入、服务费收入及其他分别实现收入 16.86 亿元、0.34 亿元、0.04 亿元和 0.04 亿元，占营业总收入的比重分别是 97.62%、1.95%、0.22% 和 0.21%。2020 年，公司总资产为 281.29 亿元，其中，流动资产合计 4.1 亿元，占比 1.46%，集中于货币资金（占比 0.63%）和应收票据及应收账款（占比 0.53%）；非流动资产合计 277.19 亿元，占比 98.54%，集中于无形资产（占比 93.41%，主要是高速公路的特许经营权）。2020 年 4 月 30 日，中国证监会、国家发展改革委联合发布《关于推进基础设施领域不动产投资信托基金（REITs）试点相关工作的通知》后，越秀集团成立工作专班，推进以优质高速公路项目申报参与公募

REITs试点相关工作。2021年10月14日，越秀交通正式向深圳证券交易所递交公募REITs项目“华夏越秀高速公路封闭式基础设施证券投资基金”（以下简称华夏越秀高速REIT）申报材料。11月12日，华夏越秀高速REIT正式获得中国证监会准予注册的批复并取得深交所无异议函；11月23日，华夏越秀高速REIT发布基金发售公告，基金募集期为2021年11月29日至2021年11月30日；12月14日，华夏越秀高速REIT在深圳证券交易所正式挂牌上市。

1. 资产组合

根据华夏越秀高速REIT招募说明书，本次REIT产品入池基础设施项目是汉孝高速公路的特许权。汉孝高速公路由汉孝高速公路主线及汉孝高速公路机场北连接线（以下简称机场北连接线）两部分组成。汉孝高速全长35.996千米，总投资约14.09亿元，运营开始时间为2006—2011年，特许经营年限为25～30年，预计2036年特许经营权同时到期。

表7.15 华夏越秀高速REIT底层资产

	汉孝高速公路主线路	机场北连接线
起止地点	起于武汉市黄陂区桃园集，在横店镇南部上跨武汉绕城公路，在张家店接孝天公路，在祝家店上跨孝天公路，在京广铁路K1150+400附近上跨铁路，止于孝感市华楚湾，与孝襄高速公路相接	起于汉孝高速主线路甘夏湾，止于武汉天河机场北门
公路里程（千米）	33.528	24.68 （收费里程为4.968）
运营开始时间	2006年12月10日	2011年10月30日
特许经营年限（年）	30	25
决算总投资（亿元）	约10.55	约3.54

数据来源：《华夏越秀高速公路封闭式基础设施证券投资基金招募说明书》。

本项目优势在于：

第一，项目高速公路资产质量好、地理位置优越、所在区域经济基础好，为项目公路稳定良好的收费收入奠定基础。汉孝高速公路是湖北省武汉—十堰高速公路起点段，也是国家规划银川—武汉大通道的重要组成部分，还是湖北省高速公路网规划“九纵五横三环”中的重要组成部分。汉孝高速周边经济发达，产业园和物流园多，带来可持续性的车流。项目所在区位于武汉市核心区，经济发展相对较快，项目周边物流产业发展迅猛，越来越繁忙的物流运输将成为汉孝高速交通流量持续增长的有效保障。加之在国家政策及区域经济发展背景下，武汉市产业结构不断优化转型升级，而由武汉城市圈承担的产业转移则以武汉市各条向外发散的射线作为沟通联系的纽带，作为衔接黄石、武汉、孝感、襄阳等城市经济互动发展的纽带，未来各地产业的发展与交流都将促进地区间交通运输的发展，这也是汉孝高速流量增长的动力。

第二，发起人越秀中国及其母公司越秀交通是收费公路行业内市场化方面的领先者，通常采用周期更短的“收购 + 运营”的经营模式，投资并购经验丰富，近 10 年收购了 7 个高速公路项目，后续也将不断收购优质资产并视时机持续开展基础设施基金投资业务。此外，越秀交通的母公司越秀集团长期扎根 REITs 领域，具有 15 年的 REITs 管理经验。同时，越秀集团长期关注境内 REITs 市场的发展，对 REITs 产品特点有着深刻的认识，对于投资人、监管等各方需求有深刻的理解，为境内基础设施基金试点进行了充分准备。

2. 商业运营

华夏越秀高速 REIT 产品底层资产为两段高速公路，因此，项目收入主要包括两段公路的收费收入，此外，其他业务收入为租赁收入、广告费收入等。2020 年 REIT 项目总收入 15798 万元，其中，高速公路收费收入 15252 万元（见表 7. 16），占营收比重为 96. 55%。

表 7. 16　华夏越秀高速 REIT 营收构成　　单位：万元

收入	2018 年	2019 年	2020 年
高速公路收费收入	17003	18199	15252
其他收入	303	371	546
总收入	17306	18570	15798

数据来源：《华夏越秀高速公路封闭式基础设施证券投资基金招募说明书》。

从高速公路运营数据来看（见表 7.17），2018—2020 年，在路网优化、沿线物流迅速发展等多重利好影响下，汉孝高速日均车流量稳步增长，从 2018 年的 18796 辆提升到 2020 年的 22127 辆。高速公路通行费收入在 2018—2019 年也保持稳步增长。尽管受疫情影响，一方面 2020 年上半年高速公路流量有所减少，另一方面新冠肺炎疫情防控期间免收收费公路通行费政策推行，汉孝高速响应国家政策延长免费期 79 天，2020 年通行费收入较 2019 年下降，从 1.82 亿元降至 1.53 亿元，但自 2020 年下半年疫情缓和、高速公路恢复收费以后，通行费收入快速恢复，2020 年下半年的通行费收入较 2019 年同期增长 10.34%，增长势头强劲。

表 7.17　华夏越秀高速 REIT 运营信息

项目	2018 年	2019 年	2020 年
日均全程车流量（辆）	18796	19508	22127
车流量同比增长率（%）	-2.10	3.79	13.43
高速公路通行费收入（亿元）	1.70	1.82	1.53
通行费收入同比增长率（%）	—	7.03	-16.19

数据来源：《华夏越秀高速公路封闭式基础设施证券投资基金招募说明书》。

3. 交易结构

华夏越秀高速公路封闭式基础设施证券投资基金交易结构如图 7.5 所示，通过公募基金—资产支持专项计划—项目公司—基础设施项目的结构将汉孝高速公路资产纳入 REITs 产品中。各类投资者（包括越秀中国公司）认购华夏越秀高速公路封闭式基础设施证券投资基金；基金再认购汉孝高速资产支持专项计划；资产支持专项计划收购作为基础资产的项目公司汉孝公司全部股权，同时作为项目公司的债权人，与项目公司签订股东借款合同，完成项目公司股债结构的搭建；汉孝公司作为项目公司持有汉孝高速特许经营权。

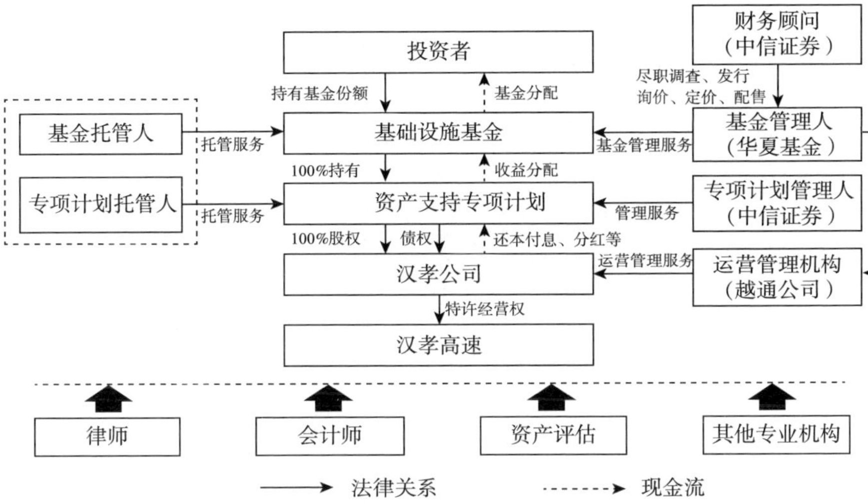

图 7.5　华夏越秀高速 REIT 项目架构

资料来源：《华夏越秀高速公路封闭式基础设施证券投资基金招募说明书》。

从现金流的角度来看，如图 7.6 所示，首先，客车、货车等通行车辆支付通行费及其他费用（如清障费用），高速公路服务区租赁方支付房屋租金；其次，持有汉孝高速特许经营权的项目公司汉孝公司获得通行费收入与租金收入后，通过支付华夏越秀资产支持专项计划股东分红、借款利息等将现金流分配到专项计划；最后，专项计划经过华夏越秀高速公路基础设施证券投资基金通过分红将收益分配至基金投资人。

4. 财务状况

从财务的角度来看，如表 7.18 所示，华夏越秀项目营业总收入 2020 年为 15798 万元，同比下降 14.93%，主要原因是受疫情影响，一方面 2020 年上半年高速公路流量有所减少，另一方面受新冠肺炎疫情影响免收公路通行费。2020 年净利润 6262 万元，同比下降 13.02%，一方面受疫情影响高速公路暂停收费，另一方面养护成本有所增加。高速公路项目业务成本主要包括特许经营权和固定资产的折旧摊销、工程养护成本、员工费用等，后续随着疫情影响的减轻、免收高速公路通行费政策的取消以及交通流量的逐步恢复，营收与净利润有望逐步增长。资产端，2020 年总资产 14.5 亿元，以非流动资产

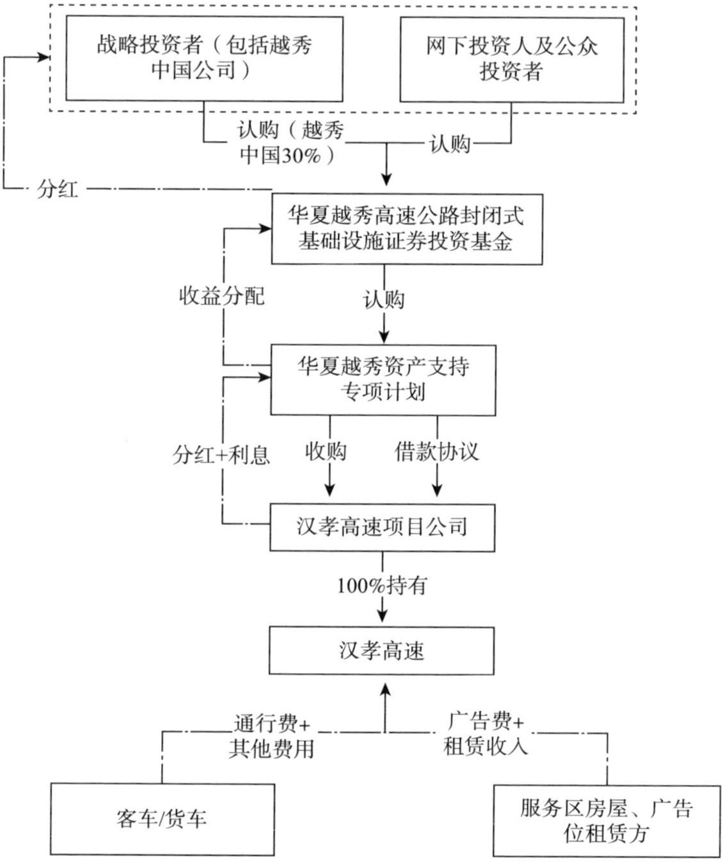

图 7.6　华夏越秀高速 REIT 现金流分析

中的无形资产为主，2020 年占总资产的 78.22%，主要是高速公路特许经营权。2020 年总负债 7.75 亿元，以基础设施项目贷款等长期借款及关联方股东翔丰公司应付股利等其他应付款为主，2020 年占总负债比例分别为 56.43%、27.48%。

表 7.18　华夏越秀高速 REIT 财务数据

收入	2018 年	2019 年	2020 年
营业总收入（万元）	17306	18570	15798
同比（%）		7.30	－14.93
营业利润（万元）	8868	9616	8313
同比（%）		8.44	－13.55

续表

	2018 年	2019 年	2020 年
净利润（万元）	6697	7199	6262
同比（%）		7.50	-13.02
资产总计（万元）	134211	141505	144973
同比（%）		5.44	2.45
负债合计（万元）	59134	80330	77536
同比（%）		35.84	-3.48
所有者权益（万元）	75077	61175	67437
同比（%）		-18.52	10.24

数据来源：《华夏越秀高速公路封闭式基础设施证券投资基金招募说明书》。

从估值与分红的角度来看，如表 7.19 所示，截至 2021 年 12 月 31 日，华夏越秀高速 REIT 总市值 27.28 亿元，上市至 2021 年 12 月 31 日股价涨幅 28.08%。预计 2022 年度可供分配金额 1.54 亿元，净现金流分派率为 7.87%。

表 7.19　华夏越秀高速 REIT 派息数据

产品	总市值（亿元）	上市开盘价（元）	股价（2021 年 12 月 31 日）（元）	上市涨跌幅（%）	2021 年		2022 年	
					预计年度可供分配金额（亿元）	预计净现金流分派率（%）	预计年度可供分配金额（亿元）	预计净现金流分派率（%）
华夏越秀 REIT	27.28	7.10	9.09	28.08	0.38	7.7	1.54	7.87

数据来源：《华夏越秀高速公路封闭式基础设施证券投资基金招募说明书》。

三、仓储物流类

（一）普洛斯（508056）

中金普洛斯 REIT 项目原始权益人为 GLP（China Holdings Limited），即普洛斯中国控股有限公司（以下简称普洛斯中国）。普洛斯中国成立于 2013 年

10月，注册资本为69.58亿美元，第一大股东为CLH Limited，持股比例为66.21%，公司实际控制人为普洛斯集团。普洛斯中国在中国境内的主要业务为现代仓储开发、经营和物流相关业务。作为中国境内最大的现代物流及工业基础设施提供商和服务商，普洛斯中国在现代仓储领域具有显著领先地位，截至2020年年底，其所拥有已建成仓储物流等物业总建筑面积3170万平方米，居于中国境内现代仓储行业第一。公司主营业务包括仓储物流园的设计、开发、运营和园区物业管理，通过将整个物流设施价值链拆分为设计开发、物业管理、租赁销售等职能，为客户提供全面的解决方案以满足其在运营和金融方面的需求。2020年，仓储租赁及基金管理业务实现收入11.49亿美元，占营业总收入的比重为85.46%，仓储租赁及基金管理业务的收入主要为仓储租金收入、为仓储客户提供相关的金融服务收入和管理费收入等。普洛斯中国其他收入主要为政府补助、水电费收入和金融资产公允价值变动等。2020年，公司总资产为327.56亿美元，其中，流动资产合计39亿美元，占比11.9%，集中于应收账款及其他应收款（占比4.8%）、持有待售资产（占比3.56%）和货币资金（占比3.54%）；非流动资产合计288.55亿元，占比88.1%，集中于投资性房地产（占比65%，主要是普洛斯中国所持有的仓储物流等物业资产）、长期股权投资（占比11.8%）和其他长期投资（占比6.5%）。2021年4月，中金普洛斯REIT项目正式申报至上海证券交易所；2021年5月先后获得上海证券交易所基金上市及资产支持证券挂牌转让无异议的函、证监会准予注册的批复。2021年6月21日，中金普洛斯REIT在上海证券交易所正式挂牌上市。

1. 资产组合

根据中金普洛斯REIT招募说明书，本次REIT产品入池基础设施项目包括普洛斯中国持有的7个仓储物流园，分布于京津冀、长三角、粤港澳大湾区三大城市群，建筑面积合计约70.5万平方米。截至2020年年底，基础设施资产平均出租率约98.72%，合同租金及管理费月均约40.04元/平方米，估值合计约53.46亿元，剩余土地年限33～42年，用地性质为工业、仓储用地。如表7.20所示。

表 7.20　中金普洛斯 REIT 底层资产

项目名称	所属区域	项目所在地	建筑面积（万平方米）	出租率（%）（截至 2020 年年末）	2020 年年末估值（亿元）	剩余土地年限（年）	用地性质
普洛斯北京空港物流园	京津冀	北京市顺义区	13.05	96.85	16.37	33～36	工业、仓储用地
普洛斯通州光机电物流园		北京市通州区	4.56	100	4.89	35	
普洛斯广州保税物流园	粤港澳大湾区	广东省广州市	4.42	100	2.01	33～36	
普洛斯增城物流园		广东省广州市	10.91	100	8.89	35～36	
普洛斯顺德物流园		广东省佛山市	10.50	100	5.87	36	
苏州望亭普洛斯物流园	长三角	江苏省苏州市	9.21	100	5.09	36	
普洛斯淀山湖物流园		江苏省昆山市	17.84	97.24	10.34	42	
合计			70.49	98.72	53.46	33～42	

数据来源：《中金普洛斯仓储物流封闭式基础设施证券投资基金招募说明书》。

本项目优势在于：

第一，具备区位及交通优势，7 个仓储物流园区分布于京津冀、长三角、粤港澳大湾区，属于经济发达地区，宏观经济发展情况良好，市场需求旺盛，规划前景良好；园区周围道路交通便利，部分临近机场等交通枢纽，是重要的仓储物流节点。

第二，市场情况良好，7 个仓储物流园区分布在北京、广州、苏州等发达城市，仓储物流市场成熟，7 个园区平均出租率达 98.72%，空置率极低，且租金常年维持上涨趋势，为园区的经营提供了良好的市场环境。

第三，普洛斯中国深耕仓储物流市场多年，在中国 68 个地区市场拥有超过 4000 万平方米的物流及工业基础设施网络，拥有从设计开发、物业管理到租赁销售一条龙的物流服务能力。自 2004 年与苏州物流中心合作开发苏州望亭普洛斯物流园，已有 17 年的物流园区开发运营管理经验，普洛斯专业运营能力使 7 个仓储物流园区保持独有的竞争优势。

2. 商业运营

中金普洛斯 REIT 产品底层资产为 7 个仓储物流园区，因此项目收入主要包括 7 个园区的租金收入。2020 年租金收入合计 31058 万元，REIT 项目总收入达 32873 万元。如表 7.21 所示。

表 7.21　中金普洛斯 REIT 营收构成

收入	2018 年	2019 年	2020 年
房产租赁收入（万元）	28585	31208	31058
其他收入（万元）	2243	1957	1815
总收入（万元）	30828	33164	32873

数据来源：《中金普洛斯仓储物流封闭式基础设施证券投资基金招募说明书》。

从园区运营情况来看，2018—2020 年园区运营情况良好，租金收入不断提升，从 2018 年 28585 万元增至 2020 年 31058 万元。尽管 2020 年部分园区受新冠肺炎疫情、租户换租等原因影响，出租率、房产租赁收入有小幅下降，但后续随着园区持续良好的出租情况（7 个园区平均出租率为 98.72%）、一线城市物流地块供给的持续减少及疫情影响的下降推动租金提升，带动 REITs 项目收入增长。具体各园区情况如表 7.22 所示。

表 7.22　中金普洛斯 REIT 园区情况

<table>
<tr><th rowspan="2">物业</th><th rowspan="2">建筑面积（万平方米）</th><th colspan="3">历史出租率①</th><th rowspan="2">出租率（截至 2020 年年末）（%）</th><th rowspan="2">2020 年年末有效租金单价（元/平方米·月）</th><th rowspan="2">所在园区定位及主要行业</th></tr>
<tr><th>2018 年（%）</th><th>2019 年（%）</th><th>2020 年（%）</th></tr>
<tr><td>普洛斯北京空港物流园</td><td>13.05</td><td>98.49</td><td>99.53</td><td>95.61</td><td>96.85</td><td>67.38</td><td>航空—公路国际货运枢纽型物流基地、仓储物流</td></tr>
</table>

续表

物业	建筑面积（万平方米）	历史出租率①			出租率（截至2020年年末）（%）	2020年年末有效租金单价（元/平方米·月）	所在园区定位及主要行业
		2018年（%）	2019年（%）	2020年（%）			
普洛斯通州光机电物流园	4.56	100	100	81.99	100	74.35	高新技术产业研发和高端制造业
普洛斯广州保税物流园	4.42	100	100	100	100	24.63	商业贸易、电子信息制造业等高科技产业、仓储物流
普洛斯增城物流园	10.91	96.89	88.82	99.09	100	40.13	工业、仓储物流
普洛斯顺德物流园	10.50	100	95.53	84.52	100	33.05	汽车制造业
苏州望亭普洛斯物流园	9.21	95.65	92.14	98.28	100	33.72	工业、仓储物流
普洛斯淀山湖物流园	17.84	99.80	92.81	71.89	97.24	25.24	高端电子信息、机械制造、工业加工

数据来源：《中金普洛斯仓储物流封闭式基础设施证券投资基金招募说明书》。

注：① 2018—2020年历史出租率为全年平均出租率；2020年普洛斯通州光机电物流园、普洛斯顺德物流园及普洛斯淀山湖物流园的历史出租率下降主要由租户换租引起，截至2020年年末，出租率已分别回升至100%、100%及97.24%。

3. 交易结构

中金普洛斯仓储物流封闭式基础设施证券投资基金交易结构如图7.7所示，通过公募基金—资产支持专项计划—项目公司—基础设施项目的结构将普洛斯6家项目公司旗下的7处仓储物流园区资产纳入REITs产品中。各类投资者（包括普洛斯中国）认购中金普洛斯仓储物流封闭式基础设施证券投资基金；基金再认购中金普洛斯仓储物流基础设施资产支持专项计划；资产支持专项计划收购6家项目公司全部股权，同时资产支持专项计划与项目公司签订借款合同，将剩余专项计划资金用于向项目公司发放借款；6 家项目公司持有 7 处仓储物流园区资产。

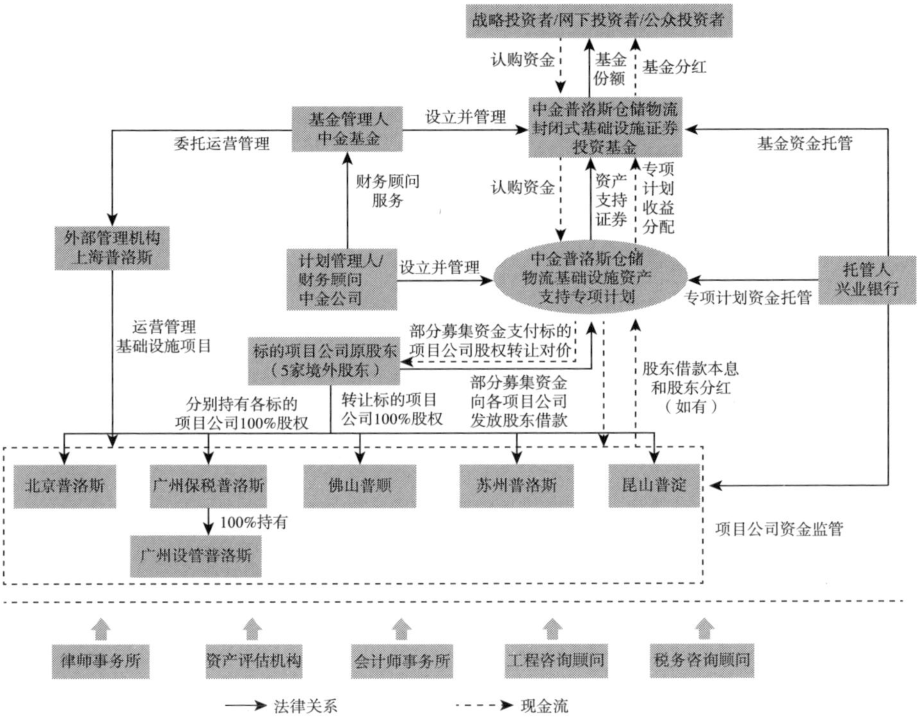

图 7.7　中金普洛斯 REIT 项目架构

资料来源：《中金普洛斯仓储物流封闭式基础设施证券投资基金招募说明书》。

从现金流的角度来看，首先，仓储物流租户租赁仓库并支付租金；其次，持有仓库的 6 家项目公司获得租金收入后，通过支付中金普洛斯仓储物流资产支持专项计划股东分红、借款利息等将现金流分配到专项计划；最后，专项计划经过中金普洛斯仓储物流基础设施证券投资基金通过分红将收益分配至基金投资人。

4. 财务状况

从财务的角度来看，如表 7.23 所示，中金普洛斯项目 2020 年营业总收入 3.29 亿元，因受新冠肺炎疫情、租户换租等影响，较 2019 年同期有小幅下降。后续随着新冠疫情好转、租金提升，营业总收入有望继续提升。2020年净利润 1.21 亿元，同比提升 9.29%。仓储物流园区营业成本包括投资性房地产折旧摊销、员工薪酬、物业服务费、公共事业费等。公司 2020 年净利润提升一方面是由于折旧摊销、公共事业费、财务费用的下降；另一方面来源于营业外收入的提升，主要是获得的供应商（项目工程施工方）的赔偿款。后续随着新冠疫情影响的减小、租金收入的提升，在成本控制的基础上，净利润有望进一步增长。2020 年总资产 19.57 亿元，以非流动资产中的投资性房地产为主，当年占总资产的 61.74%；此外，流动资产中其他应收款占总资产的 32.61%，也有一定规模，主要是为提高普洛斯集团内资金使用效率，项目公司向关联方发放委托贷款所致，在基金成立前，项目公司将清偿与关联方的往来款项。2020 年总负债 5.96 亿元，以流动负债中其他应付款为主，当年占总负债的 51.48%，主要包括应付利润分配、租户押金等。应付利润分配大幅提升是近一年总负债增长的主要原因，该应付利润分配款项尚未支付，拟于项目公司股权交割前支付完成；此外，非流动负债中长期借款占总负债的 38.51%，主要是关联方委托借款。

表 7.23　中金普洛斯 REIT 财务数据

	2018 年	2019 年	2020 年
营业总收入（亿元）	3.08	3.32	3.29
同比（%）		7.58	-0.88
营业利润（亿元）	1.21	1.47	1.56
同比（%）		21.08	6.59
净利润（亿元）	0.91	1.11	1.21
同比（%）		21.93	9.29
资产总计（亿元）	18.80	19.48	19.57
同比（%）		3.58	0.45
负债合计（亿元）	4.34	3.91	5.96
同比（%）		-10.06	52.59
所有者权益（亿元）	14.46	15.57	13.61
同比（%）		7.67	-12.63

数据来源：《中金普洛斯仓储物流封闭式基础设施证券投资基金招募说明书》。

从估值与分红的角度来看，如表 7.24 所示，截至 2021 年 12 月 31 日，中金普洛斯 REIT 总市值为 72.97 亿元，上市至 2021 年 12 月 31 日股价提升了 25.06%。预计 2022 年可分配现金流 2.52 亿元，净现金流分派率为 4.48%。

表 7.24 中金普洛斯 REIT 派息数据

产品	总市值（亿元）	上市开盘价（元）	股价（2021 年 12 月 31 日）（元）	上市涨跌幅（%）	2021 年		2022 年	
					预计年度可供分配金额（亿元）	预计净现金流分派率（%）	预计年度可供分配金额（亿元）	预计净现金流分派率（%）
中金普洛斯 REIT	72.97	3.89	4.87	25.06	2.50	4.45	2.52	4.48

数据来源：《中金普洛斯仓储物流封闭式基础设施证券投资基金招募说明书》。

（二）红土盐田港 REIT（180301）

红土盐田港 REIT 项目原始权益人为深圳市盐田港集团有限公司（以下简称盐田港集团）。盐田港集团成立于 1985 年 2 月，注册资本为 45.3 亿元，单一股东与实际控制人为深圳市人民政府国有资产监督管理委员会。盐田港集团依托优良的自然、区位条件，利用深圳经济特区的政策优势，实施高度市场化的港口发展模式，已成长为一家以港口建设投资与经营、综合物流和港口配套服务为主业的大型港口产业集团。盐田港主要经营板块包括交通、港口运输及仓储，成本油销售，自营进出口业，房地产销售等。2020 年，交通、港口运输及仓储，房地产销售，成品油销售分别实现营业收入 12.46 亿元、12.43 亿元、2.1 亿元，占营业总收入的比重分别是 41.74%、41.66%、7.04%，是公司营业收入最主要的来源。2020 年，盐田港集团总资产 338.49 亿元，其中，流动资产合计 106.48 亿元，占比 31%，集中于货币资金（占比 11%）、存货（占比 7%，主要是房地产行业的开发成本和开发产品）和其他流动资产（占比 12%，主要是购入的理财产品）；非流动资产合计 232.02 亿元，占比 69%，集中于长期股权投资（占比 29%，主要包括对盐田三期国际集装箱码头有限公司、盐田国际集装箱码头有限公司、深圳盐田西港区码头有限公司、曹妃甸港集团股份有限公司等联营企业的投资及对深圳盐田港普洛斯物流园有限公司等合营企业的投资）、固定资产（占比 11%，主要是港务业务涉及的房屋建筑物、机器设备及运输工具）、在建工程（占比 8%，主要是盐田港集团及下属子公司正在建设中的惠州港荃湾港区煤炭码头、黄石市棋盘洲码头工程、惠盐高速改扩建工程及小漠国际物流港工程等）和其他非流动资产（占比 9%，主要包括盐田港区及后方陆域开发成本、政府收储工程项目等）。2021 年 4 月，红土盐田港 REIT 项目正式申报至深圳证券交易所；2021 年 5 月先后获得深圳证券交易所基金上市及资产支持证券挂牌转让无异议的函、证监会准予注册的批复。2021 年 6 月 21 日，红土盐田港 REIT 在深圳证券交易所正式挂牌上市。

1. 资产组合

根据红土盐田港 REIT 招募说明书，本次 REIT 产品入池基础设施项目为现代物流中心项目，包括 A 区的 A 仓、入区盘道和行车道，B 区的 B1 仓、B2 仓、B3 仓、综合办公楼、气瓶站、出区盘道和行车道，建筑面积共计约 32 万平方米，其中，仓储及配套部分可租赁面积约 26.6 万平方米。底层资产估值 17.05 亿元，均为仓储用地，出租率为 100%，使用年限 50 年，2057 年 6 月到期。如表 7.25 所示。

本项目优势在于：

第一，盐田港是世界级集装箱枢纽，具有优越的交通运输条件。盐田港是全球单体吞吐量最大和效益最佳的集装箱码头，目前投入运营的集装箱泊位 20 个，是国内三个超大型干线班轮首选港之一，是华南地区国际航线最密集的港区，外贸货量居全国港口前列。同时，盐田港区开展了海铁、水水、公水等多式联运，是多式联运示范工程，目前已开通 14 条海铁联运线路，一站到达 7 大省市“无水港”，交通条件便利。

表 7.25 红土盐田港 REIT 底层资产

项目名称	项目所在地	建筑面积（万平方米）	可租赁面积（万平方米）	出租率（%）（截至 2020 年年末）	2021 年估值（亿元）	用地性质	使用年限
盐田区沿港路盐田港现代物流中心一期 A 区 A 仓库	深圳市盐田区	7.86	26.61	100	17.05	仓储用地	2007 年 6 月至 2057 年 6 月
盐田区沿港路盐田港现代物流中心一期 B 区 B1、B2 仓库		16.81					
盐田区沿港路盐田港现代物流中心二期 B 区 B3 仓库		6.32					
盐田区沿港路盐田港现代物流中心一期综合办公楼		1.05	—	—			
盐田区沿港路盐田港现代物流中心一期气瓶站		0.01	—	—			
合计		32.05	26.61	100	17.05		

数据来源：《红土创新盐田港仓储物流封闭式基础设施证券投资基金招募说明书》。

第二，项目地处深圳市盐田保税区，仓储物流基础设施供给紧缺，未来租金收入具有较大增长空间。由于基础设施项目位于深圳市，土地资源紧缺且价格高昂，价格水平居广东省内首位。近年来，地方政府土地利用规划政策有不断缩紧土地供应的趋势，深圳市仓储物流基础设施总体处于供不应求的状态。盐田港保税物流园作为全国唯一与码头作业区相连的保税物流园区，南片区与盐田港码头作业区通过专用通道相连，具有得天独厚的靠泊条件、先进的码头设施、便捷的通关环境及完善的交通配套设施。因此，海内外客户对于保税区内优质的仓储物流基础设施拥有强烈的使用需求和扩租需求，在盐田保税区新增供给有限的背景下，项目未来租金收入还有较大增长空间。

第三，基础设施项目为高标准仓，符合未来仓储物流大型化、智能化趋势。盐田港现代物流中心项目采用盘道直入式设计，建筑面积 32 万平方米，是国内最大盘道直入式单体仓储配送中心，相比于其他货梯仓，坡道仓极大地提高了物流周转的效率，符合未来仓储物流大型化、智能化的发展趋势。

2. 商业运营

红土盐田港 REIT 产品底层资产为现代物流中心，其项目收入主要包括物流中心仓库的第三方租户租赁收入、盐田港集团整租及综合管理服务收入。2020 年第三方租赁收入 5715. 55 万元，盐田港集团整租及综合管理服务收入 1139. 66 万元，REIT 项目总收入 7222. 18 万元。如表 7. 26 所示。

表 7. 26　红土盐田港 REIT 营收构成　　单位：万元

	2019 年	2020 年
第三方租户租赁收入	7962. 82	5715. 55
盐田港集团整租及综合管理服务收入	—	1139. 66
过渡期收益	—	366. 97
合计	7962. 82	7222. 18

数据来源：《红土创新盐田港仓储物流封闭式基础设施证券投资基金招募说明书》。

从物业运营情况来看，2020 年原始权益人作为深圳市市属国企以及基础设施项目全资股东，积极响应国家扶持政策，为租赁项目的租户减免了 3 个月租金，使收入有所下滑，但后续随着租金减免政策的取消以及持续良好的出租情况（物业出租率一直维持在 100%，且 2021 年租约到期的客户中超过 90% 的客户均表达了续租意愿），在深圳盐田保税区仓储物流基础设施供给紧缺的背景下，租金有望稳步提升，带动 REITs 项目收入增长。红土盐田港 REIT 物业情况如表 7. 27 所示。

表 7.27 红土盐田港 REIT 物业情况

物业	建筑面积（万平方米）	可租赁面积（万平方米）	2020 年出租率（%）	仓储租金水平（元/平方米·月）	配套租金水平（元/平方米·月）	租赁期限（年）	主要租赁客户
现代物流中心	32.05	26.61	100	37.5～39.0	50	1～12	深圳市盐田港集团有限公司、深圳市盐田准时达供应链管理有限公司、全球捷运物流有限公司、德迅（中国）货运代理有限公司深圳分公司、美集物流运输（中国）有限公司深圳分公司等

数据来源：《红土创新盐田港仓储物流封闭式基础设施证券投资基金招募说明书》。

3. 交易结构

红土创新盐田港仓储物流封闭式基础设施证券投资基金交易结构如图 7.8 所示，通过公募基金—资产支持专项计划—项目公司—基础设施项目的结构将现代物流中心项目纳入 REITs 产品中。各类投资者（包括盐田港集团）认购

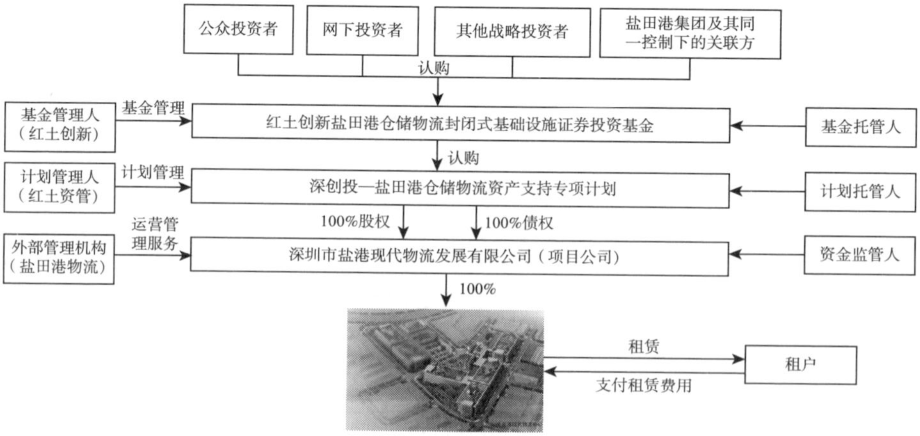

图 7.8 红土盐田港 REIT 项目架构

资料来源：《红土创新盐田港仓储物流封闭式基础设施证券投资基金招募说明书》。

红土创新盐田港仓储物流封闭式基础设施证券投资基金；基金再认购深创投—盐田港仓储物流资产支持专项计划；资产支持专项计划收购基础资产项目公司深圳市盐港现代物流发展有限公司全部股权，同时资产支持专项计划向原始权益人购买其对于项目公司的目标债权；项目公司持有底层资产现代物流中心项目。

从现金流的角度来看，如图 7.9 所示，首先，盐田港集团、深圳市盐田准时达供应链管理公司等租户支付租赁费用；其次，持有物业的项目公司深圳市盐港现代物流发展有限公司获得租金收入后，通过支付深创投—盐田港仓储物流资产支持专项计划股东分红、借款利息等将现金流分配到专项计划；最后，专项计划经过红土创新盐田港仓储物流封闭式基础设施证券投资基金通过分红将收益分配至基金投资人。

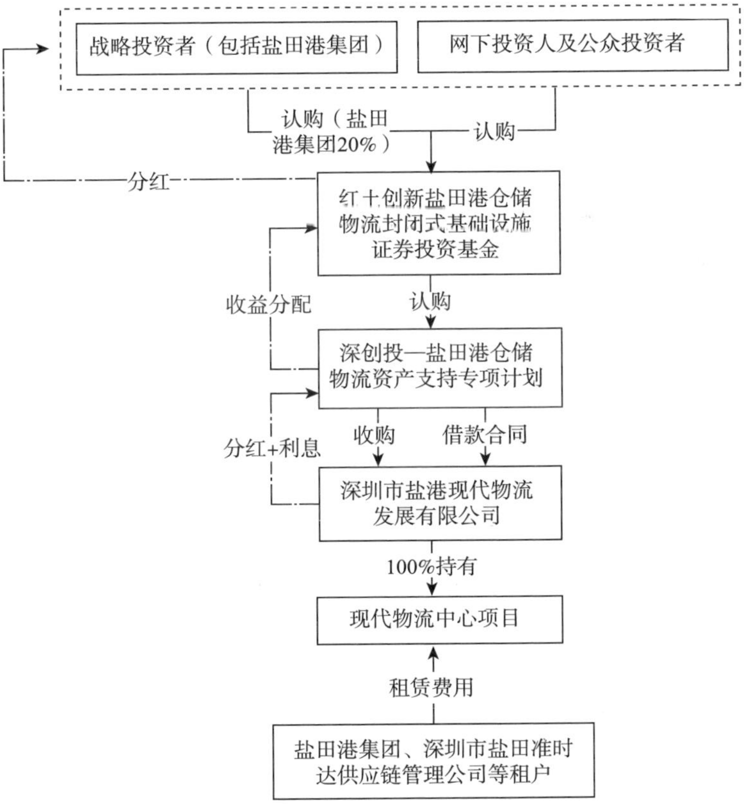

图 7.9　红土盐田港 REIT 现金流分析

4. 财务状况

从财务的角度来看，如表 7.28 所示，红土盐田港项目 2020 年营业总收入为 7222 万元，较 2019 年同期下降 9.3%。需要补充的是，2020 年 4 月 B3 仓库建成并投入运营，但 2020 年即使考虑 B3 仓库新增面积整体租赁收入仍有下降，主要原因是 2020 年新冠疫情期间推行免租政策时为部分租户减免了 3 个月租金。后续随着疫情减免政策取消、租金提升，营业总收入有望继续提升。2020 年净利润为 2414 万元，同比下降 24.84%。仓储物流园营业成本主要包括折旧摊销，以及少量运营管理费、物业服务成本等。2020 年由于 B3 仓库建成投入使用并纳入基础设施项目，当年投资性房地产及对应折旧数额提升增加营业成本，导致净利率下降。资产端，2020 年总资产为 101189 万元，以非流动资产中的投资性房地产为主，即基础设施项目，包括已出租的建筑物及相关土地使用权，2020 年占总资产的 96.51%。2020 年总负债 1485 万元，以流动负债中其他应付款为主，占当年总负债的 54.97%，由应付租户押金组成，为租赁行业常见的经营性安排。此外，流动负债中应交税费占总负债的 41.52%，主要由应交企业所得税、应交增值税及增值税附加组成。2020 年盐田港集团将基础设施项目无偿划转至项目公司后，项目公司产生经营所得，产生纳税义务。

表 7.28　红土盐田港 REIT 财务数据

	2019 年	2020 年
营业总收入（万元）	7963	7222
同比（%）		-9.30
营业利润（万元）	4282	3219
同比（%）		-24.84
净利润（万元）	3212	2414
同比（%）		-24.84
资产总计（万元）	98066	101189
同比（%）		3.18
负债合计（万元）	919	1485
同比（%）		61.66

续表

	2019 年	2020 年
所有者权益（万元）	97147	99704
同比（%）		2.63

数据来源：《红土创新盐田港仓储物流封闭式基础设施证券投资基金招募说明书》。

从估值与分红的角度来看，如表 7.29 所示，截至 2021 年 12 月 31 日，红土盐田港 REIT 总市值为 24.48 亿元，上市至 2021 年 12 月 31 日股价提升了 32.47%。预计 2022 年可供分配金额 8103.66 万元，净现金流分派率为 4.75%。

表 7.29　红土盐田港 REIT 派息数据

产品	总市值（亿元）	上市开盘价（元）	股价（2021 年 12 月 31 日）（元）	上市涨跌幅（%）	2021 年		2022 年	
					预计年度可供分配金额（万元）	预计净现金流分派率（%）	预计年度可供分配金额（万元）	预计净现金流分派率（%）
红土盐田港 REIT	24.48	2.31	3.06	32.47	3814.04	4.47	8103.66	4.75

数据来源：《红土创新盐田港仓储物流封闭式基础设施证券投资基金招募说明书》。

四、产业园区类

（一）东吴苏园（508027）

东吴苏州工业园 REIT 原始权益人有两家公司，分别是苏州工业园区科技发展有限公司和苏州工业园区建屋产业园开发有限公司。

苏州工业园区科技发展有限公司（以下简称科技公司）成立于 2000 年 4 月，注册资本为 32.8 亿元，第一大股东为苏州工业园区兆润控股集团有限公司，持股比例为 50.44%，公司实际控制人为苏州工业园区管委会。科技公司作为苏州国际科技园的开发建设和运营主体，承担园区以人工智能为引领的新一代信息技术产业的发展和相关科技载体的开发建设和运营服务。科技公司主营业务为租赁业务、物业管理业务和客房业务。2020 年，科技公司租赁业务、数据中心业务、物业管理业务、客房业务分别实现收入 2.16 亿元、1.71 亿元、0.79 亿元、0.15 亿元，占营业收入的比重分别是 43.36%、34.21%、15.78%、3.04%，是公司营业收入的主要来源。2020 年，科技公司总资产 52.57 亿元，其中，流动资产合计 4.34 亿元，占比 8.25%，集中于货币资金（占比 5.45%）；非流动资产合计 48.23 亿元，占比 91.75%，集中于投资性房地产（占比 79.32%，主要是公司持有的国际科技园五期 B 区项目）。

苏州工业园区建屋产业园开发有限公司（以下简称建屋产业公司）成立于 2010 年 2 月，注册资本为 10.92 亿元，第一大股东为苏州新建元产业发展有限公司，持股比例为 100%，是其全资股东，公司穿透控制人为苏州工业园区管委会。建屋产业公司的主营业务为对产业园进行资产管理、自有房屋出租。2020 年，公司主营业务收入为 9727.03 万元，占营业收入的比重为 95.61%，主要收入来源包括租赁收入和物业管理收入；公司其他业务收入来自地上车位、物业、会务收入等，收入规模较小。2020 年，建屋产业公司总资产为 17.82 亿元，其中，流动资产合计 1.92 亿元，占比 10.78%，集中于其他应收款（占比 6.6%）；非流动资产合计 15.9 亿元，占比 89.22%，集中于投资性房地产（占比 84.83%，主要是公司持有的苏州 2.5 产业园一期、二期项目）。

苏州工业园区作为全国第一个中外政府级合作的开发区与中新政府间第一个旗舰项目，在产业基础、科技创新、区域协同等方面发展成效突出；同时，苏州工业园区作为江苏自贸试验区江苏片区建设的主阵地，受到中新两国、江苏省和苏州市各级政府的特别支持。中新理事会高度重视苏州工业园区参与 REITs 试点事宜，多次明确出具文件支持园区开展 REITs 试点工作。苏州工业园区国有资产监督管理办公室（以下简称园区国资办）于 2020 年 7 月出具了《园区国资办关于同意兆润控股对苏州工业园区产业园资产进行资产证券化（REITs）运作的批复》。2021 年 4 月，东吴苏州工业园区产业园项目正式申报至上海证券交易所；2021 年 5 月正式获得中国证监会准予注册的批复。2021 年 6 月 21 日，东吴苏园产业 REIT 项目在上海证券交易所正式挂牌上市。

1. 资产组合

根据东吴苏园产业 REIT 招募说明书，本次 REIT 产品入池基础设施项目为苏州国际科技园五期 B 区和苏州 2.5 产业园一期、二期项目，均位于苏州市苏州工业园区。两项目合计估值为 33.5 亿元，建筑面积合计 56.11 万平方米。国际科技园五期 B 区项目为科研设计用地，2.5 产业园一期、二期项目为工业用地，剩余土地年限在 34～39 年，出租率分别约为 90% 和 70%。

表 7.30　东吴苏园产业 REIT 底层资产

	国际科技园五期 B 区项目	2.5 产业园一期、二期项目	合计
地理位置	苏州市苏州工业园区星湖街 328 号	苏州市苏州工业园区东长路 88 号	
建筑面积（万平方米）	33.02	23.09	56.11
用地性质	科研设计用地	工业用地	
投入运营时间	2000 年 4 月	2011 年年底	
剩余土地年限（年）	34	39	
出租率（%）(2020 年)	89.84	69.95	
资产估值（亿元）	18.3	15.2	33.5

数据来源：《东吴苏州工业园区产业园封闭式基础设施证券投资基金招募说明书更新》。

本项目优势在于：

第一，区位环境优越，且交通便捷。苏州工业园区地处长江三角洲中心腹地，位于中国沿海经济开放区与长江经济发展带的交汇处，区域经济发达、高新产业发展迅速，区域强劲的经济增长动力和良好的宏观经济环境推动苏州产业园市场的蓬勃发展。此外，园区拥有便捷发达的立体交通网络，包括上海港、张家港、常熟港、太仓港以及京杭大运河等水上运输通道，沪宁高速、苏嘉杭高速、312 国道等多条高速公路以及国道和建设中的京沪高速铁路、沪宁城际铁路；且园区距离上海虹桥机场仅 80 千米。

第二，作为全国第一个中外政府级合作的开发区与中新政府间第一个旗舰项目，受到中新两国、江苏省和苏州市各级政府的特别政策支持，享受许多特殊优惠政策。在此背景下，园区管委会也实时推出多项措施吸引企业与人才入驻，促进园区发展，如《苏州工业园区优化营商环境行动方案》《苏州工业园区专精特新“小巨人”企业培育三年行动计划（2021—2023年）》等。在REITs申报过程中，中新理事会也十分重视REITs试点申报工作，多次明确支持开展REITs试点。

第三，项目聚焦重点行业，打造特色产业高地。园区现已逐步形成了以“电子信息、机械制造”为两大主导产业，“生物医药、人工智能、纳米技术应用”为三大战略性新兴产业的“2+3”特色产业体系，并将产业作为经济发展与区域建设的内生部分与特色优势。

第四，项目运营管理机构科技公司和建屋产业公司均为国有企业，企业管理制度完善，在招商引资、客户服务、产业服务、金融服务等方面具备较强的运营能力和丰富的产业资源，能够为入园企业提供定制化综合服务，有效促进产业生态建设与项目提质增效。

2. 商业运营

东吴苏园产业REIT产品底层资产为2个苏州工业园区的项目，因此，项目收入主要包括两个项目的物业租赁收入，此外，其他业务收入为地下车库收入、物业管理收入、会务收入等。2020年国际科技园项目营收11862万元，其中，租金收入占比75%，物业收入占比24%，停车费收入占比1%；2.5产业园一期、二期项目营收6607万元，其中，租金收入占比约80%，物业收入占比约6%，停车费及其他收入占比14%。2020年项目总收入18469万元。如表7.31所示。

表7.31 东吴苏园产业REIT营收构成

单位：万元

收入		2018年	2019年	2020年
运营收入	国际科技园五期B区	14357	14518	11862
	2.5产业园一期、二期	6613	8071	6607
总收入		20970	22589	18469

数据来源：《东吴苏州工业园区产业园封闭式基础设施证券投资基金招募说明书更新》。

从物业运营情况来看，2020年尽管受新冠肺炎疫情影响，两处项目均实行了租金减免政策，使租金收入有所下降，经营性净现金流同比降低，但后续随着租金减免政策的取消以及良好的出租情况（两处项目出租率分别在

90%和70%左右，且租户质量优异），运营收入将稳定在2.4亿元以上。根据预测，国际科技园五期B区项目预计未来出租率水平将在往年的基础上保持稳定，2.5产业园一期、二期项目预计未来出租率水平在往年的基础上仍能实现一定比例的提升，将会带动REITs项目收入增长。如表7.32所示。

表7.32　东吴苏园产业 REIT 项目

物业	建筑面积（万平方米）	出租率（%）（2020年）	平均月租金（元/平方米·月）	平均租赁期限（年）	主要租赁客户
国际科技园五期B区项目	33.02	89.84	41.0	约1.99	苏州银行股份有限公司、微软苏州分公司等
2.5产业园一期、二期项目	23.09	69.95	61.2	约2.73	赫伯罗特船务有限公司、东沙湖社区工作委员会等

数据来源：《东吴苏州工业园区产业园封闭式基础设施证券投资基金招募说明书更新》。

3. 交易结构

东吴苏州工业园区产业园封闭式基础设施证券投资基金交易结构如图7.10所示，通过公募基金—资产支持专项计划—项目公司—基础设施项目的结构

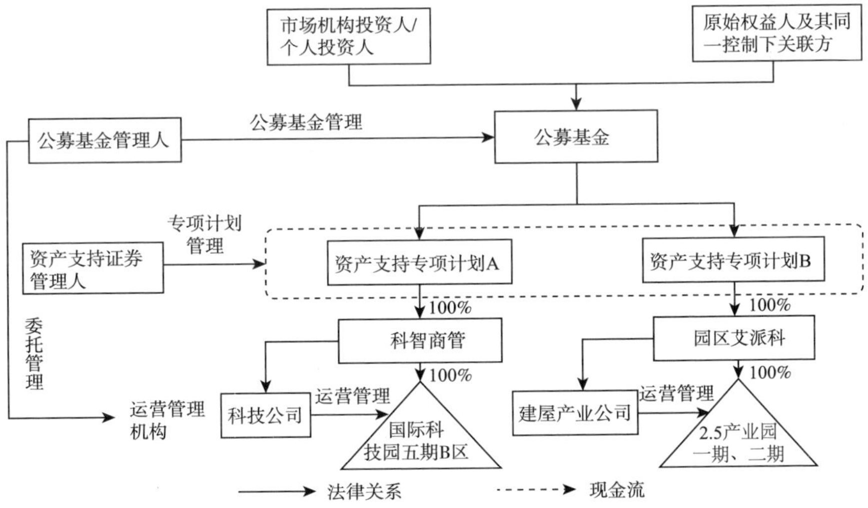

图7.10　东吴苏园产业 REIT 项目架构

资料来源：《东吴苏州工业园区产业园封闭式基础设施证券投资基金招募说明书更新》。

将苏州工业园区两处物业资产纳入 REITs 产品中。各类投资者（包括科技公司和建屋产业公司）认购东吴苏州工业园区产业园封闭式基础设施证券投资基金；基金再认购苏州工业园区资产支持专项计划 A 和 B；资产支持专项计划收购作为基础资产的项目公司科智商管和园区艾派科的全部股权，同时作为项目公司的债权人，与项目公司签订借款合同，完成项目公司股债结构的搭建；科技公司和建屋产业公司作为项目公司分别持有两项目的物业资产。

从现金流的角度来看，如图 7.11 所示，首先，苏州银行、微软等客户支付物业租金和停车费；其次，持有物业的项目公司科技公司和建屋产业公司获得租金收入与停车费收入后，通过支付资产支持专项计划股东分红、借款利

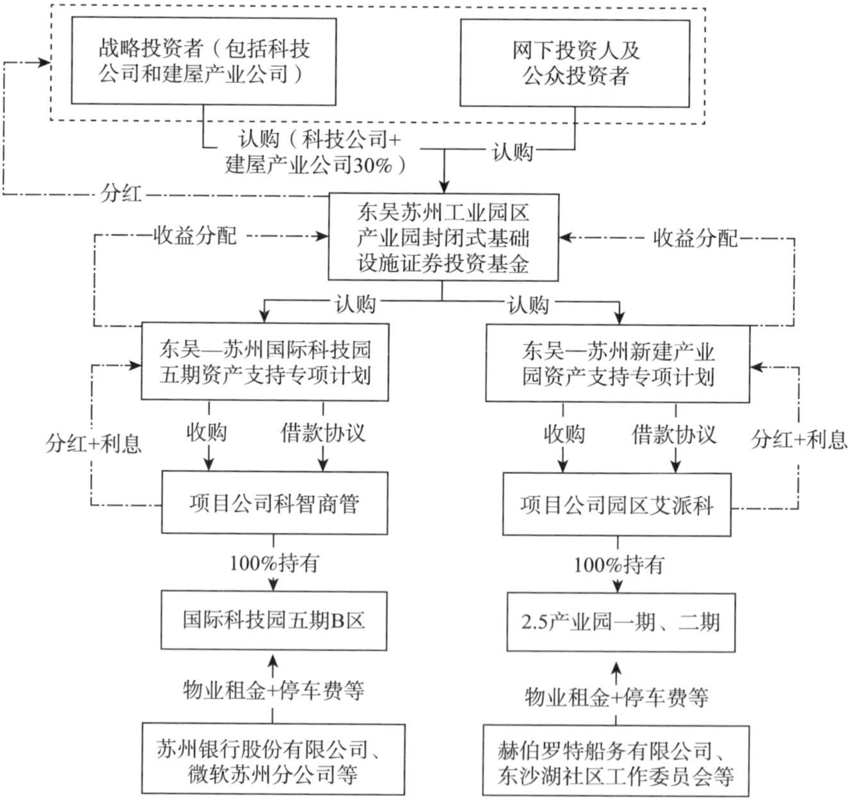

图 7.11　东吴苏园产业 REIT 现金流分析

资料来源：作者绘制整理。

息等将现金流分配到专项计划；最后，专项计划经过东吴苏州工业园区产业园封闭式基础设施证券投资基金通过分红将收益分配至基金投资人。

4. 财务状况

从财务的角度来看，如表 7. 33、表 7. 34 所示，国际科技园五期 B 区对应项目公司科智商管 2020 年营业总收入 11862. 43 万元，同比下降 18. 29%；2. 5 产业园一期、二期对应项目公司园区艾派科营业总收入 6606. 97 万元，同比下降 18. 14%；主要原因均是受新冠肺炎疫情、减租政策影响，后续随着疫情减免政策取消、特色产业集聚带来的租金提升，营业总收入有望继续提升。园区营业成本变化不大，以资产折旧及摊销为主，三费以财务费用为主，后续随着边际成本递减，有息债务减少，财务费用降低，净利润有望逐步增加。需要补充的是，两家项目公司总资产、营业利润与净利润在 2020 年均有大幅提升，主要原因是所持有物业在资产重组阶段，计量方式由成本法计量转变为公允价值计量，产生公允价值变动收益计入损益表，以及投资性房地产以公允价值计量更新规模计入资产负债表。资产端，科智商管和园区艾派科 2020 年总资产分别为 188463. 18 万元和 156993. 40 万元，以非流动资产中的投资性房地产为主，2020 年分别占总资产的 97. 10% 和 96. 82%。负债端，科智商管和园区艾派科 2020 年总负债分别为 119379. 08 万元和 106802. 20 万元，以流动负债中的其他应付款为主，2020 年分别占总负债的 81. 31% 和 83. 03%，主要原因为资产划转到科智商管、园区艾派科两家项目公司后，项目公司应偿还原始权益人科技公司和建屋产业公司以及科技公司股东苏州工业园区国有资本投资运营控股有限公司和建屋产业公司股东苏州新建元产业发展有限公司的债务，后续将通过由资产支持证券管理人（代表专项计划）发放的股东借款进行置换。

表 7. 33　东吴苏园产业 REIT 财务数据（科智商管）

	2018 年	2019 年	2020 年
营业总收入（万元）	14356. 85	14518. 39	11862. 43
同比（%）	—	1. 13	-18. 29

续表

	2018 年	2019 年	2020 年
营业利润（万元）	5706.22	5411.02	87595.62
同比（%）	—	-5.17	1518.84
净利润（万元）	4358.99	4231.32	65726.92
同比（%）	—	-2.93	1453.34
资产总计（万元）	103082.12	100074.54	188463.18
同比（%）	—	-2.92	88.32
负债合计（万元）	18967.08	18798.45	119379.08
同比（%）	—	-0.89	535.05
所有者权益（万元）	84115.04	81276.09	69084.10
同比（%）	—	-3.38	-15.00

数据来源：《东吴苏州工业园区产业园封闭式基础设施证券投资基金招募说明书更新》。

表 7.34　东吴苏园产业 REIT 财务数据（园区艾派科）

	2018 年	2019 年	2020 年
营业总收入（万元）	6612.84	8070.86	6606.97
同比（%）	—	22.05	-18.14
营业利润（万元）	-418.40	642.36	66252.09
同比（%）	—	—	10213.86
净利润（万元）	-23.15	696.55	50058.45
同比（%）	—	—	7086.63
资产总计（万元）	92665.33	90196.69	156993.40
同比（%）	—	-2.66	74.06
负债合计（万元）	51460.54	35068.26	106802.20
同比（%）	—	-31.85	204.56
所有者权益（万元）	41204.79	55128.43	50191.20
同比（%）	—	33.79	-8.96

数据来源：《东吴苏州工业园区产业园封闭式基础设施证券投资基金招募说明书更新》。

从估值与分红的角度来看，如表 7.35 所示，截至 2021 年 12 月 31 日，东吴苏园 REIT 总市值为 40.91 亿元，上市至 2021 年 12 月 31 日股价涨幅为 17.16%。预计 2022 年可供分配金额 1.52 亿元，净现金流分派率为 4.54%。

表 7.35　东吴苏园产业 REIT 派息数据

产品	总市值（亿元）	上市开盘价（元）	股价（2021 年 12 月 31 日）（元）	上市涨跌幅（%）	2021 年		2022 年	
					预计年度可供分配金额（亿元）	预计净现金流分派率（%）	预计年度可供分配金额（亿元）	预计净现金流分派率（%）
东吴苏园 REIT	40.91	3.88	4.55	17.16	1.004	4.50	1.52	4.54

数据来源：《东吴苏州工业园区产业园封闭式基础设施证券投资基金招募说明书更新》。

（二）张江光大园（508000）

张江光大园 REIT 原始权益人有两家公司，分别是上海光全投资中心（有限合伙）（以下简称光全投资）和光控安石（北京）投资管理有限公司（以下简称光控安石）。

光全投资成立于 2016 年 5 月，注册资本为 5.84 亿元，第一大股东为上海张江集成电路产业区开发有限公司，持股比例为 81.1505%，公司实际控制人为上海市浦东新区国有资产管理委员会。光全投资作为以有限合伙形式设立的私募基金，依托张江高科在张江科学城丰富的运营管理经验和投资运作经验，以及光大安石在不动产投资领域和资产管理领域“募、投、管、退”全流程一体化的综合能力，围绕在线新经济、集成电路等重点行业进行产业发展服务园区运营，主要投资于张江光大园项目。而张江高科作为光全投资的主要投资方，为光全投资的业务开展提供了较好资源、品牌、技术等支撑。2020 年，光全投资资产管理服务费收入、公允价值变动损益分别为 1238.9 万元和 -3287.47 元，公允价值变动损失主要是由于光全投资基于物业资产评估增值计算投资的公允价值，2020 年年末中京电子将长期待摊费用 8704 万元重分类至投资性房地产，致使物业资产增值在评估值增长的情况下减少，使 2020 年当年公允价值变动损益为负。2020 年光全投资总资产为 7.25 亿元，主要集中于以公允价值计量且变动计入当期损益的金融资产（占比 98%）。

光控安石成立于 2015 年 11 月，注册资本为 1 亿元，单一大股东为光大安石（北京）房地产投资顾问有限公司，公司实际控制人为中国光大控股有限公司。光控安石作为基金业协会已登记的基金管理人，利用自身完善的资产管理体系，为光全投资的业务开展提供租赁管理、运营管理、物业管理等全面的资产管理服务，以提升张江光大园的内在价值。2020 年 1—6 月公司营业收入 2.01 亿元，主要是光控安石作为基金平台参与投资活动的收益。2020 年 6 月末，光控安石总资产为 15.55 亿元。

2021 年 4 月，张江光大园项目正式申报至上海证券交易所，5 月正式获得中国证监会准予注册的批复；6 月 21 日，张江光大园 REIT 项目在上海证券交易所正式挂牌上市。需要补充的是，这是在国内交易所成功实现退出的私募地产基金 + REITs 模式的首单案例，即原始权益人光全投资为有限合伙形式设立的私募基金，地产基金公司光控安石为基金管理人，为光全投资提供资产管理服务；此外，基金设立后通过并购贷款、抵押借款等方式获得张江光大园基础资产的股权，并支持张江光大园的经营扩张；最后，通过发行张江光大园 REIT 产品，完成获得张江光大园项目时积累的债权的替换，以及私募地产基金光全投资的退出，形成完整的地产基金投资—运营—REITs 上市退出的路径。①

1. 资产组合

根据张江光大园 REIT 招募说明书，本次 REIT 产品入池基础设施项目为张江光大园，园区总面积为 50947.31 平方米；截至 2020 年年末，园区还有 267 个可用车位。园区总体估值 14.7 亿元，建筑面积 5.09 万平方米，用地性质为工业用地，土地使用期限为 2008 年 2 月至 2055 年 12 月，剩余年限 34 年。项目总体极为优质，出租率稳定在 99.51% 左右。如表 7.36 所示。

本项目优势在于：

第一，张江光大园位于《长江三角洲区域一体化发展规划纲要》国家重大战略区域、中国（上海）自由贸易试验区、国家级高新技术园区上海张江

① 陈剑誉．解读张江 REIT：PERE + REITs 国内首单案例［EB/OL］．［2021 - 06 - 02］．https：//www.163.com/dy/article/GBG6VL3N05158K7T.html.

表 7.36　张江光大园 REIT 底层资产

	张江光大园
地理位置	上海市浦东新区盛夏路 500 弄 1－7 号
建筑面积（平方米）	50947.31
用地性质	工业用地
剩余土地年限（年）	34
出租率（%）	99.51
资产估值（亿元）	14.7

数据来源：《华安张江光大园封闭式基础设施证券投资基金招募说明书更新（上）》。

科学城内，区域经济发达，交通便利，产业成熟，区位优势明显；后续园区也将持续获得财政、税收、技术和人才等多方面的政策支持鼓励。

第二，租户质量优异，运营状况良好。园内有众多集成电路、先进制造业、金融科技及产业服务配套等符合国家重大战略、宏观调控及产业政策、发展规划的行业优质企业入驻；且项目总体出租率在 99.5%，有良好的运营表现。

第三，原始权益人光全投资穿透股东之一为上海张江高科技园区开发股份有限公司，张江高科作为上海科创中心建设核心区的重要上市开发主体，着力打造新型产业地产运营商、面向未来高科技产业整合商和科技金融集成服务商，本身具有丰富的产业招商和物业运营管理服务经验。同时，原始权益人光控安石股东光大安石，通过逾 10 年在境内外不动产投资领域的精耕细作，已经形成了包括股权投资、结构化投融资、跨境资产管理及不动产资产证券化等在内的多条成熟产品线，建立起全方位的不动产管理体系，具有优秀的不动产投资及资产管理能力。截至 2020 年 9 月底，光大安石平台累计管理总资产规模超过 1264 亿元，在管基金规模 480 亿元，在管基础设施项目面积约 90 万平方米，成功退出超过 784 亿元、逾 118 个项目。

2. 商业运营

张江光大园 REIT 产品底层资产为产业园区，因此，项目收入主要包括园区租金收入；除此之外，还包括物业管理费收入、押金利息收入、配套收入及地下车库收入。张江光大园 REIT 收入具体构成见表 7.37。

表 7.37　张江光大园 REIT 收入具体构成

收入	具体情况
租金收入	可租赁面积 43488 平方米，已出租面积 43275 平方米，平均租金 5.19 元/平方米/天，2020 年实际合同租金单价 4.94 元
物业管理费收入	物业管理费 21.2 元/平方米·月，计算时扣除相应空置率
押金利息收入	园区押金为 3 个月租金及物业管理费，可获得利息收入，年利率按照活期存款利率 0.35% 计算
配套收入	商业配套等场地经营收入
地下车库收入	地下车库共有产权车位 199 个，起始租金 650 元/月·个，出租率为 92%

数据来源：《华安张江光大园封闭式基础设施证券投资基金招募说明书更新（上）》。

2020 年园区租金收入为 6809 万元，物业管理费收入为 925 万元，车位收入为 203 万元，其他收入为 408 万元，REIT 项目总收入为 8344 万元。

表 7.38　张江光大园 REIT 营收构成　　单位：万元

收入	2018 年	2019 年	2020 年
租金收入	6941	6034	6809
物业管理费收入	861	800	925
车位收入	134	140	203
其他收入	538	210	408
总收入	8474	7184	8344

数据来源：《华安张江光大园封闭式基础设施证券投资基金招募说明书更新（上）》。

从物业运营情况来看，2018—2020 年租金收入略有波动，主要原因是 2018 年、2019 年张江光大园基于实现产业协同、优化租户结构、提升客户品质等多重考量，对租户结构进行主动调整，通过调租换租等形式进一步引入在线新经济、集成电路等行业优质企业入驻（见表 7.39）。因此，2019 年随着张江光大园主动调租，叠加新租户免租期、新租户装修期等因素影响，2019 年租金收入与管理费都出现不同程度的下降。2020 年随着租户的稳定，出租率维持在 99.5%，租金收入与管理费收入逐渐回升。后续随着新冠肺炎疫情得到控制，国家经济复苏政策逐步入市，金融科技、集成电路、先进制造业等园区服务行业都将得到大力发展，刺激租赁市场需求，带动 REITs 项目收入增长。

表 7.39 截至 2020 年年末张江光大园租赁用途分布情况

行业领域	合同面积（平方米）	合同面积占比（%）	租赁企业
在线新经济	22401	51.77	叮咚买菜等
金融科技	13118	30.31	平安养老、微众银行等
集成电路	3583	8.28	瑞芯微电子、翰迈电子等
先进制造业	2869	6.63	林洋能源等
产业服务配套	1304	3.01	
合计	43275	100.00	

数据来源：《华安张江光大园封闭式基础设施证券投资基金招募说明书更新（上）》。

3. 交易结构

华安张江光大园封闭式基础设施证券投资基金交易结构如图 7.12 所示，通过公募基金—资产支持专项计划—项目公司—基础设施项目的结构将张江光大园资产纳入 REITs 产品。各类投资者（包括张江系公司、光大安石系公

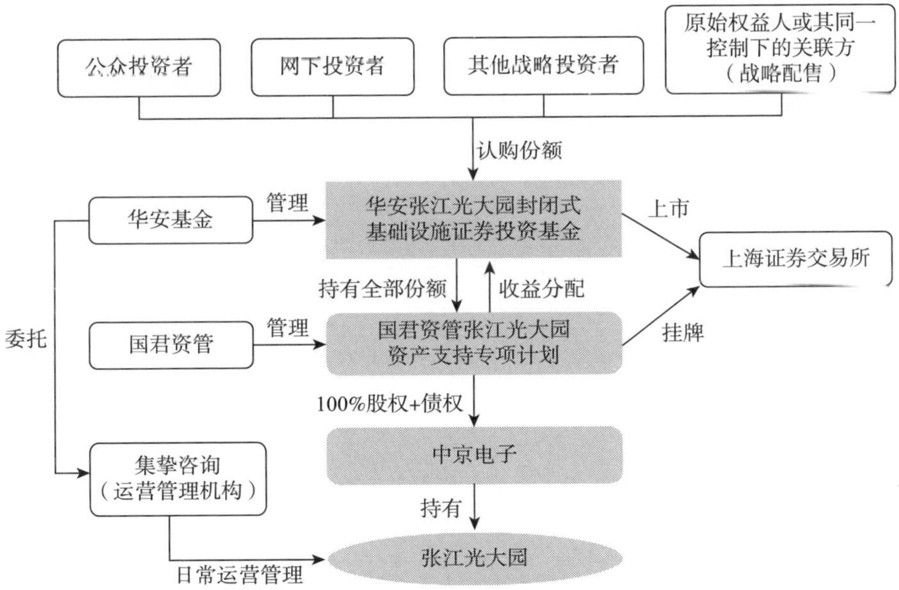

图 7.12 张江光大园 REIT 项目架构

资料来源：《华安张江光大园封闭式基础设施证券投资基金招募说明书更新（上）》。

司）认购华安张江光大园封闭式基础设施证券投资基金；基金再认购国君资管张江光大园资产支持专项计划；资产支持专项计划收购作为基础资产的项目公司中京电子全部股权，同时资产支持专项计划与项目公司签订借款合同，将剩余专项计划资金用于向项目公司发放借款；项目公司持有张江光大园。

从现金流的角度来看，如图 7.13 所示，首先，平安养老、微众银行等客户支付物业租金、物业管理费和停车费；其次，持有张江光大园的项目公司中京电子获得租金收入、管理费收入与停车费收入后，通过支付国君资管张江光大园资产支持专项计划股东分红、借款利息等将现金流分配到专项计划；最后，专项计划经过华安张江光大园封闭式基础设施证券投资基金通过分红将收益分配至基金投资人。

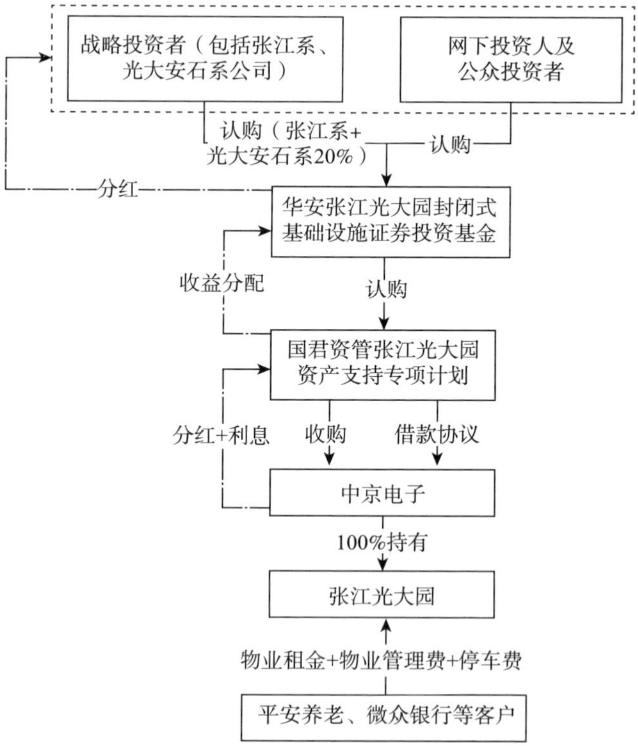

图 7.13　张江光大园 REIT 现金流分析

资料来源：作者绘制整理。

4. 财务状况

从财务的角度来看，如表 7.40 所示，张江光大园项目 2020 年营业总收入为 8244 万元，同比增长 11.53%，主要原因是 2018 年、2019 年公司主动调整租户结构，导致出租率下降，收入降低；随着 2020 年租户稳定，出租率上升至 99.51%，项目营收有所增长。2020 年净利润为 336 万元。园区经营成本主要包括折旧摊销、行政及人员支出、运营支出、营销费用等。后续随着租户的持续稳定、租金的日益提升，净利润有望保持增长。资产端，2020 年总资产为 56647 万元，以流动资产中的其他应收款和非流动资产中的投资性房地产为主，2020 年分别占总资产的 27% 和 68%。其他应收款主要是与关联公司安恬投资的往来款，用于支付安恬投资的银行借款本息。而投资性房地产主要是张江光大园物业资产以成本法计量的账面价值。负债端，2020 年总负债为 32627 万元，以非流动资产中的长期借款为主，2020 年占总负债的 80%。

表 7.40　张江光大园财务数据

	2018 年	2019 年	2020 年
营业总收入（万元）	8074	7392	8244
同比（%）		-8.45	11.53
营业利润（万元）	1743	-1568	588
同比（%）		—	—
净利润（万元）	1664	-1614	336
同比（%）		—	—
资产总计（万元）	53792	54621	56647
同比（%）		1.54	3.71
负债合计（万元）	28493	30936	32627
同比（%）		8.58	5.46
所有者权益（万元）	25299	23685	24021
同比（%）		-6.38	1.42

数据来源：《华安张江光大园封闭式基础设施证券投资基金招募说明书更新（上）》。

从估值与分红的角度来看，如表 7.41 所示，截至 2021 年 12 月 31 日，张江光大园 REIT 总市值 18.63 亿元，上市至 2021 年 12 月 31 日股价涨幅 24.58%。预计 2022 年可供分配金额 6042.28 万元，净现金流分派率 4.11%。

表 7.41　张江光大园 REIT 派息数据

产品	总市值（亿元）	上市开盘价（元）	股价（2021 年 12 月 31 日）（元）	上市涨跌幅（%）	2021 年		2022 年	
					预计年度可供分配金额（万元）	预计净现金流分派率（%）	预计年度可供分配金额（万元）	预计净现金流分派率（%）
张江光大园 REITs	18.63	2.99	3.73	24.58	6974.05	4.74	6042.28	4.11

数据来源：《华安张江光大园封闭式基础设施证券投资基金招募说明书更新（上）》。

（三）蛇口产园（180101）

蛇口产园 REIT 原始权益人为招商局蛇口工业区控股股份有限公司（以下简称招商蛇口）。招商蛇口成立于 1992 年 2 月，注册资本 79.23 亿元，第一大股东为招商局集团有限公司，持股比例为 58.14%，公司实际控制人为国务院。招商蛇口于 2015 年在深圳证券交易所上市，为招商局集团有限公司旗下城市综合开发运营板块旗舰企业，是招商局集团有限公司内唯一的地产资产整合平台及重要业务协同平台。就主营业务而言，招商蛇口主营社区开发与运营（以房地产销售业务为主）、园区开发与运营（主要包括特色产业园、大型城市综合体、商业、办公、酒店及配套等业态涉及的开发销售及运营管理业务，此外还涵盖物业管理业务）、邮轮产业建设与运营（深圳蛇口邮轮母港、厦门邮轮母港的邮轮运营、客运及港口出租业务）三大业务。业务主要集中在深圳、上海、北京等一线城市和区域中心城市，在华东及华南区域形成较强的区域竞争优势。2020 年，招商蛇口园区开发与运营、社区开发与运营和邮轮产业建设与运营分别实现收入 282.3 亿元、1012.6 亿元、1.3 亿元，占营业总收入的比重分别是 21.78%、78.12%、0.1%。2020 年，公司总资产 7371.57 亿元，其中流动资产合计 5755.26 亿元，占比 78.07%，集中于货币资金（占比 12. 11%）、其他应收款（占比 12. 78%，主要是关联方与合作方的往来款）和存货（占比 48. 94%，主要是在建开发产品与已完工开发产品）；非流动资产合计 1616. 31 亿元，占比 21. 93%，集中于长期股权投资（占比 5. 44%，主要是合联营企业的新增投资）和投资性房地产（占比 13. 2%，主要是各类物业对应的房屋建筑物及土地使用权）。2020 年 11 月，招商蛇口向深圳市南山区工业和信息化局提交了《关于恳请支持招商蛇口产业园基础设施 REITs 项目的函》，恳请该局对于招商局集团有限公司及招商蛇口拟参与基础设施 REITs 试点予以支持。2021 年 1 月，深圳市南山区工业和信息化局向招商蛇口作出了《南山区工业和信息化局关于招商蛇口产业园参与基础设施 REITs 项目情况的复函》，原则上无异议。4 月，蛇口产业园 REIT 项目正式申报至深圳证券交易所；5 月，先后获得深圳证券交易所基金上市及资产支持证券挂牌转让无异议的函和证监会准予注册的批复。2021 年 6 月 21 日，蛇口产园 REIT 在深圳证券交易所正式挂牌上市。

1. 资产组合

根据蛇口产业园 REIT 招募说明书，本次 REIT 产品入池基础设施项目包括招商蛇口运营管理的蛇口网谷产业园中最优质的万融大厦和万海大厦。两处物业合计估值 25. 28 亿元，建筑面积合计 9. 53 万平方米，均为工业用地，剩余土地年限均在 40 年，出租率分别为 84% 和 94%。如表 7. 42 所示。

表 7. 42　蛇口产业园 REIT 底层资产

	万融大厦	万海大厦	合计
地理位置	深圳市南山区蛇口网谷产业园		
建筑面积（万平方米）	4. 17	5. 36	9. 53
用地性质	工业用地		
投入运营时间	2014 年 1 月	2014 年 7 月	
剩余土地年限（年）	40		
出租率（%）（2020 年）	84. 08	94. 36	
资产估值（亿元）	10. 35	14. 93	25. 28

数据来源：《博时招商蛇口产业园封闭式基础设施证券投资基金招募说明书》。

本项目优势在于：

第一，万融大厦、万海大厦所在的深圳蛇口网谷作为科技与文化高度融合的创新创业示范基地，产业升级效果显著。蛇口网谷具备“中国（广东）自由贸易试验区”“国家自主创新示范区”“粤港澳大湾区”三区叠加的区位优势，是深圳市“十二五”产业园规划中唯一的互联网产业基地；已发展成为深圳市最具代表性和最具活力的科创类产业园区之一，是具有特殊示范和历史意义的产业园，对于盘活存量资产、促进投资良性循环、推动基础设施高质量发展、改革开放40周年再出发具有特殊示范意义。

第二，作为中国领先的城市园区综合开发运营服务商，招商蛇口园区业务获得了社会广泛认同与高度评价。招商蛇口在全国范围内已拥有的优质园区资产储备规模近193万平方米，市场价值近500亿元，并注重资产的持续培育与新资源的持续获取。招商蛇口在初始搭建基础设施REITs平台后，一方面拟将回收资金投向招商局智慧城和高新网谷等在建产业园基础设施项目，从而实现良性循环投资机制，以此助力招商蛇口的园区产业可持续健康发展；另一方面拟将招商蛇口旗下的其他优质产业园区资产在合适的时机注入基础设施REITs平台，从而进一步盘活存量资产，促进企业以及地区基础设施领域投资的良性循环。

2. 商业运营

蛇口产业园REIT产品底层资产为2栋大厦，因此项目收入主要包括大厦办公物业的租赁收入（2020年占总营业收入的87.64%），其他收入还包括物业管理费、车位收入、广告收入等基础设施管理服务收入。2020年万融大厦营业收入为4914万元，万海大厦营业收入为6579万元，REIT项目总收入为11493万元（见表7.43）。

表 7.43　蛇口产业园 REIT 营业收入构成　　单位：万元

		2018 年	2019 年	2020 年
万融大厦	租赁业务收入	4431	4284	4198
	物业管理费收入	486	432	552
	车位管理费收入	135	156	164
	合计收入	5052	4872	4914
万海大厦	租赁业务收入	7436	7473	5874
	物业管理费收入	681	642	554
	车位管理费收入	158	195	152
	合计收入	8275	8310	6579
合计	租赁业务收入	11868	11758	10072
	物业管理费收入	1167	1074	1106
	车位管理费收入	293	351	315
	合计收入	13328	13182	11493

数据来源：《博时招商蛇口产业园封闭式基础设施证券投资基金招募说明书》。

从物业运营情况看（见表 7.44），2020 年受新冠肺炎疫情影响，项目对受新冠肺炎疫情影响的小微企业和个体工商户实行不超过 3 个月租金减免政策，使得项目租赁业务收入出现了不同程度的下降，剔除减免租金影响因素，2020 年度营业收入、营业利润与 2018 年、2019 年保持平稳，收入及利润较为稳定。后续随着新冠肺炎疫情得到控制、租金减免政策取消、出租率稳步回升，REIT 项目收入有望持续增长。

表 7.44　蛇口产业园 REIT 运营信息

物业	建筑面积（万平方米）	出租率（2020 年）（%）	平均月租金（元/平方米·月）	平均租赁期限（年）	主要租赁客户
万融大厦	4.17	84.08	127.92	1.98	新一代信息技术产业、文化创意产业、传统产业、电子商务服务等行业企业
万海大厦	5.36	94.36	145.74	2.46	

数据来源：《博时招商蛇口产业园封闭式基础设施证券投资基金招募说明书》。

3. 交易结构

博时招商蛇口产业园封闭式基础设施证券投资基金交易结构如图 7.14 所示，通过公募基金—资产支持专项计划—项目公司—基础设施项目的结构将万融大厦、万海大厦两处物业资产纳入 REITs 产品中。各类投资者（包括招商蛇口）认购博时招商蛇口产业园封闭式基础设施证券投资基金；基金再认购招商蛇口博时产业园基础设施 1 期资产支持专项计划；资产支持专项计划收购作为基础资产的项目公司万融公司和万海公司的全部股权，同时作为项目公司的债权人，与项目公司签订借款合同，完成项目公司股债结构的搭建；万融公司和万海公司作为项目公司分别持有两栋物业资产。

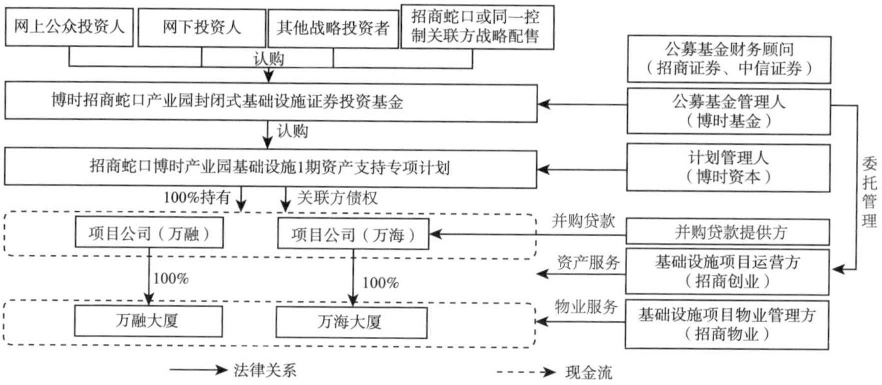

图 7.14　蛇口产业园 REIT 项目架构

资料来源：《博时招商蛇口产业园封闭式基础设施证券投资基金招募说明书》。

从现金流的角度来看，如图 7.15 所示，首先，客户向大厦支付物业租金、物业管理费和停车费；其次，持有物业的项目公司万融公司和万海公司获得租金收入、管理费收入与停车费收入后，通过支付资产支持专项计划股东分红、借款利息等将现金流分配到专项计划；最后，专项计划经过博时招商蛇口产业园封闭式基础设施证券投资基金通过分红将收益分配至基金投资人。

4. 财务状况

从财务的角度来看，如表 7.45 和表 7.46 所示，万融公司 2020 年总收入为 4914 万元，同比上升 0.86%；万海公司 2020 年总收入为 6579.37 万元，同

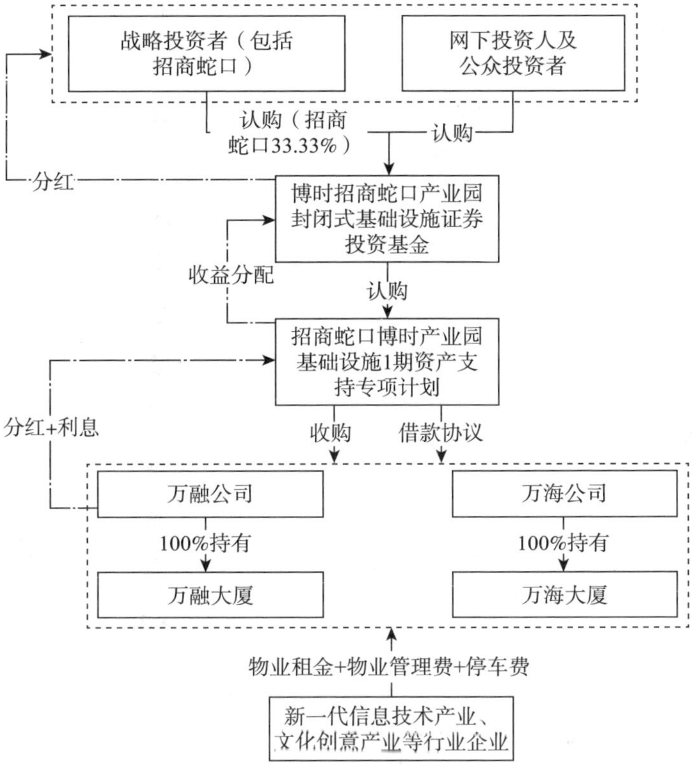

图 7.15　蛇口产业园 REIT 现金流分析

资料来源：作者绘制整理。

比下降 20.83%；主要原因均是受新冠肺炎疫情、减租政策影响，收入的上升幅度不大，甚至有一定下降。后续随着新冠肺炎疫情减轻、减免政策取消、出租率稳步回升以及特色产业集聚带来的租金提升，营业总收入有望继续提升。园区运营成本变化不大，以投资性房地产的折旧摊销费和根据物业管理协议支付予第三方的物业管理费为主，二者占营业成本比重超过 85%。资产端，2020 年万融公司、万海公司总资产分别为 2.2 亿元和 2.6 亿元，均以非流动资产中的投资性房地产为主，2020 年在两个公司分别占到总资产的 93% 和 88%，主要是以成本法核算的基础设施项目资产。负债端，2020 年万融公司、万海公司总负债分别为 1299.51 万元和 2199.56 万元，均以流动负债中的其他应付款为主，2020 年在两个公司分别占到总负债的 76.31% 和 77.62%，主要是押金及保证金、关联方往来款和预提费用。2018—2019 年，两家公司总负债均出现大幅下降，主要原因是银行借款到期。

表 7.45　蛇口产业园 REIT 财务数据（万融公司）

	2018 年	2019 年	2020 年
营业总收入（万元）	5052.46	4872.18	4914.00
同比（%）		-3.57	0.86
营业利润（万元）	2438.38	2735.72	2873.26
同比（%）		12.19	5.03
净利润（万元）	1903.61	2117.22	2208.91
同比（%）		11.22	4.33
资产总计（万元）	22717.06	21671.85	22236.84
同比（%）		-4.6	2.61
负债合计（万元）	12108.68	1108.52	1299.51
同比（%）		-90.85	17.23
所有者权益（万元）	10608.38	20563.33	20937.33
同比（%）		93.84	1.82

数据来源：《博时招商蛇口产业园封闭式基础设施证券投资基金招募说明书》。

表 7.46　蛇口产业园 REIT 财务数据（万海公司）

	2018 年	2019 年	2020 年
营业总收入（万元）	8275.08	8310.09	6579.37
同比（%）		0.42	-20.83
营业利润（万元）	5486.38	5776.26	4154.68
同比（%）		5.28	-28.07
净利润（万元）	4233.81	4418.87	3143.75
同比（%）		4.37	-28.86
资产总计（万元）	25963.17	24924.61	26275.25
同比（%）		-4	5.42
负债合计（万元）	5900.56	1472.90	2199.56
同比（%）		-75.04	49.34
所有者权益（万元）	20062.62	23451.71	24075.69
同比（%）		16.89	2.66

数据来源：《博时招商蛇口产业园封闭式基础设施证券投资基金招募说明书》。

从估值与分红的角度来看，如表 7.47 所示，截至 2021 年 12 月 31 日，蛇口产业园 REIT 总市值 24.94 亿元，上市至 2021 年 12 月 31 日股价涨幅 19.96%。预计 2022 年可供分配金额 9267.20 万元，净现金流分派率 4.16%。

表 7.47　蛇口产业园 REIT 派息数据

产品	总市值（亿元）	上市开盘价（元）	股价（2021 年 12 月 31 日）（元）	上市涨跌幅（%）	2021 年		2022 年	
					预计年度可供分配金额（万元）	预计净现金流分派率（%）	预计年度可供分配金额（万元）	预计净现金流分派率（%）
蛇口产园 REIT	24.94	2.31	2.77	19.96	9134.57	4.10	9267.20	4.16

数据来源：《博时招商蛇口产业园封闭式基础设施证券投资基金招募说明书》。

（四）建信中关村（508099）

建信中关村 REIT 项目原始权益人为中关村发展集团股份有限公司（以下简称中发展集团）。中发展集团成立于 2010 年 3 月，注册资本 230.2 亿元，第一大股东为北京中关村发展投资中心，持股比例为 55.394%，公司实际控制人为中关村科技园区管理委员会。2010 年，设立中发展集团是加快推进中关村国家自主创新示范区建设的重要举措之一。集团设立后，汇聚创新资源、构筑创新生态，逐步探索形成具有自身特色的创新生态集成服务模式；并围绕园区、投资、金融、专业服务等领域，打造了以中关村社区、中关村资本、中关村金服、中关村科服为核心品牌的主营业务体系。中发展集团业务板块主要包括科技园区开发及建设、房产销售、租赁及物业、科技金融、其他（包括劳务服务、工程施工等）。2020 年，科技园区开发及建设、租赁及物业、工程施工及其他分别实现收入 35.88 亿元、23.56 亿元和 22.29 亿元，占营业总收入的比重分别为 29.58%、19.42% 和 18.38%，是公司营业收入的最主要来源。2020 年，中发展集团总资产 1380 亿元，其中流动资产合计 924.8 亿元，占比 67%，集中于货币资金（占比 16%）和存货（占比 36%，主要是公司进行园区土地一级开发形成的综合开发成本）；非流动资产合计455.3亿元，占比33%，集中于可供出售金融资产（占比8%，主要是可供出售权益工具）、长期股权投资（占比6.5%，主要是对合营及联营企业的投资）和投资性房地产（占比7.8%，主要是下属子公司于各个园区内的自持租赁载体，为发行人提供园区租赁和物业管理相关现金流入）。为盘活存量自持园区物业，2021年9月，中发展集团与建设银行北京分行、建信基金、中信证券等就未来城市基础设施新型投融资模式签署战略合作协议，推出中关村发展集团基础设施公募REITs；2021年10月，上交所正式受理；2021年11月，建信中关村REIT通过审核；2021年12月17日，建信中关村REIT在上海证券交易所正式挂牌上市。

1. 资产组合

根据建信中关村REIT招募说明书，本次REIT产品入池基础设施项目包括中发展集团子公司北京中关村软件园发展有限责任公司所持有的三处物业，分别是中国国际服务外包新市场交易中心（以下简称互创中心5号楼）、中关村软件园国际交流与技术转移中心（以下简称协同中心4号楼）、中关村软件园孵化加速研发楼（以下简称孵化加速器）。三处物业合计估值30.73亿元（见表7.48），建筑面积合计16.68万平方米，均为教育科研设计用地，剩余土地年限在42～43年，且出租率均在95%以上。

表7.48 建信中关村REIT底层资产

	互创中心5号楼	协同中心4号楼	孵化加速器	合计
地理位置	北京市海淀区西北旺东路10号院	北京市海淀区西北旺东路10号院	北京市海淀区东北旺西路8号院23号楼	
建筑面积（万平方米）	8.22	3.18	5.28	16.68
用地性质	教育科研设计用地			
投入运营时间	2016年1月	2018年9月	2015年4月	
剩余土地年限（年）	42.64	43.41	42.52	
出租率(2020年)(%)	95.26	100	99.92	
资产估值（亿元）	15.48	7.12	8.13	30.73

数据来源：《建信中关村产业园封闭式基础设施证券投资基金招募说明书》。

本项目优势在于，第一，属于北京核心一线城市的优质科技园项目，位于上地科技园区，西二旗附近，地理位置优越。第二，区域发展成熟，配套齐全，且交通便利，紧邻京新高速和京藏高速，周边地铁 16 号线和 13 号线贯通。第三，拥有稳定良好的运营表现，三处物业出租率均在 95% 以上。第四，租户质量优异，包括度小满金融、快手、科大讯飞等境内外上市公司及独角兽企业。第五，发起人中发展集团作为园区行业龙头，已参与园区开发建设投资额超过 1000 亿元，且对外租赁面积达 80 万平方米，扩募储备充足。运营方中关村软件园公司也拥有全面的服务能力，拥有超过 20 年的园区运营经验，产业及运营团队超过 400 人，物业管理规模逾 40 万平方米。

2. 商业运营

建信中关村 REIT 产品底层资产为三处物业，因此项目收入主要包括三处物业的租金收入和停车场收入（主要是物业附属的停车位租金收入）。如表 7.49 所示。2020 年物业租金收入合计 19940 万元，停车场收入合计 164 万元，REIT 项目总收入达 20105 万元。

表 7.49　建信中关村 REIT 营业收入构成　　单位：万元

收入	2018 年	2019 年	2020 年
物业租金收入	17368	21168	19940
停车场收入	201	273	164
总收入	17568	21441	20105

数据来源：《建信中关村产业园封闭式基础设施证券投资基金招募说明书》。

从物业运营情况看（见表 7.50），2020 年尽管受新冠肺炎疫情影响，三处物业均实行了租金减免政策，使得租金收入有所下降，经营性净现金流同比降低，但后续随着租金减免政策的取消以及持续良好的出租情况（三处物业出租率在 95% 以上，且租户质量优质，租赁合同平均期限 2.95 年），运营收入将稳定在 2.1 亿元以上，且随着北京政策对数字经济发展的推动，软件及互联网行业的持续发展，租金有望缓步提升，带动 REITs 项目收入增长。

表 7.50　建信中关村 REIT 运营情况

物业	建筑面积（万平方米）	出租率（2020 年）（%）	平均月租金（元/平方米·月）	平均租赁期限（年）	主要租赁客户
互创中心 5 号楼	8.22	95.26	163.16	3.21	科大讯飞、能科股份、树根互联、国盾量子、思路创新等
协同中心 4 号楼	3.18	100	173.45	3.22	度小满金融
孵化加速器	5.28	99.92	165.06	2.43	北京达佳互联信息技术有限公司、中国工商银行股份有限公司等

数据来源：《建信中关村产业园封闭式基础设施证券投资基金招募说明书》。

3. 交易结构

建信中关村产业园封闭式基础设施证券投资基金交易结构如图 7.16 所示。

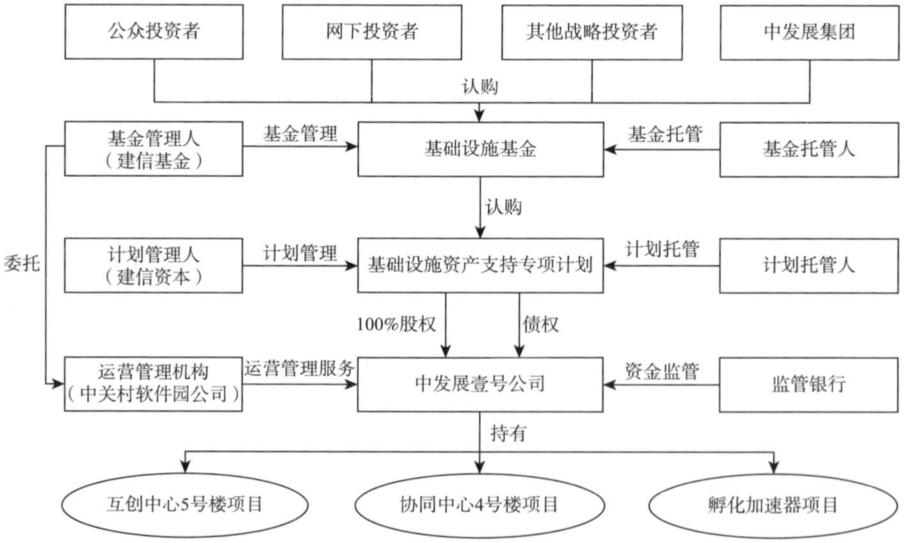

图 7.16　建信中关村 REIT 项目架构

资料来源：《建信中关村产业园封闭式基础设施证券投资基金招募说明书》。

通过公募基金—资产支持专项计划—项目公司—基础设施项目的结构将中关村软件园三处物业资产纳入 REITs 产品。各类投资者（包括中发展集团）认购建信中关村产业园封闭式基础设施证券投资基金；基金再认购建信中关村产业园资产支持专项计划；资产支持专项计划收购作为基础资产的项目公司中发展壹号公司全部股权，同时资产支持专项计划与项目公司签订借款合同，将剩余专项计划资金用于向项目公司发放借款；项目公司中发展壹号公司持有三处物业资产。

从现金流的角度来看，如图 7. 17 所示，首先，科大讯飞、度小满金融等客户支付物业租金和停车费；其次，持有物业的项目公司中发展壹号公司获得

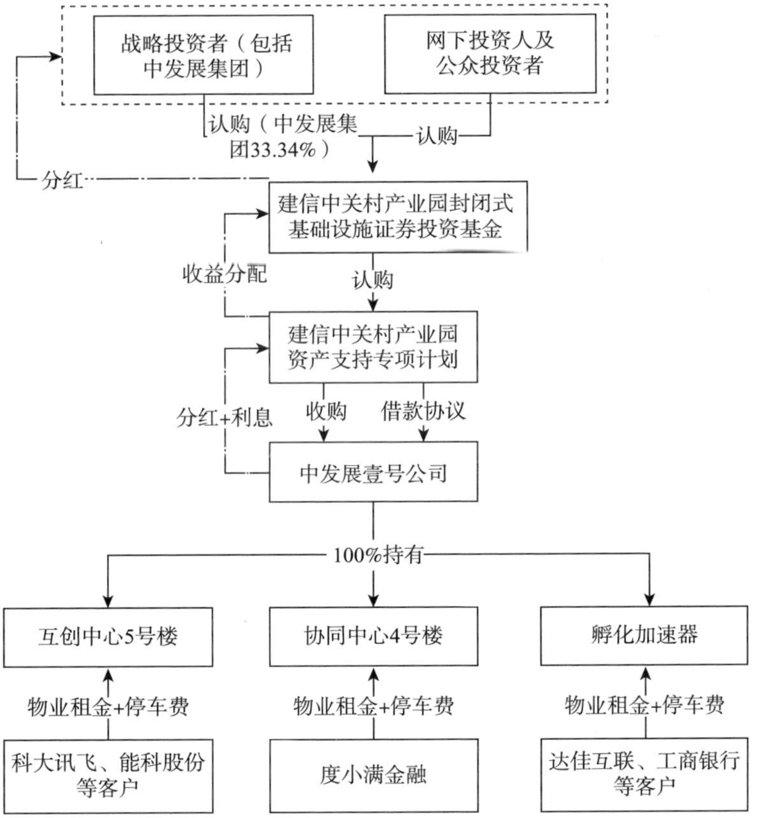

图 7. 17　建信中关村 REIT 现金流分析

租金收入与停车费收入后，通过支付建信中关村产业园资产支持专项计划股东分红、借款利息等将现金流分配到专项计划；最后，专项计划经过建信中关村产业园基础设施证券投资基金通过分红将收益分配至基金投资人。

4. 财务状况

从财务的角度来看，如表 7.51 所示，建信中关村项目 2020 年营业总收入为 2.02 亿元，因新冠肺炎疫情、减免租金等因素，收入较 2019 年同期有小幅下降。后续随着疫情减免政策取消、租金提升，营业总收入有望继续提升。2020 年净利润为 5881 万元，同比下降 12.5%。园区营业成本变化不大，以折旧摊销、员工薪酬为主，后续随着新冠肺炎疫情影响的减轻、租金减免政策取消以及数字经济的发展，净利润有望与营业收入保持同步增长。资产端，2020 年总资产为 12.26 亿元，以非流动资产中的投资性房地产为主，2020 年占总资产的 98.92%，近几年总资产规模有所下降主要是投资性房地产折旧所致。

表 7.51　建信中关村 REIT 财务数据

	2018 年	2019 年	2020 年
营业总收入（元）	175681316	214410904	202409141
同比（%）		22.05	-5.60
营业利润（元）	50502451	87481897	74801458
同比（%）		73.22	-14.49
净利润（元）	38151012	67217512	58806950
同比（%）		76.19	-12.51
资产总计（元）	1280435966	1242085574	1225787300
同比（%）		-3.00	-1.31
负债合计（元）	980816116	904667812	804222665
同比（%）		-7.76	-11.10
所有者权益（元）	299619850	337417762	421564636
同比（%）		12.62	24.94

数据来源：《建信中关村产业园封闭式基础设施证券投资基金招募说明书》。

从估值与分红的角度来看，如表 7.52 所示，截至 2021 年 12 月 31 日，建信中关村 REIT 总市值 40. 03 亿元，上市至 2021 年 12 月 31 日股价涨幅 39%。预计 2022 年可供分配金额 1. 25 亿元，净现金流分派率 4. 78%。

表 7. 52　建信中关村 REIT 派息数据

产品	总市值（亿元）	上市开盘价（元）	股价（2021 年 12 月 31 日）（元）	上市涨跌幅（%）	2021 年		2022 年	
					预计年度可供分配金额（亿元）	预计净现金流分派率（%）	预计年度可供分配金额（亿元）	预计净现金流分派率（%）
建信中关村 REIT	40. 03	3. 2	4. 45	39. 00	0. 31	4. 62	1. 25	4. 78

数据来源：《建信中关村产业园封闭式基础设施证券投资基金招募说明书》。

五、公用事业类

（一）首创水务（508006）

首创水务 REIT 项目原始权益人为北京首创生态环保集团股份有限公司（以下简称首创环保）。首创环保成立于 1999 年，注册资本 3. 4 亿元，2000 年在上交所挂牌上市，第一大股东为北京首都创业集团有限公司，持股比例为 46. 37%，公司实际控制人为北京市国资委。作为北京首都创业集团旗下国有控股环保旗舰企业，首创环保业务主要涵盖城镇水务、水环境综合治理、固体废物处理和绿色资源管理。2019 年首创环保总资产 798. 72 亿元，其中以污水处理特许经营权、自来水经营权、快速路经营权、垃圾处理特许经营权等各类基础设施项目特许经营权为主的无形资产合计 269. 36 亿元，占总资产的 33. 72%；以建设中 PPP 项目为主的在建工程合计 201. 55 亿元，占总资产的 25. 23%；以房屋建筑物、管网、机器设备为主的固定资产合计 58. 19 亿元，占总资产的 7. 29%；以 PPP 金融资产为主的长期应收款合计 56. 59 亿元，占总资产的 7. 09%。以上四项合计占总资产的 73. 3%，是首创环保最主要的资产项。因此，首创环保的主要资产是无形资产、在建工程、固定资产、长期应收款为主的非流动资产，此部分非流动资产涉及的项目沉淀了首创环保大量的资金与债务；同时，以PPP、BOT模式为主的项目建设运营期限普遍较长，回款周期长，使得首创环保整体资产偏重，流动性不强。首创环保出于盘活存量资产、降低负债率、提升企业现金流等目的积极申报REITs试点，于2020年8月正式发布《关于开展基础设施公募REITs申报发行工作的公告》。2021年4月，首创水务REIT项目正式申报至上海证券交易所；5月先后获得上海证券交易所基金上市及资产支持证券挂牌转让无异议的函、证监会准予注册的批复。6月21日，首创水务REIT在上海证券交易所正式挂牌上市，成为首批试点公募REITs中唯一以污水处理基础设施为基础资产且囊括PPP模式的产品，得到市场的广泛认可。

1. 资产组合

根据首创水务REIT招募说明书，本次REIT产品入池基础设施项目包括首创环保深圳项目和合肥项目。深圳项目为BOT模式的特许经营项目，由首创环保独资设立的深圳首创水务负责投资建设，包含福永污水处理厂、松岗污水处理厂、公明污水处理厂的特许经营权。合肥项目为TOT+BOT模式的PPP项目，由首创环保独资设立的合肥十五里河首创水务负责投资建设，项目共分四期，其中一至三期为TOT模式承接存量项目，四期为新建项目，由合肥首创投资建设，首创环保通过全资持股合肥首创享有合肥项目完全的特许经营权。如表7.53所示。

表7.53 首创水务REIT底层资产

底层资产	地点	污水处理设计规模	出水水质标准
福永污水处理厂	深圳市	12.5万吨/天	一级A
松岗污水处理厂	深圳市	15万吨/天	一级A
公明污水处理厂	深圳市	10万吨/天	一级A
合肥市十五里河污水处理厂	合肥市	一期设计规模5万吨/天，二期设计规模5万吨/天，三期设计规模10万吨/天，四期设计规模10万吨/天，合计30万吨/天	一级A

数据来源：《富国首创水务封闭式基础设施证券投资基金招募说明书（更新）（2021年第1号）》。

从付费方式看，尽管本项目回报机制是政府付费，但按照穿透原则，污水处理项目实质是使用者支付费用，满足发行要求。从投资回报保障看，深圳、合肥两地 4 个项目都与政府签署了《特许经营协议》等合同，从合约层面确定了项目公司获取合理服务费用与合理盈利的权利；同时，合同中设置了“基本污水处理量”条款，即实际处理达标的水量低于基本水量时，项目公司有权按照运营年度对应的基本水量收取污水处理费，保障最低收益，且对于污水处理服务费设定了调价机制，即根据电费、人工费、化学药剂费、通货膨胀等因素对污水处理服务费每 3 年进行复核测算，若变动幅度达到 5%以上可申请调整污水处理服务费。因此，在稳定运行的情况下投资回报持续稳定且良好，来源合理分散，满足发行要求。

2. 商业运营

首创水务 REIT 产品底层资产为 4 个污水处理厂项目，因此其主营业务为污水处理（见表 7.54），尽管合肥项目还包括少量中水收入和污泥处理收入，但总体而言以污水处理业务为主，主要收入来源为污水处理基础设施项目形成的污水处理费收入。

表 7.54　首创水务 REIT 营业收入构成　　单位：元

项目		2018 年	2019 年	2020 年
深圳首创	污水处理	93716068	117025556	172337571
	渗滤液处理	2596145	3274757	3673355
合肥首创	污水处理	11855469	76906813	85564102
	中水收入	160518	2061536	2003922
	污泥处理			8721077
总收入		108328199	199268661	272300027

数据来源：《富国首创水务封闭式基础设施证券投资基金招募说明书（更新）（2021 年第 1 号）》。

从污水处理厂运营情况看（见表 7.55），深圳项目的污水处理结算量 2018—2020 年保持稳定增长，随着福永水厂、松岗水厂和公明水厂于 2019—2020 年陆续完成提标改造工程，污水处理服务费单价亦实现大幅增长；污水处理服务费的回收率均达到 100%。同时，合肥项目的污水处理结算量

2019—2020年保持稳定增长，污水处理服务费单价保持不变，污水处理服务费的回收率达到100%。深圳项目2020年年底实际结算水量已达设计产能的100%。但后续随着合肥项目第四期于2020年8月稳步投入运营，以及合肥滨湖新区发展、入驻人口不断增加，合肥项目整体污水处理规模还会稳步增长，带动REITs项目收入提升。

表7.55　首创水务REITs项目运营情况

项目			2018年	2019年	2020年
深圳项目	福永水厂	污水处理结算量（万吨）	4451	4589	4699
		污水处理服务费含税单价（元/吨）	0.779	0.779	0.779～1.3713
		污水处理服务费回收率（%）	100	100	100
	松岗水厂	污水处理结算量（万吨）	5339	5449	5804
		污水处理服务费含税单价（元/吨）	0.791	0.791～1.3267	1.3267
		污水处理服务费回收率（%）	100	100	100
	公明水厂	污水处理结算量（万吨）	3361	3655	3855
		污水处理服务费含税单价（元/吨）	0.962	0.962～1.5068	1.5068
		污水处理服务费回收率（%）	100	100	100
合肥项目		污水处理结算量（万吨）	1091	6917	7324
		污水处理服务费含税单价（元/吨）	1.26	1.26	1.26
		污水处理服务费回收率（%）	100	100	100

数据来源：《富国首创水务封闭式基础设施证券投资基金招募说明书（更新）（2021年第1号）》。

3. 交易结构

首创环保作为A股首家以绿色PPP项目为底层资产之一发行基础设施REITs项目的上市公司，通过公募基金—资产支持专项计划—项目公司—基础设施项目的结构将绿色PPP资产纳入REITs产品。战略投资者（包括首创股份）以及公众投资者认购富国首创水务封闭式基础设施证券投资基金；基金再认购富国首创水务一号基础设施资产支持专项计划；资产支持专项计划收购作为基础资产的项目公司全部股权，同时根据《股东借款协议》，专项计划还将把专项资金划付项目公司，用于向项目公司提供借款；项目公司持有合肥、深圳污水处理项目。如图7.18所示。

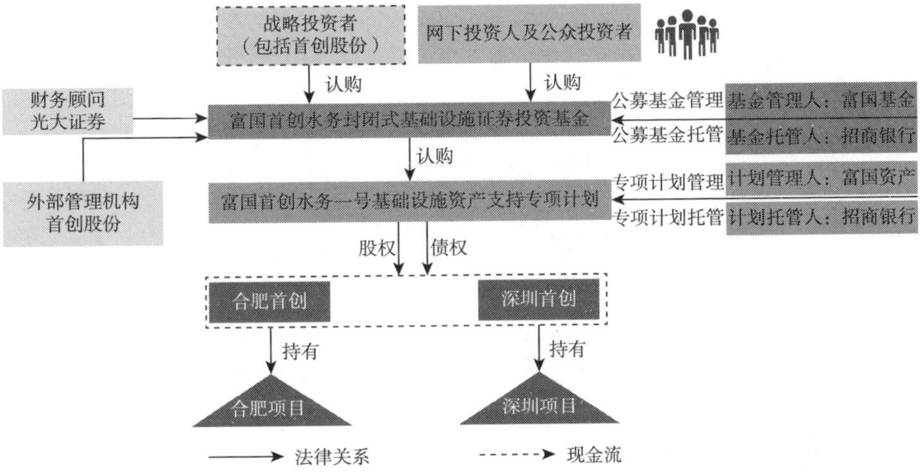

图 7.18　首创水务 REIT 项目架构

资料来源：《富国首创水务封闭式基础设施证券投资基金招募说明书（更新）（2021 年第 1 号）》。

从现金流的角度来看，如图 7.19 所示，首先，居民、企业等缴纳污水处理费；其次，使用者缴纳的污水处理费属于政府非税收入，全额上缴地方国库，纳入地方政府性基金预算管理，专款专用，财政局用此预算资金支付给污水处理厂污水处理服务费；再次，持有污水处理厂的 BOT 项目公司、PPP 项目公司获得政府支付的污水处理服务费后，通过支付首创水务基础设施资产支持专项计划股东分红、借款利息等将现金流分配到专项计划；最后，专项计划经过首创水务基础设施证券投资基金将分红分配至基金投资人。

4. 财务状况

从财务的角度来看，如表 7.56 所示，首创水务 REIT 营业总收入保持增长势头，2020 年营业收入近 3.7 亿元，同比增长 32.47%，后续随着合肥项目第四期的投产运营、新区人口持续流入带来污水处理规模与产能利用率的提升，营业收入有望保持一定的增长势头。2020 年净利润接近 4636 万元，同比增长 38.11%。资产端，首创水务 REIT 总资产也在增长，2020 年总资产将近 19.2 亿元，同比增长 7.80%。首创水务 REIT 以污水处理为主业，持有污水处理特许经营权，因此资产以无形资产——特许经营权为主，2020 年占总资产比重为 89%。随着深圳项目提标改造工程竣工结转无形资产、合肥项目陆

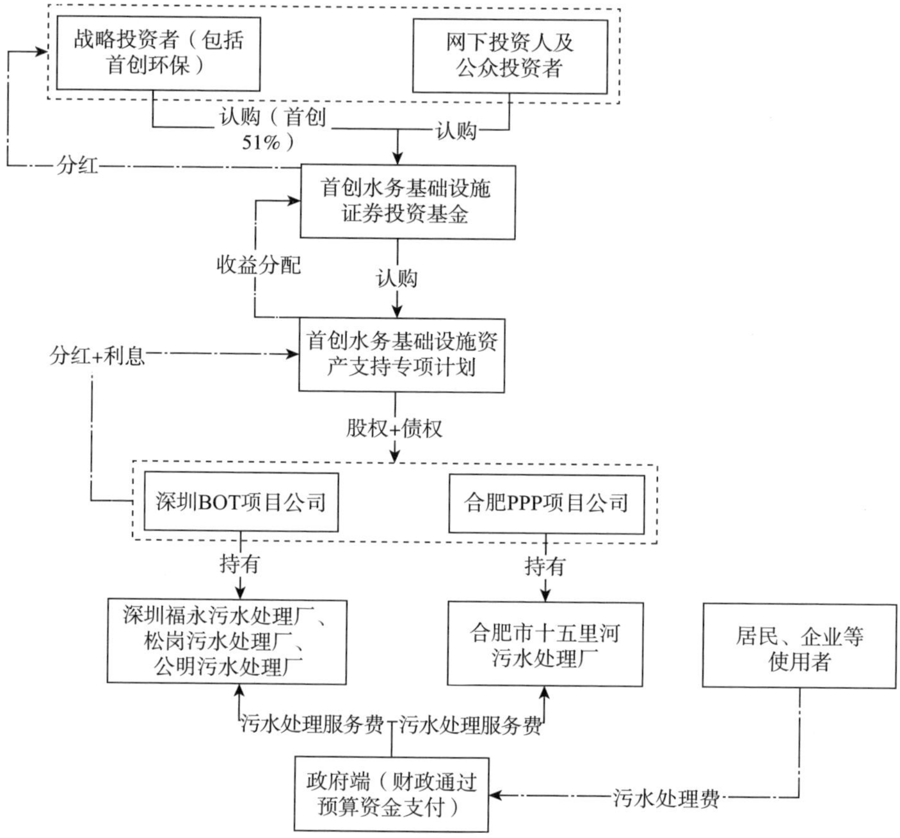

图 7.19　首创水务 REIT 现金流分析

续进入商业运营结转无形资产，无形资产规模提升带动总资产增长。

表 7.56　首创水务 REIT 主要财务数据

	2018 年	2019 年	2020 年
营业总收入（元）	108328199	278237010	368589127
同比（%）		156.85	32.47
营业利润（元）	14847291	42097899	62041035
同比（%）		183.54	47.37
净利润（元）	11807562	33566552	46357684
同比（%）		184.28	38.11

续表

	2018 年	2019 年	2020 年
资产总计（元）	1319144878	1782468416	1921452711
同比（%）		35. 12	7. 80
负债合计（元）	695672041	1143439178	1153057751
同比（%）		64. 36	0. 84
所有者权益（元）	623472837	639029238	768394960
同比（%）		2. 50	20. 24

数据来源：《富国首创水务封闭式基础设施证券投资基金招募说明书（更新）（2021 年第 1 号）》。

从估值与分红的角度来看，如表 7. 57 所示，截至 2021 年 12 月 31 日，首创水务 REIT 总市值 27. 07 亿元；且由于首创水务 REIT 资产优质，具有稳定的现金流，自身也属于国家支持的环保领域，受到各类投资者青睐，上市至 2021 年 12 月 31 日，股价涨幅 46. 30%。预计 2022 年可供分配金额 1. 68 亿元，净现金流分派率 9. 15%。

表 7. 57　首创水务 REIT 估值与派息数据

产品	总市值（亿元）	上市开盘价（元）	股价（2021 年 12 月 31 日）（元）	上市涨跌幅（%）	2021 年		2022 年	
					预计年度可供分配金额（亿元）	预计净现金流分派率（%）	预计年度可供分配金额（亿元）	预计净现金流分派率（%）
首创水务 REIT	27. 07	3. 70	5. 41	46. 30	1. 60	8. 74	1. 68	9. 15

数据来源：《富国首创水务封闭式基础设施证券投资基金招募说明书（更新）（2021 年第 1 号）》。

（二）首钢绿能（180801）

首钢绿能 REIT 项目原始权益人为首钢环境产业有限公司（以下简称首钢环境）。首钢环境成立于 2014 年 1 月，注册资本 1. 605 亿元，单一大股东为首钢集团有限公司，公司实际控制人为北京市人民政府国有资产监督管理委员会。首钢环境作为首钢集团全资子公司，是首钢发展新产业、打造城市综合服务商的重要平台，致力于为用户提供全循环、全流程、全功能的定制化城市固体废物解决方案。首钢环境目前已形成“3+2”的产业发展模式，即生活垃圾综合处理、城市固体废物资源化处置、工业污染场地土壤治理及生态修复三个主营业务，环保工程建设、环境监测服务两个支撑平台。2020年，首钢环境总资产34.14亿元，其中流动资产合计10.58亿元，占比31%，主要集中于货币资金（占比13%）和应收账款（占比10%，推测为应收工程款）；非流动资产合计23.56亿元，占比69%，主要集中于固定资产（占比56%）。2021年4月，首钢绿能REIT项目正式申报至深圳证券交易所；5月先后获得深圳证券交易所基金上市及资产支持证券挂牌转让无异议的函和证监会准予注册的批复。6月21日，首钢绿能REIT在深圳证券交易所正式挂牌上市，是全国首个以固体废物处理资产成功发行公募REITs的项目，上市后受到投资者青睐。

1. 资产组合

根据首钢绿能REIT招募说明书，本次REIT产品入池基础设施项目为首钢鲁家山生物质能源项目，具体包括生物质能源项目、残渣暂存场项目、餐厨项目。其中生物质能源项目总建筑面积69933平方米，日焚烧生活垃圾3000吨，根据《北京首钢生物质能源项目垃圾处理服务协议》，垃圾处理服务自2014年1月起共28年，即2042年1月到期。餐厨项目总建筑面积6044平方米，餐厨垃圾设计处理能力100吨/天。残渣暂存场项目总建筑面积160平方米，总库容128万立方米，设计残渣填埋能力700吨/天、渗沥液处理能力35吨/天。项目资产总估值为94386万元（见表7.58）。

2. 商业运营

首钢绿能REIT产品底层资产为首钢鲁家山生物质能源项目，具体包括生物质能源项目、残渣暂存场项目、餐厨项目，因此项目收入主要包括垃圾处理服务费和发电收入及餐厨垃圾收运、处置费。从垃圾处理费方面而言，项目公司已与北京市城市管理委员会签署《垃圾处理服务协议》，约定垃圾处理服务期为2014年1月1日起共28年，垃圾处理服务费价格暂定为173元/吨，

表 7.58　首钢绿能 REITs 底层资产

<table>
<tr><th>项目</th><th>建筑面积（平方米）</th><th>处理能力</th><th>开始运营时间</th><th>结束运营时间</th><th>资产估值（万元）</th></tr>
<tr><td>生物质能源项目</td><td>69933</td><td>日焚烧生活垃圾3000吨</td><td>2014 年 1 月</td><td>2042 年 1 月</td><td rowspan="3">94386</td></tr>
<tr><td>餐厨项目</td><td>6044</td><td>餐厨垃圾设计处理能力 100 吨/天</td><td colspan="2" rowspan="2">不适用</td></tr>
<tr><td>残渣暂存场</td><td>160</td><td>设计残渣填埋能力 700 吨/天、渗沥液处理能力 35 吨/天</td></tr>
</table>

数据来源：《中航首钢生物质封闭式基础设施证券投资基金更新的招募说明书（2021 年第 1 号）》。

每 3 年调整一次。需要补充的是，尽管是由北京市城管委根据《垃圾处理服务协议》支付垃圾处理服务费，但首先是产生城市生活垃圾的单位和个人按照政府确定的生活垃圾处理费收费标准和有关规定缴纳城市生活垃圾处理费；其次，政府方将城市生活垃圾处理费进行收支两条线管理，城市生活垃圾处理费专项用于城市生活垃圾收集、运输和处置；再次，政府方代表北京市城管委支付项目公司垃圾处理服务费。因此，项目公司取得的垃圾处理服务费系根据《垃圾处理服务协议》真实合法地为产生城市垃圾的单位与个人提供垃圾处理服务而产生，为使用者支付费用。从发电收入方面而言，项目公司已与国网北京市电力公司签署《常规电源并网调度协议（水电、火电、燃气）》与《购售电合同》，将垃圾焚烧发电售予北京市电力公司获得发电收入。结算电价为经价格主管部门批准或确认的当地脱硫脱硝除尘燃煤机组标杆上网电价：0.3598 元/千瓦时，垃圾焚烧上网电价高出本市脱硫燃煤机组标杆上网电价的部分实行两级分摊，其中电网企业负担每千瓦时 0.1 元，其余部分随可再生能源电价附加结算。需要补充的是，本项目已纳入可再生能源电价附加资金补助目录，可按电量享受电价附加资金补助。从餐厨项目收入方面而言，2020 年，项目公司已与首钢生态签署《北京首钢生物质能源科技有限公司餐厨垃圾收运处一体化项目资产租赁协议》，由项目公司将餐厨项目租赁给首钢生态用于餐厨垃圾的收运、处置，并向首钢生态收取租赁费用，因此2020年餐厨收入主要为餐厨项目租赁收入。2020年餐厨项目租赁期满，转为项目公司自营。2021年餐厨垃圾收运及处置服务，项目公司已与西城区城管委、门头沟区城管委、石景山区城管委分别签订厨余垃圾收集运输处置服务协议，根据餐厨处理量收取服务费用。

2020年项目发电收入合计1.87亿元，生活垃圾处置收入约1.67亿元，餐厨项目租赁收入合计606万元，REIT项目总收入约3.6亿元。

表7.59　首钢绿能REIT营业收入构成

项目	2018年	2019年	2020年
标杆上网电量（千瓦时）	337211600	355863200	325877200
补贴电量（千瓦时）	324687093	330790376	289208791
总电价含税（元/千瓦时）	0.65	0.65	0.65
标杆电价含税（元/千瓦时）	0.3598	0.3598	0.3598
国家补贴电价含税（元/千瓦时）	0.10	0.10	0.10
新能源补贴电价含税（元/千瓦时）	0.1902	0.1902	0.1902
发电收入（元）	191536473	206534966	187170002
垃圾进场量（吨）	1159697	1181394	1032889
单价（元/吨）	173	173	173
生活垃圾处置收入（元）	200791390	190498700	166552303
餐厨垃圾收运及处置收入（元）		34139413	
餐厨项目租赁收入（元）			6055017
总收入（元）	392327863	431173079	359777321

数据来源：《中航首钢生物质封闭式基础设施证券投资基金更新的招募说明书（2021年第1号）》。

从项目运营情况看，2018 年、2019 年项目生活垃圾处理量逐年增长，上网电量也不断提升，推动主营业务收入增长。2020 年受新冠肺炎疫情影响，生活垃圾处理量下降，使得发电、生活垃圾处理收入均有所下滑。2020 年项目公司将餐厨项目租赁给首钢生态并收取租赁收入。后续，随着新冠肺炎疫情影响的减轻、垃圾处理及发电量提升、餐厨项目回归自营，REITs 项目收入有望回升。

3. 交易结构

中航首钢生物质封闭式基础设施证券投资基金交易结构如图 7.20 所示，通过公募基金—资产支持专项计划—项目公司—基础设施项目的结构将首钢

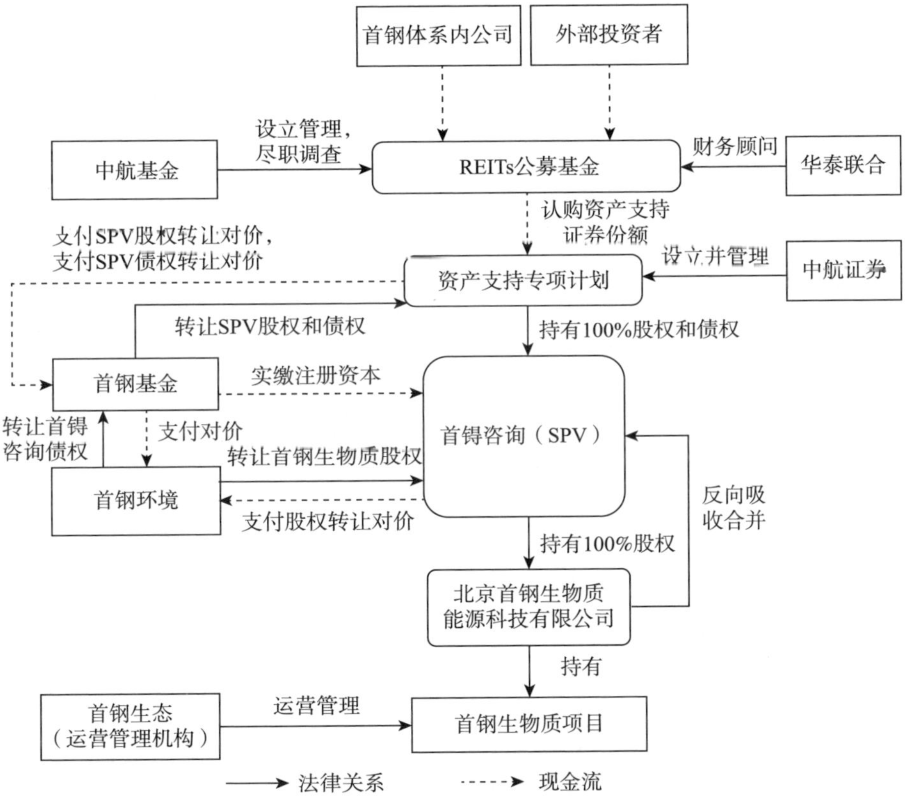

图 7.20　首钢绿能 REIT 项目架构

资料来源：《中航首钢生物质封闭式基础设施证券投资基金更新的招募说明书（2021 年第 1 号）》。

鲁家山生物质能源项目纳入REITs产品。各类投资者（包括首钢环境）认购中航首钢生物质封闭式基础设施证券投资基金；基金再认购中航—华泰—首钢生物质资产支持专项计划；资产支持专项计划收购项目公司首锝咨询全部股权，同时受让首钢基金持有对首锝咨询的债权；项目公司首锝咨询持有首钢生物质能源项目。

从现金流的角度来看，如图7.21所示，首先，产生城市生活垃圾的单位及个人支付垃圾处理费予市、区城管委，城管委收取后根据与项目公司签订的服务协议，支付项目公司垃圾处理相关费用。其次，用电单位及个人支付电费予国网电力公司，国网电力公司支付项目公司垃圾发电电费。持有生物质能源项目的项目公司获得垃圾处理服务费和发电收入后，通过支付中航—华泰—首钢生物质资产支持专项计划股东分红、借款利息等方式将现金流分配到专项计划。最后，专项计划经过中航首钢生物质封闭式基础设施证券投资基金通过分红将收益分配至基金投资人。

4. 财务状况

从财务的角度来看，如表7.60所示，首钢绿能项目2020年营业总收入为3.6亿元，受新冠肺炎疫情影响，城市流动人口下降、物流减少、商铺冷淡，导致垃圾处理量下降，垃圾处理服务费和垃圾发电收入也同步下降，使得收入较2019年下降16.56%。后续随着新冠肺炎疫情影响的减轻、垃圾处理及发电量提升、餐厨项目回归自营，营业总收入有望回升。2020年净利润为5374.19万元，同比下降37.23%。生物质能源项目营业成本主要包括固定资产折旧、耗用的原材料、飞灰处置费、炉渣处置费等。2020年净利润同比下降主要原因是受新冠肺炎疫情影响营收下降，而固定成本和固定费用下降较少。资产端，2020年总资产为12.59亿元，以流动资产中的货币资金和非流动资产中的固定资产为主，2020年分别占总资产的19%和64%。固定资产主要对应项目的房屋建筑物、机器设备等。近几年总资产规模有所下降主要是固定资产中房屋建筑物、机器设备逐年计提折旧所致。需要额外提及的是，2020年项目公司应收账款大幅减少，主要原因是项目公司与首钢环境签署了《债权转让协议》，项目公司将2014—2020年针对北京城管委提供垃圾服务的

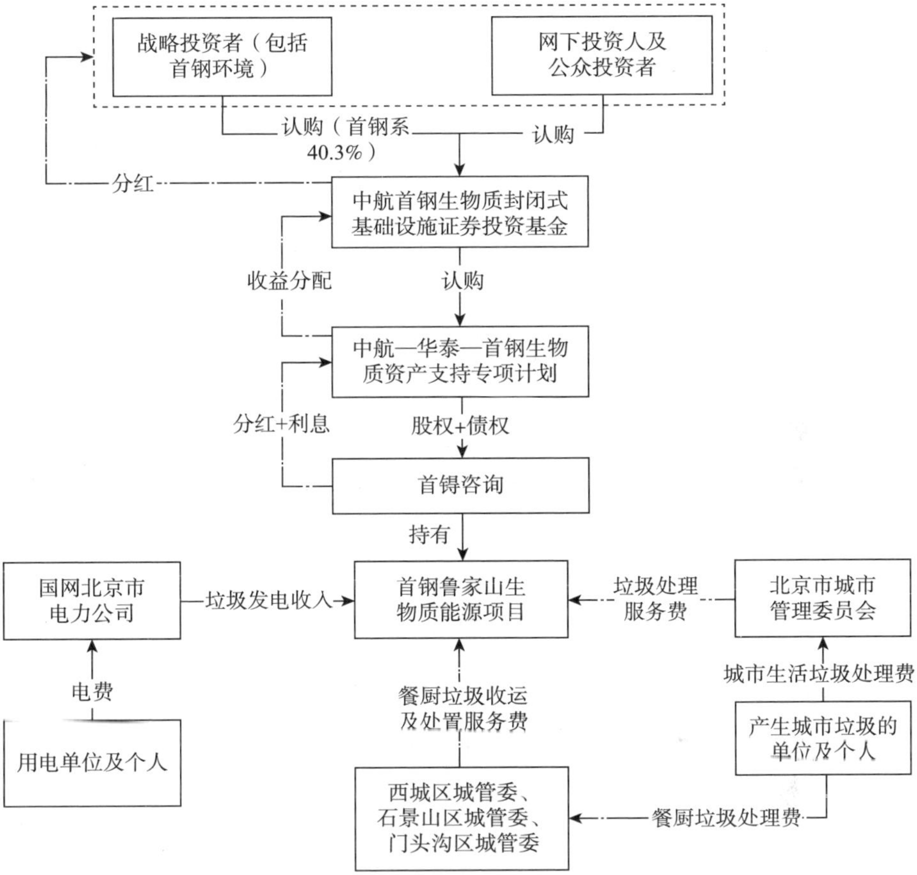

图 7.21　首钢绿能 REIT 现金流分析

应收账款转让予首钢环境，以此抵消部分首钢建设项目公司提供工程建筑服务形成的应收工程款，即项目公司的其他应付款——应付工程款。抵消后，一方面项目公司减少了有较长期限的应收账款，另一方面也减少了应付工程款项，保护了投资人权益，减少了有关债权债务的纠纷。负债端，2020 年总负债为 1.44 亿元，以流动负债中的应付账款和其他应付款为主，2020 年分别占总负债的 25% 和 66%。应付账款主要是应付采购款；其他应付款主要是应付工程款。

表 7.60　首钢绿能 REIT 主要财务数据

项目	2018 年	2019 年	2020 年
营业总收入（元）	392327863	431173079	359777321
同比（%）		9.90	-16.56
营业利润（元）	77978243	104795781	63598703
同比（%）		34.39	-39.31
净利润（元）	66412364	85622059	53741883
同比（%）		28.92	-37.23
资产总计（元）	1369957736	1355550319	1259103504
同比（%）		-1.05	-7.11
负债合计（元）	346428366	283398890	144258192
同比（%）		-18.19	-49.10
所有者权益（元）	1023529370	1072151429	1114845312
同比（%）		4.75	3.98

数据来源：《中航首钢生物质封闭式基础设施证券投资基金更新的招募说明书（2021 年第 1 号）》。

从估值与分红的角度来看，如表 7.61 所示，截至 2021 年 12 月 31 日，首钢绿能 REIT 总市值 17.45 亿元；且由于首钢绿能 REIT 资产优质，自身属于国家支持的环保领域，契合碳中和主题，受到各类投资者青睐，上市至 2021 年 12 月 31 日股价涨幅高达 30.43%。预计 2022 年可分配现金流 1.02 亿元，净现金流分派率 8.17%。

表 7.61　首钢绿能 REIT 派息数据

产品	总市值（亿元）	上市开盘价（元）	股价（2021 年 12 月 31 日）（元）	上市涨跌幅（%）	2021 年		2022 年	
					预计年度可供分配金额（亿元）	预计净现金流分派率（%）	预计年度可供分配金额（亿元）	预计净现金流分派率（%）
首钢绿能 REIT	17.45	13.38	17.45	30.43	1.14	9.13	1.02	8.17

数据来源：《中航首钢生物质封闭式基础设施证券投资基金更新的招募说明书（2021 年第 1 号）》。

第二节　海外公共资产 REITs 案例

一、概况

美国拥有全球最大的 REITs 市场，规模已经超过了 3 万亿美元（其中超过 2 万亿美元来自上市和非上市房地产投资信托基金，其余部分来自私人持有的房地产投资信托基金）。以美国为代表的 35 个国家已经推出了 REITs 业务，另外，印度尼西亚、柬埔寨、波兰、瑞典等国家都在研究推出 REITs 的可行性。

美国 REITs 从挂牌交易上可以分为：交易所挂牌交易的 REITs、交易所非挂牌 REITs、私募性质 REITs，大多数 REITs 都是在交易所挂牌交易的。从产品属性上分，可以分为权益型 REITs（Equity REITs）、抵押型 REITs（Mortgage REITs，也称 MREITs）和混合型 REITs。

美国 REITs 投资的物业业态有办公室、公寓、仓储物流、零售、医疗中心、数据中心、信号塔、基础设施和酒店等，大多数专注于特定的不动产领域，也有一些投资不同的业态组合。

美国是基础设施 REITs 的诞生地及最为成熟的市场。目前，美国国内税务局确认基础设施 REITs 可投资的对象包括：铁路、微波收发系统、天然气储存及输送管道、固定储气罐等。美国国内税务局对某项资产符合基础设施 REITs 的要求是：第一，目标资产必须在本质上属于永久性构造物，其各个组成部分之间无论在物理上还是在功能上都是相互依存、不可分割的；第二，资产的用途只能是被动地运输或储存产品，并不涉及相关产品的生产或加工过程，以确保收益的稳定性。

根据 NAREITs 数据，截至 2019 年 6 月 30 日，美国权益型 REITs 市值总规模 1.15 万亿美元。在美国市场 166 只权益型 REITs 中，共有 5 只基础设施 REITs，从基础物业业态上看，基础设施排名 12 种主要业态的第二位，是仅次于住房租赁的重要 REITs 类型。美国基础设施 REITs 代表产品主要包括 American Tower（AMT）、SBA Communications Corporation（SBAC）、Crown Castle International（CCI）、CorEnergy Infrastructure Trust（CORR）、Landmark Infrastructure Partners LP（LMRK）等。

基础设施 REITs 属于美国 REITs 市场较新品种，且发展迅速。在过去 20 年，进入成份股的传统的办公/工业、零售物业、出租公寓、酒店和多元化 REITs 的占比已从 80% 左右下降到不到 50%，其中，办公/工业地产 REITs 的市值占比从 2000 年的 35% 下降到目前的 18% 左右，零售物业 REITs 的市值占比也从 2000 年的 20% 下降到目前的 13%，而多元化 REITs 的市值占比则从 2000 年的 10% 左右下降到目前的 5% 水平。与之相对，基建设施 REITs 从零上升到 16% 以上。

总体来说，基础设施 REITs 平均市值相对较大，且发展迅速。

在收益率方面，基础设施成份股 REITs 位于各类型成份股 REITs 收益率第一梯队。截至 2020 年 2 月，美国市场 REITs 20 年平均年化收益率为 15%，远高标普 500 的 8.15%，同时含有更高的年化波动率，其中，成份股中的基础设施 REITs 收益率处于第一行列。2019 年，基础设施成份股 REITs 收益率为 41.95%，仅次于工业 REITs、数据中心 REITs 和林场 REITs，比办公室 REITs 收益率高出 10.53%。由于基础设施 REITs 属于较新品种，计算 5 年平均收益率，则基础设施成份股 REITs 的 5 年平均收益率为 19.62%，高于所有类型 REITs 的平均收益率 10%。

对于基础设施细分行业收益率，无线通信基础设施类，运输管道、收集系统，交通、能源领域，通信配电系统，运输管道、收集系统受新冠肺炎疫情影响最严重。AMT、SBAC 和 CCI 自 2015 年以来累计收益率最高，分别为 167.8%、146.85%、121.0%，这三家公司主营业务均为无线通信及广播基础设施租赁业务，以通信铁塔为主。CORR 主营业务方向为运输管道及收集系统，自 2015 年至 2019 年年末，累计收益率为 120%，与无线通信类 REITs 接近甚至更高，但是受新冠肺炎疫情影响业务下滑严重，收益率为负数，疫情结束后预计业绩及收益率将有改善。UNIT 主营业务方向为通信配电系统，该类业务 REITs 2015 年来业绩不佳。除此之外，PW 公司主营业务方向为交通运输、新能源产业地产，其并未纳入 FTSE NAREIT 成份股，由于其市值较小，该公司自 2019 年 9 月以来收益率涨幅显著，自 2015 年以来累计收益率达到 40.81%。

截至 2020 年 3 月 31 日，美国市场基础设施 REITs 2020 年累计收益率为 16.17%。

基础设施类 REITs 流动性良好。根据 NAREIT 数据库，成份股中基础设施 REITs 平均每个 REITs 每日成交量为 145 万股，在各类型 REITs 中排名靠前，而基础设施 REITs 相对流动性为 1.253，为各类型第一。总体来说，基础设施 REITs 流动性风险相对较小。

对比其他行业，截至 2020 年 2 月底，虽然基础设施 REITs 中仅五个进入成份股，但有三个 REITs 公司流通市值超过 300 亿美元，超 300 亿 USD 公司个数及比例均超其他行业，因此基础设施 REITs 在受关注程度上或比其他类型 REITs 更好。

在股息支付方面，基础设施 REITs 分红比率中等偏下，股息率各公司差别较大。截至 2019 年第三季度，基础设施成份股 REITs 2019 年累计股利发放 28.64 亿美元，第三季度发放 0.93 亿美元，占所有 NAREIT 成份股权益型 REITs 股利发放比例为 8%，派息比率为 51.6%，权益型 REITs 平均派息比率 75.1%，在各类型中最少。

在股息率方面，基础设施 REITs 各公司差别较大，其中 AMT 历年股息率均稳定在 2%，CCI 在 3% ~4%，CORR 常年维持在 6% 以上。

在债务水平方面，基础设施 REITs 负债比率较低，利息保障倍数低于平均。截至 2019 年第三季度，基础设施类成份股 REITs 资产负债率为 5.8%，略低于平均水平 27.5%，整体负债水平良好。

在利息保障倍数方面，成份股的基础设施 REITs 利息保障倍数 2.34，远低于平均水平 4.63，或由于基础设施资产对应利率水平较其他类型更高。

二、基础设施类

根据 Nareit Data 数据库，截至2020年3月31日，美国REITs中基础设施REITs包括CCI、AMT、SBAC、CORR、LMRK、UNIT等。2020年以来，该部分基础设施REITs总收益率为16.17%，超过同期美国标普500及道琼斯指数，发展良好。

基建类REITs增速快、规模大、回报率高，基础设施类REITs合计市值约1803亿美元，居各类REITs之首。美国的基础设施、数据中心、自建仓储、工业四类广义基础设施类REITs，其包含了6只基础设施类、5只数据中心类、6只自建仓储类、13只工业类，2019年合计FFO占全体REITs的30%。2020年第一季度，广义基建类REITs总市值约4576亿美元，占整体的44%。

（一）American Tower（AMT）

1. 公司概况

（1）AMT公司概况：全球最大的公司型REITs之一。美国铁塔公司（American Tower，AMT）是美国最大的通信铁塔运营商，1995年成立，1998年从美国广播公司中独立出来，并在纽交所上市，2012年，美国铁塔公司向REITs转型，利用美国发达的资本市场，对公司现有的铁塔资产进行资产证券化，发行房地产投资信托基金（REITs）募集资金，用以进行资本支出、公司并购等。公司主业系向广播公司、无线数据商等机构提供通信租赁服务，租金收入占整体收入比例在97%以上。AMT于1998年登陆纽交所，2005年合并SSC后打造北美最大铁塔公司之一。

（2）公司股息平均收益率：2%左右。

（3）AMT是通信类基建REITs龙头，于2012年REITs化至今税负持续降低，资产规模不断扩张，业绩、分红和市值快速增长，项目整体估值水平有所提升。

2. 主营业务

ATM 公司的主营业务绝大部分为通信铁塔租赁管理业务，拓展海外市场效果显著。

AMT 自成立以来主要致力于两项业务：①通信铁塔的租赁和管理，即向运营商以及广播电视公司出租多用户通信铁塔；②网络发展服务，即提供诸如基站选址、区域划分、业务许可和结构分析等服务。近几年公司营业收入组成结构稳定，通信租赁占营业收入的绝大部分。截至 2019 年，年报数据显示，通信铁塔的租赁和管理业务收入为 74.6 亿美元，占总营业收入的 98.5%，为 AMT 的主要业务。

对通信铁塔租赁的收入成本端进行分析，其单塔收入主要取决于单个租户租赁费及共享率水平，由于单个铁塔可供多个租户同时使用，因此在既有固定成本投入后，增加共享率可以使得单塔收入成倍增长。另外，单个租户的租赁费是动态调节的，且客户合约期限较长，可以保证公司有稳定的现金流收入。从成本端看，最大支出来源于初始的建设投入成本，以及后续每年的能源费用支出及土地租金等管理费用，由于公司具有较强的议价权，可以将成本转移给租户，从而保证公司维持较高可持续的收益。

分区域来看，公司主营业务以美国市场为主，近几年公司拓展海外市场以求业绩的持续提升且效果显著。2015 年公司美国市场营业收入占比近 70%，2018 年美国市场营业收入已降到 53%，2019 年美国市场营业收入占比回升至 56.8%，或由于印度市场整体萎缩，铁塔租赁需求量下降。随着 5G 持续发展，预计未来铁塔租赁需求有望带动公司业绩进一步增长。

公司盈利稳定，在铁塔租赁服务市场竞争优势明显。第一，公司与客户签下大量长期不可取消的租赁合同，为公司未来提供稳定现金流；第二，在铁塔市场中第三方铁塔公司掌握美国大部分铁塔，其中美国铁塔 AMT 作为行业龙头，具有较强议价能力。

3. AMT 公司 REITs 化过程

AMT 于 2011 年宣布 REITs 化意向，为此采取以下举措：一是合并此前存续公司实体并获得股东批准，将所有在外流通 A 类普通股转化为 REITs 化公司的同等数量普通股；二是在拉美、非洲等市场进行了大规模收购以推动资产增长，达到 REITs 化要求。

（1）AMT REITs 化之后的管理和股权架构：AMT 从 2012 年起开始作为符合联邦所得税要求的 REITs 运作，其下属 QRS（Qualified REITs Subsidiaries）运营通信资产并将 100% 应税收入分红，另设 TRS（Taxable REITs Subsidiaries）持有经营其他资产，TRS 按规定缴纳适用所得税，无须分配收入，从而可用于再投资。截至 2019 年年底，持股 AMT 的机构达 1398 家，前 10 家合计持股比例仅 33.8%，大股东 Vanguard（先锋基金）持股仅 13.2%。

（2）AMT REITs 后运营模式：以 REITs 融资支撑公司运作，向承租人收取租金和三大费用降低运维成本。AMT 2011—2018 年管理费率从 11.8% 下降至 9.9%，依靠 REITs 资产证券化铁塔资产，募资用于资本开支、并购，将电塔、土地租赁给承租人并收取管理维护费、税金、保险费等，从而实现降低维护成本。

（3）AMT REITs 后资产状况：通信资产实力雄厚，续期通道良好，加大在新兴市场布局。AMT 起家于北美，当前通信资产已遍布全球，2012—2019 年间通信站点数量从 5.46 万个扩张到 17.95 万个，复合年均增长率达 18.5%，当前铁塔资产分布在亚洲、美国、拉美、非洲、欧洲各地，分别有 74712 座、40974 座、40728 座、18370 座、4736 座，2019 年在非洲新增了 5800 座。AMT 通信站点土地初始租期一般在 5 ~ 10 年，但大多拥有自动/可执行续期权利。

（4）AMT REITs 后财务状况：业绩、分红和市值均持续快速增长，有效税率显著降低，估值水平持续提升。以下以业绩、估值、盈利能力、分红、杠杆率、回报率等数据为例，分析 AMT 的财务状况。

业绩方面：2011—2019 年，总收入/租金收入分别从 24.44 亿美元、23.86 亿美元增长至 75.8 亿美元、74.65 亿美元，年均增长率分别达 15.2%、15.3%，营运现金流从 9.47 亿美元增长至 34.92 亿美元，年均增长率达 17.7%。

估值方面：2011—2019 年市值从 236 亿美元增长至 1018 亿美元，年均增长率达 20%，市值/营运现金流从 25.3 倍提升至 30.9 倍；企业价值倍数从 20.8 倍提升至 24.3 倍；估值水平方面，市值/营运现金流维持较高水平，企业价值倍数稳定，即通过 P/FFO 方法对该 REITs 进行估值，可以看到公司估值长期维持在较高水平，且长期稳定在 40 以上。通过公司股价与每股收益的比值计算公司 PE 值，公司 PE 值长期稳定在 50 ~ 70。整体来说公司估值稳定。

盈利能力方面：2019 年息税折旧摊销前（EBITDA）利润率和净利率分别为 72.3%、24.9%，均较上年显著提升，处于历史较高水平；2006—2017 年有效税率从 58.9% 大幅下降至 2.4%。图 7.22 为美国铁塔归母净利润。

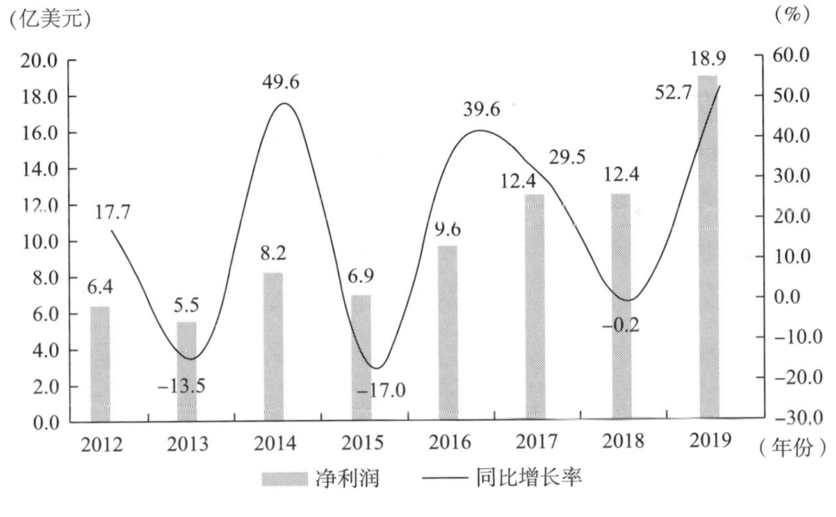

图 7.22　美国铁塔归母净利润

分红情况：2011—2019 年，每股股利从 0.35 美元增长至 3.78 美元，CAGR 达 34.6%，分红从 1.39 亿美元增长至 16.73 亿美元，CAGR 高达 36.5%，股息率从 0.6% 提升至 1.6%，FFO 支付比率从 14.6% 提升至 47.9%；分红特征为长期维持高股利支付率，股息率长期在 2% 左右。公司长期以来维持高股利支付率，2019 年股利支付率 89%，处于行业较高水平。2019 年，公司每股股利达到 3.8 美元/股，总体股息率维持平稳。

回报率：2011—2018 年 FFO/Equity 从 27. 8% 提升至 46. 5%。

杠杆率：2002—2018 年杠杆率从 60% 提升至 64%，利息/净债务呈显著下降趋势。总体来说，公司盈利稳定且逐步改善，成本控制能力突出。

（二）Crown Castle International（CCI）

1. 公司概况

（1）公司股息平均收益率：3% 以上。

（2）Crown Castle International（CCI）成立于 1994 年，是全美最大的共享通信基础设施提供商，于 2001 年登陆纽交所，持有、经营及租赁无线基础设施，是美国最大的共享无线通信基础设施运营商。CCI 于 2014 年 REITs 化，2013 年有效税率为 67. 9%，判断系 REITs 化前补缴过去折旧所带来税盾，而后 2016—2019 年平均有效税率仅 3. 85%，税负显著降低。截至 2019 年年底，持股机构达 1041 家，前 10 家合计持股比例仅 25. 66%，大股东 BlackRock（贝莱德）持股仅 7%。

在 2020 年的报告中，CCI 的场地租金收入增长了 4%，而调整后的运营资金（AFFO）则同比增长了 6%。该公司还将季度股息提高了 11%。

CCI 的每股现金流（定义为收入与折旧之和减去优先股股息之和）在 2010—2020 年显示出强劲的增长。尽管 2018—2020 年业绩相对疲软，但 2010—2020 年，它仍设法以每年两位数的速度增长每股现金流。

预计未来现金流量将每年增长 6%。CCI 可以通过保持低至个位数的持续有机收入增长实现利润率的一点点增长来实现这一增长，因为它可以提高有机收入并整合并购以及从并购中获得新收入。其强劲的现金流将为其提供继续增长以及支付股息的机会。随着消费者要求越来越多的数据访问，未来仍然是光明的。此外，其投资组合集中在长期需求良好的大都市地区。

CCI 在 REITs 中股息收益率并不是最高的，但是它以较高的股息安全性和增长潜力来弥补这一点。在经济衰退期间，该公司也应该能够保持股息，因为即使在经济不景气的情况下，消费者也不可能放弃智能手机。CCI 的优势为长期增长前景乐观，是共享无线设施领军企业，在 REITs 后税负显著降低，分红表现亮眼。

2. 主营业务

公司业务细分为以下三个方面：

（1）塔楼：随着无线技术的发展，公司的信号塔可以在一个地点为广阔的地理区域内的大量人口提供服务，使其成为全国范围内提供广泛的语音和数据覆盖的理想之选。随着公用技术的发展，公司塔楼可以用来支持未来创新的高科技传感器和接收器，具备更多的发展空间。

（2）小型蜂窝（网络）：小型蜂窝通常连接到现有基础设施，例如，电线杆、路标或路灯。由于功率低且靠近地面，在人口稠密的地区能以更精准的方式满足日益增长的网络需求。塔架协作以增加网络容量，并且由于它们是光纤传输的，小型蜂窝可以支持更快的速度和更大的带宽。

（3）光纤：除了连接公司自身的设备之外，许多企业和社区也使用该公司的光纤网络提供的快速连接，以获取数据、云服务和其他需要大量带宽的应用程序。

总而言之，CCI 核心业务是以租赁、转租、许可及服务协议的长期合同形式，为租户提供信号塔、光纤等基础设施的空间及容量的使用权限，收取经常性租金，其致力于在共享通信基础设施上增加更多租户，在增量运营成本有限的前提下提高单体设施收入水平。合同初始期限一般为 5 ~ 15 年，到期可由租户选择续约 5 ~ 10 年。CCI 2019 年并表通信基础设施租金收入的 75% 来自 T – Mobile、AT&T、Verizon Wireless、Sprint 四大客户，整体客户合同加权平均剩余年限约为 5 年，预计将在未来贡献约 240 亿美元现金流量（对应于 2019 年租金收入的 4.7 倍）。

3. CCI REITs 相关情况

（1）资产规模：CCI 持有、运营及租赁分布于美国各地的共享通信基础设施，包括：①约 4 万座信号塔及附带结构；②用于支持小型蜂窝网络及光纤解决方案的约 8 万英里里程光纤。2019 年 CCI 租金收入占总收入比重约 88%，其中来自信号塔和光纤租赁的收入占比分别为 67%、33%。

（2）业务状况：CCI 主营业务为站点租赁，从营业收入结构看，公司站点租赁（Site rental）占比都在80%以上，且从2017年开始呈现上升趋势，在2019年达到88%，其余部分收入来自服务费，其长期租赁合同锁定未来现金流，销售集中度较高。

（3）财务特征：营业收入稳健，利润率持续走高。公司营业收入稳健增长，2019年增速有所下滑，较2018年同期下降16PCT至7%，总营业收入突破55亿美元；与此对应，公司毛利也在2019年出现增速下滑，在2019年年末实现15.62亿美元的毛利。但是，公司利润水平2017—2020年一直稳定增长，2019年年末实现毛利率和净利率分别为66%和15%，三项费用率达到11%。

（4）估值水平：企业价值倍数稳中有升。公司企业价值倍数稳定略升，PE下滑，或受税收费用影响。从估值水平来看，公司2020年2月收盘价为155美元，对应PE为9.01X，处于历史低位，公司2018—2020年估值持续走低，在2018年8月达到29.25倍PE后走低，到2019年12月降到18.91倍，到2020年2月跌破10倍PE（见图7.23）。

图7.23　CCI 2017年6月至2020年4月PE倍数

（5）分红：2017年、2018年、2019年的普通股每股分红增速分别为8%、7%、7%，2019年每股分红4.575美金，对应当年12月末股息率为

3.72%、3.94%、3.22%，整体趋势稳定，但是 2019 年年末股价较 2018 年增长 30.86%，所以股息率出现小幅下降。

三、数据中心类

数据中心是一个容纳大量服务器及通信设备的建筑物，是一整套复杂的设施，包括计算机系统和其他与之配套的设备（例如通信和存储系统），还包含数据通信连接、环境控制设备、监控设备以及各种安全装置等，用来在网络基础设施上传递、加速、展示、计算、存储数据信息。数据中心提供的是数据传输的基础设施服务，随着全球 5G、云计算、集成电路等信息产业高速发展，人们对于数据的储存需求逐步增长，数据中心建设预计将和交通、网络通信建设一样逐渐成为现代社会基础设施的一部分，这类数据中心的 REITs 项目将会为投资人提供稳定的现金流。

目前，NAREIT 成份股中包含 5 个数据中心类型 REITs，分别为 Equinix Inc、CoreSite Realty、CyrusOne、Digital Realty Trust 和 QTS Realty Trust，5 家公司业务均遍布全球。截至 2020 年 5 月 2 日，各公司数据中心数量分别为 205 个、23 个、49 个、225 个、88 个。

数据中心成份股 REITs 数量占比偏少，平均每一个公司平均市值位于前列。与基础设施 REITs 发展类似，数据中心 REITs 起步较晚，首次纳入 NAREIT 成份股是在 2014 年，凭借信息产业发展，该类 REITs 发展迅速。截至 2020 年 2 月底，进入成份股的 200 个 REITs 中，数据中心 REITs 数量为 5 个，占权益型 REITs 总数的 3%，与基础设施 REITs 类似。市值方面，数据中心 REITs 总市值 878.9 亿美元，市值占比为 7%，位于成份股所有类型 REITs 的平均水平。平均每一个成份股数据中心 REITs 对应市值为 176 亿美元，仅次于基础设施 REITs 平均市值。

数据中心成份股 REITs 收益率位于各类型第一梯队，2019 年累计收益率为 44.21%。在收益率上，数据中心类型成份股 REITs 位于各类型成份股 REITs 收益率第一梯队，仅次于工业 REITs。与基础设施 REITs 类似，数据中心 REITs 属于较新品种，按 5 年平均收益率计算，成份股中数据中心 REITs 2015

年起5年累计收益率为86.5%，高于所有权益REITs的累计收益率48.8%，仅次于工业REITs及基础设施REITs。截至2020年3月31日，成份股中数据中心REITs 2020年累计收益率为30.57%，远超同期标普500的-20%。

该类型REITs流动性稳定。数据中心REITs平均每个REITs每日成交量为110.7万股，在各类型REITs中流动性略低于平均值，而数据中心REITs相对流动性为1.131，位于各行业较高水平，其中CoreSite Realty、CyrusOne、Digital Realty Trust的相对流动性均在1.3以上。以下以EQIX以及Digital Realty Trust（DLR）为例，说明数据中心类REITs项目的特征。

（一）Equinix Inc.（EQIX）

公司概况：EQIX创立于1998年，于2003年登陆纳斯达克。身为老牌IDC龙头，它运维能力较强，是一家全球数据中心提供商，一家提供主机托管、网间结算、基础设施管理等服务的数据中心公司。市场份额世界领先，是数据中心类的REITs龙头，REITs化后降低税负、加速扩张，近年来盈利能力及估值水平显著提升，业绩及市值维持高位增长。2017年其在IDC市场份额为13%，位列第一，截至2019年，布局全球55个战略市场、26个国家，拥有超9700家客户，包括各类云服务/SaaS巨头。

EQIX于2012年宣布REITs化意向，并于2015年正式REITs化，一方面享受税收优惠：REITs化后5年平均有效税率为20.1%，较REITs化之前5年均值的27.5%有所下滑；另一方面盘活数据中心底层不动产，增加融资加快扩张：2015—2019年资本开支从9.1亿美元增长至22.5亿美元，CAGR达26%。2019年公司机构股东数量达813家，前十大股东合计持股仅27%，其中大股东BlackRock（贝莱德）持股仅7.4%。

资产状况：扩张步伐不止，机柜量及上架率仍有提升空间。2014—2019年机柜总量从12.5万增加至29.7万，CAGR达18.9%，运营机柜量从9.8万增加至23.6万，CAGR达19.2%，整体上架率从78.4%提升至79.4%。截至2019年，EQIX在全球范围内拥有204个数据中心，整体单机柜每月经常性收入MRR约1868美元，较上年度增加约3%。机柜总量在欧中非、美洲、亚太区占比分别约 40%、37%、22%，上架率分别为 84%、77%、75%，亚太等市场仍有较大提升空间。

运营模式特点：对下游议价能力强，重点布局超大型 IDC 把握行业机遇。EQIX 主业系主机托管业务，即以数据中心为载体向客户出租服务器，提供空间、设备和各类运维服务，按月收费。EQIX 服务的下游客户相对分散，因此具备较强议价能力，成熟单机柜 MMR 有望稳步提升。此外，近年来超大规模 IDC 市场发展迅猛，规模效应逐渐凸显。EQIX 拥有面向大客户需求的 xScale 数据中心，并于 2019 年与新加坡主权财富基金合资开发运营欧洲 xScale 中心，夯实在超大型 IDC 领域的竞争优势。

财务状况：自从 2015 年公司成功 REITs 化后，公司业绩开始好转，公司净利润增速逐年上调，2019 年达到 38.9%，连续 3 年保持正增长。公司近年营业收入稳步增长，2019 年公司营业收入为 55.6 亿美元，同比增长 9.7%，公司净利润 2019 年达到 5.1 亿美元，同比增长 38.9%，增幅显著。REITs 化对于公司筹集资金购买合并扩张市场从而提升客户黏度、改善资金流动性、降低有效税率等均有帮助。

公司毛利率长期保持稳定，盈利能力持续改善。2019 年公司毛利率维持在 50% 附近，具有稳定的盈利能力。公司在 2015 年之前净利率持续下滑，2014 年净利率下滑至 -10.67%，主要由于 2014 年公司设备土地折旧核算方法变动，所得税费用由 2013 年的 1616 万美元涨至 3.45 亿美元，占营业收入比例的 14.1%。REITs 化后公司净利率迅速回复，2019 年公司净利率为 9.12%。费用方面，公司在成本控制方面维持稳定，2019 年公司销售费用率、管理费用率分别为 11.7%、16.8%，同比分别变动 -0.8%、+0.5%。

总体来说，公司盈利稳定，成本控制能力突出，成本变动主要来自税费变动。2015 年以来，Equinix 不断收购合并，扩大公司规模，得益于 REITs 带来税率的降低及流动性的增加，盈利规模及质量得到提升。

债务方面，公司长期偿债能力逐渐增强。2019 年公司资产负债率为 63.11%，2015 年 REITs 化后稳中有降。公司利息保障倍数近几年稳中有升，2019 年公司利息保障倍数为 2.38，公司偿债能力逐年增强。

（二）Digital Realty（DLR）

DLR：资产规模领先世界的数据中心 REITs 巨头。

平均股息收益率：3.4%左右。

公司概况：DLR（Digital Realty Trust，数字房地产信托）组建于2004年，当年即登陆纽交所，为全球超2300家公司提供数据中心、托管、互联策略服务，2016—2020年租金收入占总营业收入比重约95%。2019年机构股东数达820家，前十家股东累计持股31.92%，第一大股东贝莱德（BlackRock）持股9.33%。

资产规模：DLR在2004—2019年净可租赁面积从51.65万平方米增长至282.52万平方米，年均增长约12%，入租率达86.8%。

财务特点：税率维持较低水平，业绩和分红保持较快增长，近年来估值显著提升。

（1）业绩：2004—2019年营业收入从1.07亿美元增长至32.09亿美元，年均增长率高达25.4%。2016—2020年收入年均增长率为15%，仍保持双位数增长率。2008—2019年NOI、FFO分别从3.25亿美元、2.28亿美元增长至20.04亿美元、14.54亿美元，年均增长率分别达到18%、18.4%。

（2）估值：2004—2019年市值从2.88亿美元增长至250亿美元，年均增长率高达35%。2008—2019年P/FFO从12.7倍提升至21.7倍，P/AFFO从12.7倍提升至19.8倍。企业价值倍数从18.1倍提升至25.7倍。

（3）盈利：2016—2020年息税折旧摊销（EBITDA）利润率和净利率平均值分别为45.8%和15.2%，过去8年有效税率平均值仅1.77%。

（4）分红：2004—2019年每股股利从0.16美元增长至4.32美元，年均增长率达25%，分红从0.03亿美元增长至9亿美元，年均增长率达46%，近5年股息率平均值为3.8%、FFO支付比率稳定在63%上下。

（5）杠杆：2016—2020年杠杆率、支付利息占净债务比重的平均值分别为50.9%、3%，低于55%、4%的历史平均水平。

Digital Realty Trust 与其他 REITs 项目相比的优势在于它在新冠肺炎疫情

期间的收益率很稳定。DLR 拥有并开发技术行业的物业。DLR 的主业是存储和处理信息的数据中心，技术制造站点以及允许主要都会区传输数据的 Internet 网关数据中心的组合。

自 2010 年以来，DLR 的平均每股 FFO 增长率为每年 7.8%。考虑到该时间段内信托基金的份额每年都在增加，因此其增长率尤其令人印象深刻。DLR 在收购方面成绩颇佳，显示了其领导层优秀的战略水平。

DLR 的主要竞争优势在于，它是世界上最大的数据不动产投资信托之一。这使其 REITs 项目具有专业和规模优势，竞争对手难以匹敌。

四、自助仓储类

自助仓储类 REITs 项目是指公司为客户提供储存仓、钥匙、包装用品等来帮助保管和储存他们的物品。部分仓库可以提供全方位物流搬运、保险、卡车租赁等服务，与我国仓储物流类似。自助仓储公司的主要服务群体为居民家庭，因为居民生活中包含大量仓储需求，例如搬家、结婚、离婚等，该类需求稳定，与经济形势相关性小。因此，该类项目的特点为以稳为主，表现不及基础设施类和数据中心类 REITs。

成份股中自助仓储 REITs 发展成熟，公司平均市值位于前列。与基础设施 REITs、数据中心 REITs 不同的是，自主仓储 REITs 起步早，发展成熟，1996 年即有相关 REITs 纳入 NAREITS 成份股。截至 2020 年 2 月底，进入成份股的 200 个 REITs 中，自助仓储 REITs 数量为 5 个，占权益型 REITs 总数的 3%，与基础设施 REITs、数据中心 REITs 类似。在市值方面，数据中心REITs 总市值为 623.5 亿美元，市值占比为 5.4%，在各类型 REITs 中处于较低水平。平均每一个成份股 REITs 对应市值为 125 亿美元，仅次于基础设施 REITs 与数据中心 REITs 的平均市值，位于前列。总体来说，自助仓储 REITs 收益率低于平均水平但是相对稳定，2019 年累计收益率为 13.7%。在收益率上，自助仓储类型成份股 REITs 位于各类型成份股 REITs 收益率靠后位置。2019 年数据中心成份股 REITs 收益率为 13.7%，其中绝对龙头 Public Storage 2019 年涨幅 2.41%。按 5 年平均收益率计算，成份股中自助仓储 REITs 项目从

2015年起5年累计收益率为52.9%，高于所有权益REITs的平均累计收益率48.8%，其中2015年涨幅为40.7%，后4年涨幅为8.1%。

自助仓储类型REITs收益率及流动性弱于美国基础设施REITs以及数据中心REITs的主要原因在于美国自助仓储行业高度分散化，公司护城河较浅。目前，前五大自助仓储公司可出租面积占总市场比例的10%，大量自助仓库由本地公司或私人管理。从行业性质来说，自助仓储主要吸引的是附近5公里以内的居民或企业，公司营销手段也较为类似，以线下广告牌为主。另外，成份股5个自助仓储REITs中公司市值多在60亿美元以下，超过200亿美元的只有Public Storage一家，行业受关注度较小。

相对而言，我国仓储物流产业相较美国更为发达，集中度较高且客户以企业为主，因此，我国仓储物流产业REITs或将带来更好收益。

（一）Public Storage（PSA）：全球自助仓储巨头

Public Storage：历史悠久的仓储REITs龙头，当前财务较为稳健，杠杆率保持较低水平，盈利能力和回报率均稳步攀升。

公司简介：PSA 1995年即成为REITs，到目前公司业务已较为成熟，属于起步较早的仓储REITs龙头。PSA主营收购、开发、持有、运营自建仓储设施，系全球最大仓储企业之一、S&P 500成员，早在1980年即满足税收法典对REITs规定的分红要求，1984年登陆纽交所。2016—2020年租金收入占总收入比例在94%以上。截至2019年年底，持股机构达802家，前十家机构合计持股比例仅29.9%，大股东Vanguard（先锋基金）持股仅11.7%。当前财务较为稳健，杠杆率保持较低水平，盈利能力和回报率均稳步攀升。公司主营业务结构稳定，2016年以来，公司主营业务约94%为自助存储设施租赁收入，且占比保持稳定。剩余约6%为仓储管理等辅助业务。

2016年以来，自助存储设施租赁毛利率逐步降低，辅助业务毛利率逐年上升，或与美国自助仓储行业竞争有关。自助仓储行业由于自身特性，存在大量本地小公司或私人仓储服务，居民或企业选择仓储服务以地理位置远近为主要因素，因此竞争较为激烈，行业利润逐步降低。

资产规模：PSA 在 2009—2019 年净可租面积从 1.37 亿平方英尺增加至 1.69 亿平方英尺，截至 2019 年年底，在美国拥有 2483 个仓储设施，净可出租面积折合约 1570 万平方英尺，并分别持有 PSB、Shurgard 达 42%、35% 股份，其中 PSB 系办公和工业园类 REITs，净可出租面积达 256 万平方英尺，Shurgard 系欧洲最大仓储服务商，在 7 个国家拥有 234 个仓储设施，净可出租面积达 121 万平方英尺。

财务状况：不复高增长，但财务更加稳健，杠杆率保持在 8% 左右，盈利能力和回报率稳步攀升。1991—2000 年、2001—2010 年、2011—2019 年三段时期内，市值 CAGR 分别为 43.4%、16.4%、6.2%，总收入 CAGR 分别为 25.5%、8.4%、6.4%，租金收入 CAGR 分别为 25.4%、7.8%、6.5%。当前业绩及市值不复 20 世纪 90 年代的高速增长，财务趋于稳健。

（1）业绩：2010—2019 年 NOI、FFO、AFFO 从 10.15 亿美元、8.01 亿美元、8.82 亿美元分别增长至 19.32 亿美元、18.46 亿美元、18.75 亿美元，CAGR 分别为 7.4%、9.7%、8.7%，较为稳健。

（2）估值：2019 年 P/FFO 为 17.7 倍，近年来呈下滑趋势，5 年均值约 22 倍。

（3）盈利：PSA 盈利能力在更长时间跨度上实现了显著提升，1990—2019 年息税折旧摊销（EBITDA）利润率从 54.6% 提升至 69.5%，净利率则从 12.8% 持续攀升至 53.4%，近 5 年 EBITDA 利润率和净利率均值分别为 70% 和 56%，趋于稳定。有效税率持续为 0%。

（4）分红：1994—2019 年 25 年间每股股利从 0.88 美元增长至 8 美元，年均增长率达 9.2%，分红从 0.2 亿美元增长至 14 亿美元，年均增长率达 18.2%。

（5）回报率：2010—2018 年营运现金流/净资产从 9.2% 提升至 19.9%。

（6）杠杆：PSA 近年来杠杆率始终保持在 20% 以下，2006 年以来杠杆率平均值仅约 8%。

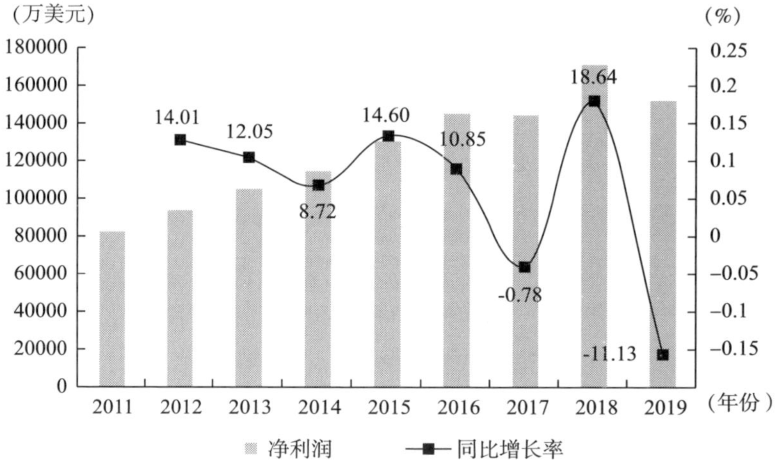

图 7.24　PSA 公司净利润及同比增长率

公司毛利率、净利润长期稳定，盈利能力稳健（见图 7.24）。2019 年公司毛利率为 72.01%，2012 年以来公司毛利率一直在 70% 以上，具有稳定的盈利能力。同时，公司净利率近年来同样保持稳定，长期在 50% 以上。2018 年净利率突出，主要由于公司非经常项目变动损益 1.5 亿美元。公司摊薄 ROE 自 2012 年以来一直处于上升趋势，盈利能力稳健。费用方面，公司在成本控制方面维持稳定，公司费用的主要部分为公司的折旧摊销以及存储设施的营运费用，2012 年以来，公司折旧摊销费用率、自存储运营费用率以及公司管理费用率均保持稳定。

总体来说，公司盈利稳定，成本控制能力突出。对比基础设施 REITs 以及数据中心 REITs，自助仓储类型 REITs 具有更高的毛利率、净利率以及 EBITDA 比率，盈利能力突出。

（二）Prologis（PLD）

公司概况：全球物流地产 REITs 龙头。Prologis，Inc. 是一家不动产投资信托公司，总部位于加利福尼亚州旧金山，主要投资于物流设施，其业务策略集中在靠近土地稀缺的巨大城市地区的仓库。该公司是由 AMB Property Corporation 和 Prologis 于 2011 年 6 月合并而成，这使 Prologis 成为世界上最大的工业房地产公司。截至 2019 年年底，该公司在北美、拉丁美洲、欧洲和亚洲的 19 个国家拥有 3840 栋建筑，占地 8. 14 亿平方英尺，为 5000 多个租户提供服务。

PLD 组建于 1997 年，当年即登陆纽交所，2003 年入选标普 500 指数。主要投资于物流设施，为货物的配送、存储、包装、组装和轻型制造提供服务，是全球最大的物流地产服务商之一。PLD 一直以来符合 IRC 对 REITs 的分红要求。截至 2019 年年底，持股 PLD 的机构达 944 家，前 10 家机构合计持股比例约 50. 12%，大股东 Vanguard（先锋基金）持股仅 13. 3%。

资产规模及业务模式。PLD 2016—2020 年租金收入占总营业收入比重约 87%。2019 年可租赁面积达 8. 14 亿平方英尺，折合约 7562 万平方米，其中美国、美洲其他地区、欧洲、亚洲占比分别为 71%、7%、16%、5%。资产大多数用于提供批量配送服务。PLD 一般按长期合同形式租赁地产物业，公司年报披露的自 2018 年开始租赁的平均期限约为 64 个月，为未来持续现金流提供可靠保障。

财务状况：盈利能力及回报率水平持续提升，杠杆率持续降低。PLD 近年来业绩规模、分红及市值指标均保持稳健增长，2011—2019 年息税折旧摊销（EBITDA）利润率从 52% 提升至 64%，净利率从 -11% 提升至 47%，FFO/Equity 从 3. 3% 提升至 9. 1%（2018 年），NOI/GA 从 3. 3% 提升至 5. 3%。近年来，有效税率保持在 3% 左右。2009—2019 年杠杆率从 47% 逐步降至 31%。

五、工业园区类

（一）Alexandria Real Estate Equities（ARE）

ARE（Alexandria Real Estate Equities，亚历山大房地产）创立于 1994 年，为美国首只专注于生命科学行业的 REITs，在 1997 年登陆纽交所，2017 年入选标普 500 指数，是生命科学领域第一家，也是租赁期限最长的不动产运营开发商。2019 年 ARE 营业收入和市值分别达到 15. 3 亿美元和 264 亿美元，员工人数仅 439 人。ARE 专注于生命科学园区等领域，运营模式较优，资产、业绩、分红和市值持续增长，估值水平呈向上趋势。

此 REITs 项目集中于创新集群地区，可用空间有限，存在一定市场壁垒。业绩受宏观经济显著影响。物业一般处于创新集群区域，临近相关机关、院校等机构，当地市场往往可用空间有限，新房东进入壁垒和租户退出壁垒较高。此外，办公类 REITs 业绩受物业入租率、租赁费用水平影响，而后者受宏观经济景气度影响较为显著。2016—2019 年美国 GDP 增速分别为 2.7%、4.3%、5.4%、4.1%，同期 ARE 的 NOI 增速分别为 -24%、25%、18%、15%，FFO 增速分别为 -36%、113%、47%、12%，AFFO 增速分别为 11%、28%、44%、18%。2017 年以来，经济有所回暖，ARE 业绩增速相应地明显提升。

物业资产规模稳步扩张，重点布局创新集群区域。ARE 可出租总面积 RSF（Rentable Square Feet）在 2000—2019 年从 490 万平方英尺扩张到 2910 万平方英尺，CAGR 达到 10%。物业主要分布于大波士顿、旧金山和纽约，2019 年 ARE 处于 AAA 级地区的 A 类资产贡献了 76% 的租金收入。

运营模式：土地 + 不动产租赁模式，面向高质量客户群体，97% 租约为三净租赁模式。

（1）美国土地以私有制为主，私人、联邦政府、州政府拥有土地分别占 58%、32%、10%。ARE 主业为土地 + 不动产租赁，选择具有较长租赁预期的项目并提供大致匹配的资源，租金收入占总收入比重约 99%，以对 Uber 办公 + 土地租赁为例，租赁期限长达 63 年，土地所有权归属于 ARE 所持股企业。

（2）ARE 主要面向生命科学及其他前沿领域的高质量、多元化的客户群体。2019 年 ARE 租金收入中 24% 来自公共生物技术公司、23% 来自跨国药企、19% 来自生命科学类企业、13% 来自科技企业、9% 来自政府及高校、8% 来自私营生物技术公司，前二十大客户基本来自各领域的高信用评级和高市值企业，租赁面积占比 34%，贡献租金收入占比 41%。

（3）2019 年 ARE 约 97% 租赁为 NNN 三净租赁，该模式下租户除支付基本租金外，还承担地产税以及保险、水电、维保、公共和其他运营费用。

运营表现：收益水平稳步提升、运营成本维持低位。2019 年 ARE 剩余租期期限加权平均值为 8.1 年，前二十大客户则为 8.9 年。2015—2019 年入租率稳定在 96% ~98%，单方英尺租金收入从 41.17 美元逐年提升至 51.04 美元（涨幅一般基于市场消费者价格指数等指引），收益水平稳定提升，2019 年有约 95% 租赁租金上涨。2019 年运营支出占租金收入比重约 29%，降至历史较低水平。

财务状况：业绩、分红和市值持续增长，估值水平呈向上趋势。①业绩：2011—2019 年总收入、租金收入分别从 5.37 亿美元、5.31 亿美元增长至 15.31 亿美元、15.17 亿美元，年均增长率均为 14%，NOI、FFO、AFFO 分别从 3.89 亿美元、2.6 亿美元、2.66 亿美元增长至 10.86 亿美元、8.77 亿美元、9.45 亿美元，年均增长率分别达到 13.7%、16.4%、17.2%；②估值：1997—2019 年市值从 4.4 亿美元增长至 264 亿美元，年均增长率达 20.5%，其中 2008—2019 年 P/FFO 从 10.8 倍提升至 19.5 倍；③分红：2011—2019 年每股股利从 1.86 美元增长至 4 美元，年均增长率达 10%，分红从 1.12 亿美元增长至 4.47 亿美元，年均增长率达 18.8%，股息率 2016—2020 年平均值约 3.3%；④盈利质量：2016—2018 年 FFO/Equity 从 4.6% 提升至 9.9%；⑤杠杆：2008—2019 年杠杆率从 63% 下降至 41%，趋于轻资产化运营。

（二）Healthpeak Properties（PEAK）

PEAK（Healthpeak Properties）成立于 1985 年，作为医疗保健地产投资者起家，当年即登陆纽交所，是第一个入选标普 500 指数的医疗类 REITs，专注健康护理类地产物业，系全美最大医疗养老类 REITs 之一，主要面向资本雄厚的生命科学、生物技术公司等客户。PEAK 2016—2020 年租金收入占总收入比重约 97%。虽然 2011 年以来面临增长“瓶颈”，但是于 2015 年开始战略调整，聚焦更优领域资产，迅速降低杠杆、提升估值水平，为医疗养老类 REITs 战略转型提供了较好案例。并且，因为美国老龄化人口增多使创新药物和医疗突破的需求持续增长，医疗保健费用占美国 GDP 比重已增长至 18%，医疗养老市场规模庞大，预计未来此市场将维持稳定增长。

运营模式：采用“三净租赁”模式极大地降低了运营成本、获取稳定收益。有别于通常“毛租赁”业务模式（即房东支付税金、公共费等费用），PEAK采取“三净租赁”模式，即让租客承担不动产税金、运营费用和保障费，以此降低运营成本、获取相对稳定收益。截至2019年年底公司员工仅204人，在养老物业和医院业务板块运营开销占收入比重仅2.3%、0.2%。

近年来PEAK逐步优化资产结构，出售部分养老物业资产，更加聚焦私人付费的生命科学、医疗办公和高端住宅领域。三大核心部门中的资产组合将显著受益于婴儿潮时代的人口老龄化趋势，有望在未来持续提供稳定现金流。PEAK在2017—2020年完全重组了高级住宅投资组合，包括出售了超过45亿美元的非核心资产，向新运营商过渡了14亿美元资产，以及收购了一流的运营商旗下15亿美元的优质资产。

财务状况：2011年后收入、现金流面临增长“瓶颈”，2015年后通过战略调整显著降低杠杆率和利息支出，从P/FFO和EV/EBITDA两项指标来看估值水平显著提升。

PEAK 2020年数据亮点：

（1）每股净收益为0.27美元，NAREIT FFO调整后为每股0.41美元，NOI增长4.2%。

（2）在高级住房资产出售方面已完成12笔交易，总收益达25亿美元。

（3）于2021年3月5日向在2021年2月22日营业时间结束前在册的股东支付每股0.30美元的季度普通股现金股息，股利的调整使派息比率与项目的目标生命科学、医疗办公室和CCRC投资组合及策略保持一致。

（4）第九次被提名为Nareit领导者，连续八年入选CDP领导力乐队和道琼斯可持续发展指数；连续九年获得GRESB授予的“绿色之星”称号；连续六年列入《标准普尔全球可持续发展年鉴》；并连续二年荣登《彭博社性别平等指数》和《新闻周刊》“美国最具责任感的公司”榜单。

六、亚太市场公共资产 REITs 案例

亚太市场公共资产 REITs 主要在日本和澳大利亚。

日本的基础设施 REITs 主要集中在太阳能发电领域，在泛基建 REITs 中，自 2012 年起手机网购比例逐渐增加，第三方物流处于快速发展的阶段，很多物流 REITs 在这一时间纷纷上市。日本将基础设施 REITs 单独分类。基础设施 REITs 是东京证券交易所于 2015 年 4 月 30 日正式设立的，当时设立的背景是公共基础设施的维修和运营需要民间资金的支持，同时由于当时经济复苏，基础设施作为稳定的资产投资被寄予了很高的期望，因此应运而生。截至 2021 年，日本的基础设施 REITs 共有 7 只产品，主要集中在太阳能发电领域，在整个 J－REIT 的占比不到 0.5%。基建 REITs 的分红收益率都在 6% 以上，要高于 J－REIT 3.64% 的平均水平。这些 REITs 的市盈率 TTM 普遍在 20 倍左右。如果考虑泛基建的物流和医疗保健领域，则整个市值在 2.61 万亿日元左右，占整个 J－REIT 市场市值的 21% 左右。

澳大利亚共有 49 只 A－REIT，市值共计 972 亿美元。但是 A－REIT 中并没有基础设施 REITs，基础设施 REITs 被澳交所统一归类到基础设施基金中。目前澳大利亚共有 8 只基础设施 REITs，市值共计 727.4 亿美元。从泛基础建设 REITs 的角度来看，A－REIT 中工业 REITs 和基础建设较为相关，而工业 REITs 在 A－REIT 中的占比较大，达到 30.18%。

（一）J－REITs Industrial &Infrastructure Fund Investment（IIF）

日本 J－REITs 起步于 2001 年，时代背景是 20 世纪 90 年代初期经济泡沫和 90 年代末期金融危机。当前 J－REITs 共 63 只，分为七大类，分别为物流（9 只）、办公（8 只）、医院（5 只）、住宅（5 只）、零售（5 只）、医疗（1 只）、多元化（30 只），J－REITs 中广义基建类产品包括 9 只物流 REITs 和 3 只多元化 REITs，后者底层资产包括物流、产业园、数据中心等基础设施，代表案例为 IIF。

公司简介：资产配置独一无二的 J－REITs。IIF（Industrial & Infrastructure

Fund Investment，日本产业基金投资公司）2007年依据《投资信托法》设立，系唯一专注于工业房地产的J－REITs，资产类别特殊。

IIF通过连续收购扩大资产规模，资产包以物流和基础设施为主，使用率较高。IIF在2009—2018年累计资本支出为17.5亿美元，净可租面积从20万平方英尺扩张到310万平方英尺，CAGR达32.8%。当前在手底层资产合计72个，实施总收购价约3006亿日元，折合约200亿元人民币，当前估值3560亿日元，折合约236亿元人民币。整体使用率高达99.8%。IIF资产包括45个物流设施、9个基础设施、18个制造及研发设施，估值分别为1964亿日元、872亿日元、724亿日元，占比分别为55%、25%、20%。IIF基础设施类资产以数据中心、机场维修中心、社区供热制冷、工业品储藏为主，可租面积合计达23.4万平方英尺，其中Haneda机场维修中心系IFF所持有最大资产。

收入来自物业租金，租约采取长期合同形式。IIF租金收入占总收入比重接近100%，2008—2019年从0.6亿美元增长至1.8亿美元，CAGR约10.6%。当前在手租约合计贡献年租金195亿日元，折合约1.8亿美元，其中10年以上租约共64份，贡献年租金163亿日元，占比达84%，2～10年租约共28份，贡献年租金26.5亿日元，2年以下租约共2份，贡献年租金5.4亿日元。当前前三客户分别为日航公司（贡献9.7%租金）、JCB公司（贡献3.7%租金）和大阪瓦斯集团（贡献3.4%租金）。

业绩、分红和市值稳定成长，税率较低，杠杆率稳定下降。IIF在2008—2019年FFO从0.33亿美元增长至1.12亿美元，CAGR约11.8%，市值从2.4亿美元增长至23.5亿美元，CAGR约22.9%，持续将经常性收入100%分红，DPS从29.4美元增长至55.2美元，CAGR约5.9%，分红从0.2亿美元增长至1.02亿美元，CAGR约16.7%，杠杆率从60%降至50%，有效税率历史均值近0.06%。

盈利能力和估值水平持续提升。IIF在2008—2019年净利率从31.3%提升至49.2%，P/FFO从7.4倍提升至21倍，EV/EBITDA从19.8倍提升至28.5倍，体现了资本市场认可程度提升。

（二）A－REITs Transurban Group（TCL）

Transurban Group，澳大利亚最大的高速公路建设/运营/维护公司，澳大利亚交易所代码 TCL。该公司在墨尔本、悉尼、布里斯班以及美国华盛顿和加拿大蒙特利尔等地建设和运营收费公路。该公司还从事收费和运输技术的研究与开发业务。

TCL 公司于 1999 年年底在澳大利亚证券交易所作为基础设施基金上市，占该领域 50% 左右市值。目前在澳大利亚和北美大华盛顿地区一共运营着 18 条收费高速公路。这些收费公路的收费年限在 30～75 年不等。目前公司正在建设计划当中的有 7 条收费公路，预计陆续会在 2023 财年通车。从公司常年的股价表现来看，2009 年开始持续上涨，近 5 年的年化回报率接近 11%，股利回报率 5.1%。

TCL 是澳大利亚最繁忙道路的所有者和经营者。其中包括维多利亚州的 CityLink，以及新南威尔士州的 Hills M2 高速公路和 Cross City 及 Lane Cove 隧道。它还在新南威尔士州、昆士兰州以及美国的许多其他道路上拥有控制权和非控制权。该公司的部门包括墨尔本部门、悉尼部门、布里斯班部门和北美部门。墨尔本部门包括 CityLink 和西门隧道。悉尼部门包括 Lane Cove 隧道、Hills M2 高速公路、Cross City 隧道和 Interlink M5 高速公路。布里斯班部门拥有在 Logan 高速公路、Gateway 高速公路、Go BetweenBridge、Clem7、Go BetweenBridge 和 AirportlinkM7 的权益。北美部门包括 95 条快速通道、495 条快速通道和 A25。该公司在澳大利亚的悉尼、墨尔本和布里斯班，以及北美的大华盛顿地区和蒙特利尔等地运营着大约 18 条收费公路。

Transurban Group 的经营数据：毛利率为 65.39%，经营利润率为 13.02%，净利率为 24.98%，投资回报率为 2.45%。

（三）S－REITs Keppel DC REITs

吉宝数据中心房地产投资信托基金（Keppel DC REITs）于 2014 年 12 月 12 日在新加坡证券交易所（SGX－ST）上市，是亚洲首家在新加坡交易所上市的纯数据中心房地产投资信托基金。Keppel DC REITs 直接或间接投资于用于数据中心用途的多元化房地产组合。

（1）Keppel DC REITs 组织架构

吉宝企业集团（Keppel Corp），是新加坡大型的跨国公司之一，业务包括岸外与海事、房地产、基础设施、投资四大板块，其中基础设施中的数据中心业务，得益于吉宝企业集团的提前布局与“新经济”对数据业务需求的增长，成为吉宝企业集团基础设施业务中的明星。

吉宝讯通（Keppel T & T）作为 Keppel DC REITs 的发起人，享有信托基金的优先购买权；Keppel DC REITs 由基金管理人——Keppel DC REITs 管理有限公司管理，而吉宝资本（Keppel Capital）和吉宝讯通（Keppel T & T）各享 Keppel DC REITs 管理有限公司 50% 的股权。

吉宝资本（Keppel Capital）是亚洲顶级的资产管理公司，管理资产规模近 290 亿新币，遍及全球主要房地产市场。基金管理人的主要目标是为房地产投资信托基金的单位持有人提供持续稳定的分配，以及在保持最佳资本结构的同时实现资产组合的长期增长。

吉宝企业集团的数据中心具有“两权分立”的组织架构。吉宝企业集团数据中心控股公司（KDCH）在新加坡建设和运行数据中心，而吉宝企业集团地产投资信托（REITs）公司拥有和管理其在全球的数据中心资产，二者都是吉宝企业集团的一部分。

（2）Keppel DC REITs 资产组合

吉宝数据中心业务始自 Keppe lDC SGPs 1 这座 6 层主机房与 5 层附属的大楼，2001 年建立成为数据中心，是吉宝数据中心业务的首个项目，也是东南亚数据中心枢纽。2010 年投建了 Keppel DC SGPs 2 数据中心，收购了澳大利亚悉尼 Gore Hill 数据中心。

Keppel DC REITs 自 2014 年 12 月 12 日上市以来，资产物业组合不断扩大，投资区域范围也随之扩展至欧洲及亚太地区的更多国家。2015 年起先后收购了位于澳大利亚、英国、荷兰、爱尔兰、德国、意大利、新加坡的 11 处物业。截至 2020 年 6 月 30 日，Keppel DC REITs 共包含 19 个物业，其中 18

个为成熟运营项目，1 个为开发中项目并计划于 2021 年上半年建成入市。物业资产遍及欧洲和亚太地区的 8 个国家，全部物业可租赁面积约 18.9 万平方米，物业估值约 26.83 亿新币。

（3）Keppel DC REITs 历史表现

股息表现——分派收益率

Keppel DC REITs 的每基金单位分派额（每股股息，DPU）自 2015 年呈增长趋势，2015—2019 年，其年复合增长率达 4%。2015—2019 年，Keppel DC REITs 的平均分派收益率为 4.95%，2015 年是历年分派收益率最高的一年，约为 6.4%，2019 年分派收益率最低，约为 3.2%。

相比于新加坡全部 REITs 的分派收益率，Keppel DC REITs 自 IPO 以来历史分派收益率均低于新加坡平均水平，其中一个原因是数据中心在运营中需投入大量的运营费用，包括设备更新和置换的成本，吉宝 DC REITs 会预留部分收入作为未来的资本性支出。更为主要的原因是 Keppel DC REITs 的股价在过去几年中一直居高不下且增长较快，造成分派收益率水平较低。

效率表现——营业费用率

营业费用率是指从事经营活动所需花费的各项费用在营业收入中的比重。计算公式：营业费用率 = 营业费用/营业收入 × 100%。该项指标越低，说明营业过程中的费用支出越小，获利水平越高。

截至 2019 年 12 月 31 日，Keppel DC REITs 的营业费用率为 45%，与一般的房地产项目 REITs 相比，这一比率要高出很多，这主要是因为能源费用的支出。并且，随着 Keppel DC REITs 所持物业逐年增加，营业费用率也呈上升趋势。

数据中心运营产生的水电费用在长期运营成本中所占比率较大，尤其是电力费用一般在运营成本中所占比率约为 40%，大型或超大型数据中心的电力费用一般会达到长期运营成本的 60% 左右。因此，数据中心在运营期间如何有效节约电力成本是数据中心绿色节能的关键所在。这也是吉宝数据中心控股公司一直在努力解决的问题。

杠杆表现——杠杆率和利息覆盖倍数

杠杆率［Aggregate leverage（%）］是指资产负债表中总资产与权益资本

的比率，是衡量负债风险的指标。Keppel DC REITs 杠杆率一般保持在 30% 左右，低于新加坡 REITs 的平均杠杆率 36.3%，2019 年杠杆率为 30.7%。

利息覆盖倍数［Interest coverage ratio（times）］体现了一个企业的偿付能力和盈利能力。Keppel DC REITs 的利息覆盖倍数一直呈现上升趋势，2019 年第四季度更是达到了 13.3 倍的历史最高水平，且债务成本仅为 1.7%，为信托基金提供充分的财务灵活性和足够的债务空间。

收入表现——总收入、可分配收入

截至 2020 年 6 月 30 日，Keppel DC REITs 总收入从 2019 年上半年的 0.95 亿美元增长至 1.24 亿美元，同比增长 29.8%。净资产收益（NPI）从 2019 年上半年的 0.86 亿美元跃升至 1.14 美元，同比增长 32.1%。上半年可分配收入同比增长 38%，至 7498 万美元，而每股分配收入同比增长 13.6%，从 0.0385 美元增长至 0.04375 美元。

业绩强劲的原因是该公司在 2019 年第四季度完成收购 DC1 和 Keppel DC Singapore 4 两处物业，以及 Kelsterbach 数据中心于 2019 年 5 月增设，使 REITs 管理的资产增加到约 28 亿美元。

物业表现——物业占用率、租户、租赁期

物业占用率 >92%：尽管 Keppel DC REITs 在 2014 年上市以后每年都收购新的物业，但其资产组合的出租率长期保持在 92% 以上。截至 2020 年 6 月 30 日，Keppel DC REITs 投资组合入住率仍保持健康，为 96.1%。

就出租率的横向比较而言，Keppel DC REITs 在澳大利亚、英国及德国收购的物业展现出更好的运营状态，自 2017 年以来出租率均为 100%，同期马来西亚的数据中心出租率只有 60% ~65%。

租户多元：Keppel DC REITs 的客户涉及互联网公司、电信企业、IT 服务公司、金融服务公司及其他类型企业，共拥有 80 个客户，相较于 2014 年 IPO 时租户数量上涨 90.5%，租户对物业的认可证明了 Keppel DC REITs 多年来物业运营的成功。

在业务类型上，Keppel DC REITs 持有的物业提供服务器托管、定制化租赁和毛坯租赁等服务内容。因定制化租赁、毛坯租赁业务租户结构单一，其物业出租率水平基本为 100%。服务器托管业务租户较为多样，其物业出租率水平差异也较大。

租赁期 >7 年：Keppel DC REITs 物业组合的加权平均租赁期（WALE）一直保持在 7 年以上，保证了信托基金的稳定收入。2020 年上半年，Keppel DC REITs 物业组合的加权平均租赁期为 7.4 年，不同服务类型租期期限差异较大，服务器托管的加权平均租赁期为 2.8 年，定制化租赁和毛坯租赁的加权平均租赁期分别为 11.5 年和 8.1 年。不到 5% 的租约将于 2020 年到期。REITs 有 2.6% 的总净可租面积（NLA）在下半年更新。

此外，基金经理还开始邀请客户进行早期更新，并将 2021 年到期的 NLA 总额从 2019 年年底的 10.7% 降至 6.2%。

吉宝数据中心 REITs 自 2014 年年底成立以来，一直呈现出强劲的增长势头。它的股息每年都在增长，股价在过去近 6 年翻了一番。1 年期、3 年期、5 年期总回报率分别以 83.3%、39.3%、29.3% 持续高居第一位，更是充分反映出吉宝数据中心 REITs 在市场低迷期收益的稳定性。

2021 年 7 月，吉宝数据中心房地产信托（Keppel DC REITs）首次在中国收购数据中心，拓展资产组合，以 6.36 亿元的代价收购位于广东省江门市的广东数据中心。完成广东数据中心的收购后，吉宝数据中心房地产信托将在亚太和欧洲拥有 20 座数据中心。

第三节　不动产离岸中心模式

一、离岸结构对比

（一）不动产离岸中心

离岸资产证券化是资产证券化的一种特殊形式，它是指利用海外（或离岸）的特殊目的实体（SPV），在国际资本市场上发行资产证券化（ABS）或抵押支撑证券（MBS）筹集资金，而这种离岸模式也适应于境内不动产发行海外 REITs 和 T-REITs，可以理解为不动产离岸中心模式。

这种不动产离岸中心的运作方式具有如下几个主要特点：

（1）离岸不动产资产证券化的业务流程大部分是在海外（或国外）完成的，它的一些关键环节，如信用评级、信用增级、发行证券、交易与二级市场等，都是在国外由国外的机构和人才完成的。

（2）在本土的有离岸性质的自贸区/自贸港设立离岸不动产资产证券化的特殊目的实体（SPV），如果该自贸区本身就具有离岸金融中心、跨境免税和流通等特点，还可以起到良好的避税作用。

（3）由于离岸不动产资产证券化是为本土境内不动产资产在国际资本市场上筹集资金，因而它是一种吸引境外资本和长期资金的新方式。发展不动产离岸中心，有利于本土境内的不动产良性发展。

国内有几个区域适合发展不动产离岸中心，如：上海自贸区（国际化不动产资产证券化）、海南自贸港（离岸岛 + 跨境通）、粤港澳大湾区（香港、澳门作为跳板实现国际化融资）和青岛（北方面向日韩东亚自贸区/RECP），通过离岸账户、离岸资产以及跨境通等政策，实现离岸不动产资产证券化的特殊目的实体（SPV）和信托隔离，吸引境外资本投资自由化，让全球资金都可以在离岸中心投资或间接购置不动产，当然前提是“满足条件”“按需配置”。

对于以不动产为主的离岸中心，国际上更广泛意义的离岸金融中心，主要体现在三个方面：①业务面向非居民（境外资本/资金）；②有利的监管环境，包括低监管要求和最少的信息披露标准；③低税率或是零税率。离岸业务基本囊括了当代金融领域的方方面面，国际货币基金组织（IMF）2003 年就指出“离岸金融中心业务围绕银行业务、资产管理、风险管理，针对大型实体公司以及高净值人士。金融服务包括银行业务——主要是银行间业务和私人银行业务；集体投资计划——包括对冲基金、公开市场基金；资产管理业务；建立 SPV 和信托计划辅助结构化理财、资产证券化以及财富管理；再保险和专属保险为主的保险业务等”。

所以，通过设立在离岸或海外的 SPV（特殊目的实体）支持资产证券化是离岸市场融资的重要方式之一，而不动产是全球规模最大的资产类别，因此不动产离岸中心是吸引境外资本非常重要的基础设施。第一阶段，在自贸区或避税型离岸中心设立 SPV 可以极大地降低行政成本；第二阶段，信用评级、信用增级、发行资产证券化或 REITs 等环节均利用离岸机构和海外中介团队来完成，从而实现降低融资成本的目的；第三阶段，采用境内离岸特殊目的实体（SPV）＋海外 REITs/T－REITs 的组合模式，可以以国内不动产资产（基础设施收费、租赁销售收入、项目资产收益、特许经营权等）未来现金流为还本付息的依据，有助于缓解负债、推动国内经济发展。

我们以海南自贸港为例来分析一下不动产离岸中心的可行性。2021 年实施的《海南自由贸易港法》首次明确授予自贸港变通性立法权，并从贸易自由便利、投资自由便利、财政税收制度等各个重大方面为自贸港建设奠定了基本的法律基础。2023—2025 年，海南自贸港将实行封关运作，与内地之间实行关境管理，做到人员、资金、商品、数据、技术等要素的自由流动。这意味着相对于内地而言，海南将不仅是物理的离岸，更实现具体制度上的离岸，从而成为一个立足中国、面向世界的高水平自贸港或所谓“离岸岛”“离岸法域”“离岸金融中心”“离岸中心”等。

海南自贸港不会照搬国外那些离岸法域的离岸金融制度和离岸公司法，成为另一个维尔京群岛或开曼群岛。海南自贸港先从本地离岸做起，实现不动产离岸中心的境外资产证券化，引入跨境资本；然后再推出迁转回归等制度来满足原注册于维尔京群岛、开曼群岛（红筹）离岸公司以及离岸基金（回归）迁册的需求，成为中国红筹离岸公司注册地，成为境外资产证券化、红筹私募及上市、跨境并购等重要支撑，从而部分取代维尔京群岛、开曼群岛等离岸法域在此方面承担的相关功能、地位。目前中国有数以万计的境外红筹企业（已上市的数以百计，其中相当部分是国企），其上市主体都是在维尔京群岛、开曼群岛等离岸法域注册的离岸公司，这个市场目标非常值得期待。

（二）SPV 与 VIE 结构

1. SPV（特殊目的实体）

SPV（Special Purpose Vehicle）指特殊目的实体，其职能是在资产证券化的过程当中承接发起人转让的基础资产并以基础资产的现金流为支撑发行资产支持证券。设立 SPV 的目的在于实现所谓的“真实出售”与“破产隔离”，简单来说，就是将基础资产的风险和收益与原本拥有基础资产的发起人完全隔离开，也可以理解为把基础资产从发起人的资产负债表中完全剥离出来。

资产证券化的基本交易结构涉及原始权益人、SPV（特殊目的实体）和投资人三大主体。SPV 作为特设机构，主要有两大功能：一是接收基础资产并实现与原始权益人的破产隔离，二是发行资产支持证券。

通常情况下使用单 SPV 即可，但由于特殊需要也可能设立两个 SPV，目前国内围绕不动产的 ABS 和类 REITs 大多采用双 SPV 结构，包括最近的基础设施 REITs 也是暂时采用双 SPV 结构。双 SPV 结构首先在美国出现，就是为了应对美国在法律法规和税收政策上的一系列规定而诞生的，其目的是实现“破产隔离”和“税收中性”，以降低风险和成本。

在资产证券化过程中，SPV 的构造、风险隔离、信用增强等对于证券化至关重要，但是也容易与国内的公司、破产、担保制度相冲突。因此，在国内市场不能有效运作的情况下，可以选择市场成熟度比较高、监管较宽松、法治环境较好的自贸区或离岸地区进行资产证券化的离岸操作。

SPV 可以采取信托、公司或有限合伙的形式，比较多的是公司，REITs 里面用的是信托投资基金。在国外的资产证券化实践中，SPV 往往是一个“空壳公司”，它独立于原始发起人，从原始发起人手中购买证券化资产，整合应收权益，并以此为支撑发行证券。SPV 在设立时往往只有少量的实有资本，甚至没有实有资本，这种特殊的 LLC 或者批量的特殊 LLC 在工商注册、税收上就需要有相应的特定政策，离岸中心在破产、担保、会计、税收等方面也需要不断探索、实践。

2. VIE 架构

VIE 架构普遍应用于境内企业的海外上市、海外 REITs 等场景。

红筹架构是指主要业务或运营在中国大陆境内的公司，通过在海外设立控股公司，将中国境内企业的资产或权益通过收购或协议控制（VIE）等形式注入境外控股公司，通过境外离岸公司来持有境内资产或股权，并以境外控股公司的名义在海外上市募集资金。

VIE（Variable Interest Entity）为“协议控制”，即“可变利益实体”，协议控制又称“新浪模式”，最早主要应用于互联网公司的境外私募与境外上市。由于外商直接投资增值电信企业受到严格限制，而互联网业务在我国法律上又归属于“增值电信业务”，聪明的基金公司为了绕开这些限制，发明了协议控制这种交易架构，后来该架构得到了美国 GAAP 的认可，专门为此创设了“VIE 会计准则”，允许在该架构下将国内被控制的企业报表与境外上市企业的报表进行合并，解决了境外上市的报表问题。

在 VIE 模式下，境外离岸公司不直接收购境内经营实体企业，而是在境内投资设立一家外商独资企业（Wholly Owned Foreign Enterprise，WOFE），与境内经营实体企业签署一系列的排他性控制协议，提供垄断性咨询、技术服务或管理服务等。境内实体企业将其利润以服务费的形式支付给 WOFE，同时，WOFE 通过合同协议取得对境内企业全部股权的投票表决权、抵押权、预先购买权和经营控制权以及包括资金注入和利润输出等控制权。因此，VIE 又称为“协议控制”。

VIE 架构（Variable Interest Equity）是境内企业间接实现境外上市目的的一种架构，属于红筹架构的一种。其架构如图 7.25 所示。

VIE 架构将上市主体和经营主体从股权上分离开，通过协议的方式控制，并将境内经营实体的会计报表并入境外上市主体，从而既让美国证监会认为它们是一个主体，又能满足国内的监管和主管部门的要求。

构建 VIE 架构分五个步骤：

（1）设立 BVI 公司

第一步是公司（境内权益公司）的自然人股东在英属维尔京群岛（The

British Virgin Islands）等地设离岸公司，即BVI公司。BVI没有外汇管制、保护隐私、金融服务发达、方便便宜、保密性又高，适合离岸公司注册。

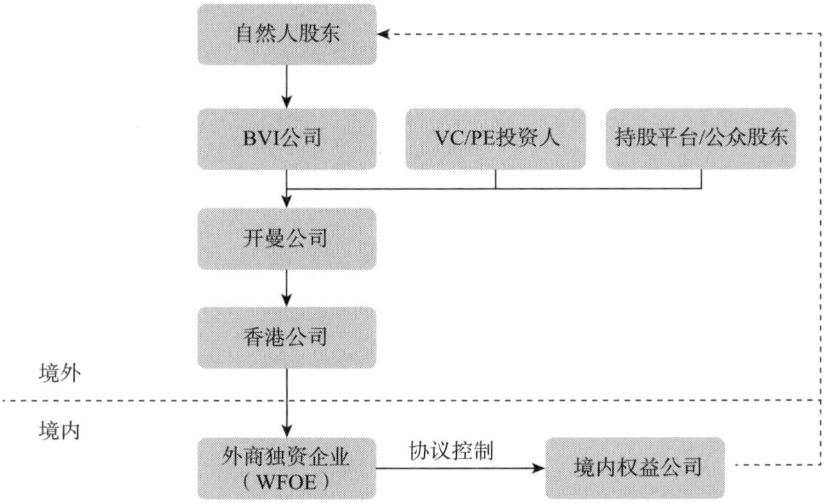

图7.25　VIE架构

（2）设立开曼公司

第二步以BVI公司和风投、其他公众股东等共同设立一家注册在开曼群岛（The Cayman Islands）的公司，作为上市主体。

（3）设立中国香港公司

第三步由开曼公司在中国香港注册设立特殊目的公司SPV（Special Purpose Vehicle）。中国香港的SPV可以基于境内外第三方的担保直接向境外机构进行债务融资，在境外筹措资金；而且中国香港作为知名的国际金融中心，适用英美法系，有着便利的融资和金融服务体系，适合SPV的生存和成长。

（4）设立WFOE

第四步由香港SPV设立境内外商独资企业（Wholly Foreign Owned Enterprise，WFOE），虽然该企业没有实际经营，但控制着有实际经营的境内公司。

（5）协议签署，利润转移

第五步是WFOE签署一系列协议控制VIE公司（境内权益公司，即境内的实际经营主体），而这个VIE公司是境内的经营实体，它的股东全部是国内的自然人或机构。这些协议包括但不限于贷款协议、股权质押协议、独家顾问服务协议、资产运营控制协议、认股权协议、投票权协议等。签署这一系列的控制协议后，按照美国的会计准则，作为经营实体的 VIE 实体实质上已经等同于 WFOE 的“全资子公司”。

因为 VIE 实体在股权上为境内控制，所以可以在中国大陆开展外资禁入的业务；但在美国看来，它是开曼公司的实际控制公司，因而认可开曼公司作为上市或证券化的主体。境内的自贸区发展离岸中心可以逐渐替代 BVI、开曼、中国香港等注册地，直接通过境内关外的离岸中心来实现所需结构。

（三）案例

1. 贝壳美国上市

通过 VIE 架构奔赴海外上市的内资企业主要为互联网企业，这是因为我国对网络电信、房地产等某些特定行业实行一定程度的外商准入限制，而红筹架构则适用于非限制性行业和鼓励外商投资的产业。另外，搭建红筹架构也相对复杂，根据每个项目的具体情况，会涉及外汇登记、原股东境外落地、资金流转、关联并购、税务成本、经济实质等一系列问题的设计。单从股东权利方面来说，VIE 模式能为贝壳这类公司提供更灵活的安排。加之国际知名的交易所，如美国纽交所、纳斯达克交易所、香港联交所、新加坡交易所等认可 VIE 模式，VIE 至此成为境内企业赴海外上市和发行证券化的首要选择。而从“地产经纪属性”的链家过渡到“互联网企业”的贝壳恰恰需要 VIE 结构，助其资本出海。

招股书中披露的贝壳 VIE 架构如图 7.26 所示：

（1）顶层（Level 1）：境内公司股东与投资人或员工股权激励计划（ESOP）共同设立开曼公司（即上市主体公司）。

（2）夹层（Level 2）：开曼公司可以通过 BVI 公司（离岸公司）再设立中国香港公司，实现上市主体公司对中国香港公司 100% 的股权控制。

（3）底层（Level 3）：中国香港公司设立一个或多个境内外商独资公司（WFOE），通过 WFOE 与国内运营实体签订 VIE 协议，实现最终控制。

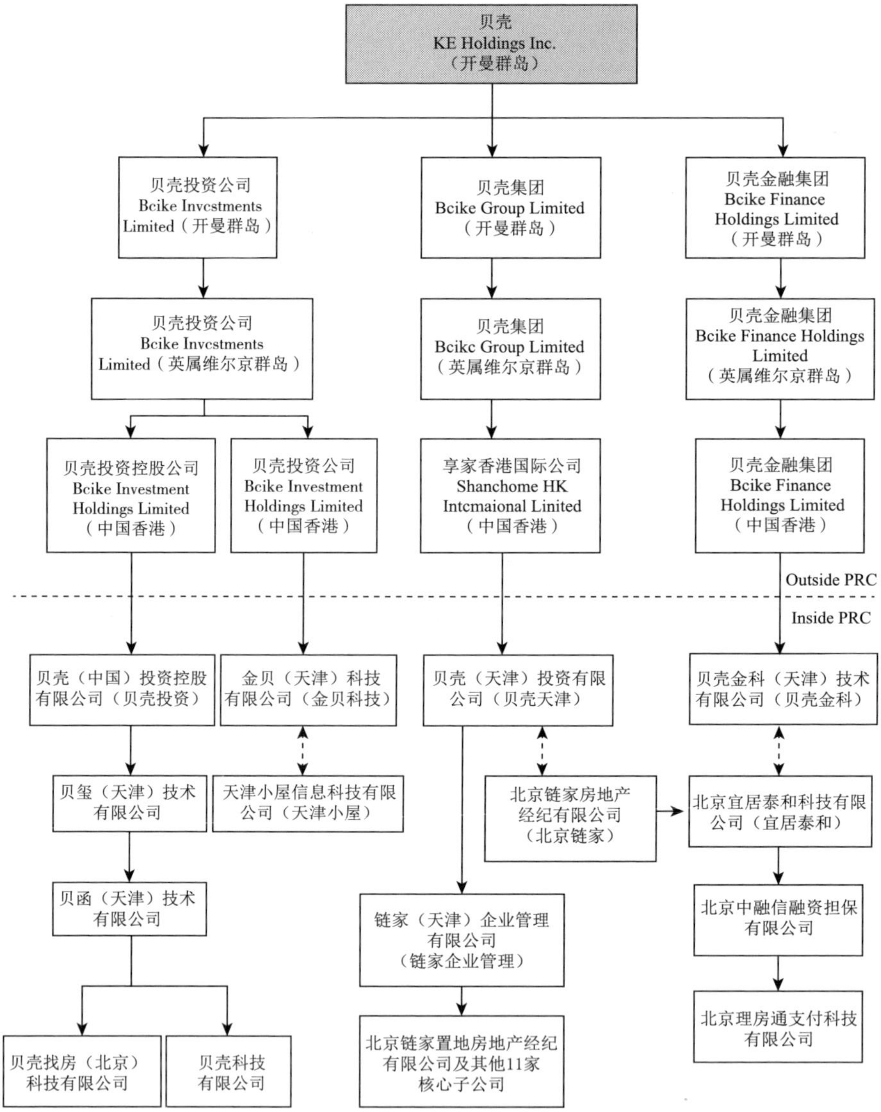

图 7.26　贝壳境外上市 VIE 结构

2. 新加坡 REITs 上市

凯德商用中国信托则是在新加坡上市的 REITs，主要投资于运营成熟、有稳定回报的购物中心，基金管理者则是凯德集团旗下的“CapitaLand Retail China Trust Management Limited”，其新加坡发行 REITs 的 VIE 结构如图 7.27 所示。

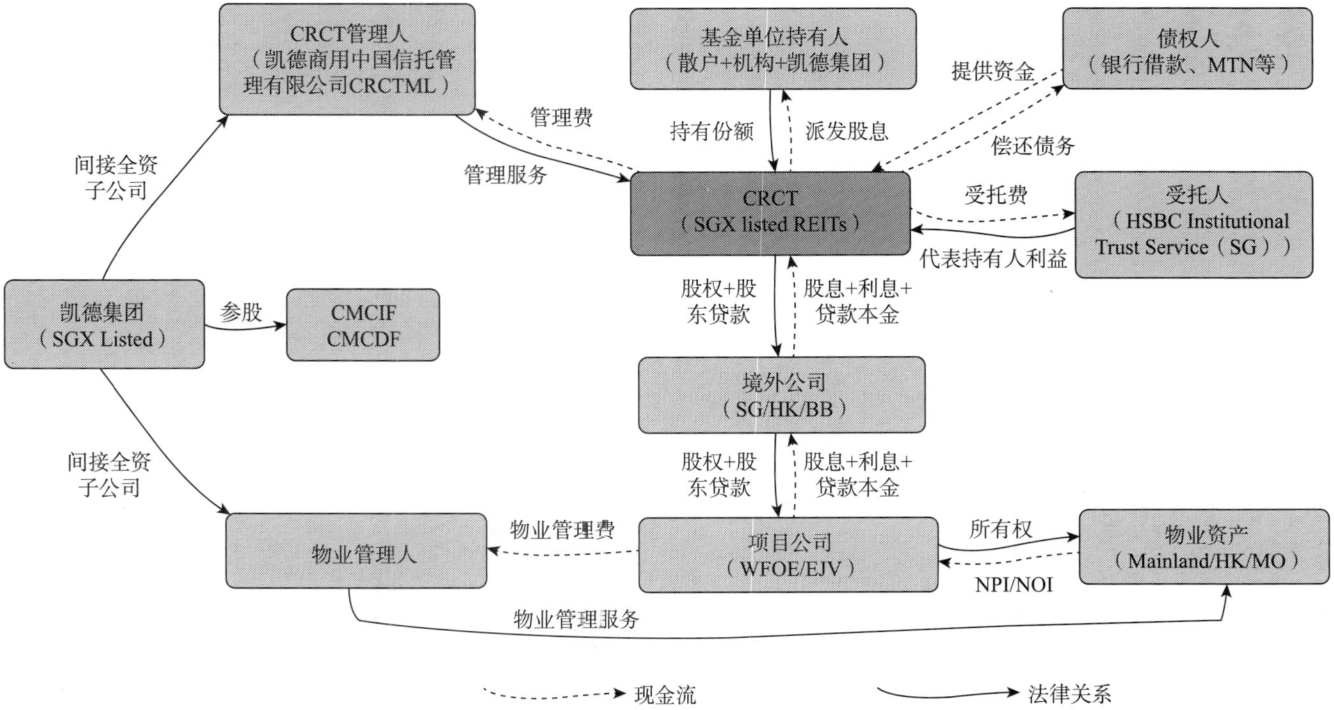

图7.27　CRCT交易结构

资料来源：CRCT官网、IPO招股说明书及2018年年报，中诚信证评整理。

3. 中国香港 REITs 上市

招商局房托（1503. HK）由深交所上市的招商局股份（1979. SZ）发起，并由招商局置地资管担任房托管理人，2019 年 12 月于港交所主板上市，是香港自 2014 年后首例成功上市的房托基金，也是首只在香港上市的央企房托基金。其在香港发行 REITs 的 VIE 结构如图 7. 28 所示。

二、不动产 SPV 体系

（一）资产池

不动产 SPV 中心是不动产离岸中心和 SPV、VIE 结构的组合。通过自贸区或自贸港的离岸属性，为境内企业提供离岸资产证券化的 SPV（特殊目的实体）设立服务，将不动产资产出售给 SPV 或由 SPV 主动购买要证券化的不动产资产，然后汇集成为资产池（Assets Pool），以该资产池所产生的现金流为支撑在海外金融市场上发行证券化权益产品，如固收类债、REITs 或者 T－REITs，最后用资产池产生的现金流来进行股息分红收益分配。

SPV 对资产池进行管理和处置，对资产所产生的现金流进行管理和分配。管理人可以是发起人，也可以是委托的资产管理机构。由此可见，SPV 是资产证券化的中枢，主要负责持有资产并实现资产与破产等隔离开来，它还是投资者利益的代理人。同时，SPV 可以利用资产池进行资产组合，不同的资产在信用评级或增级的基础上进行改良、组合、调整，最终吸引更多投资者。

假设以海南自贸港为不动产离岸中心试点，境内不动产企业可以将需要证券化的优质不动产，装入海南离岸中心的不动产 SPV，或者产权类，或者特许经营权类，打包成为不动产离岸资产包，这将在海南形成庞大的不动产资产池和资金池。

（二）配套政策

SPV 结构是一个特殊的 LLC 或者批量的特殊 LLC，这就需要在工商注册

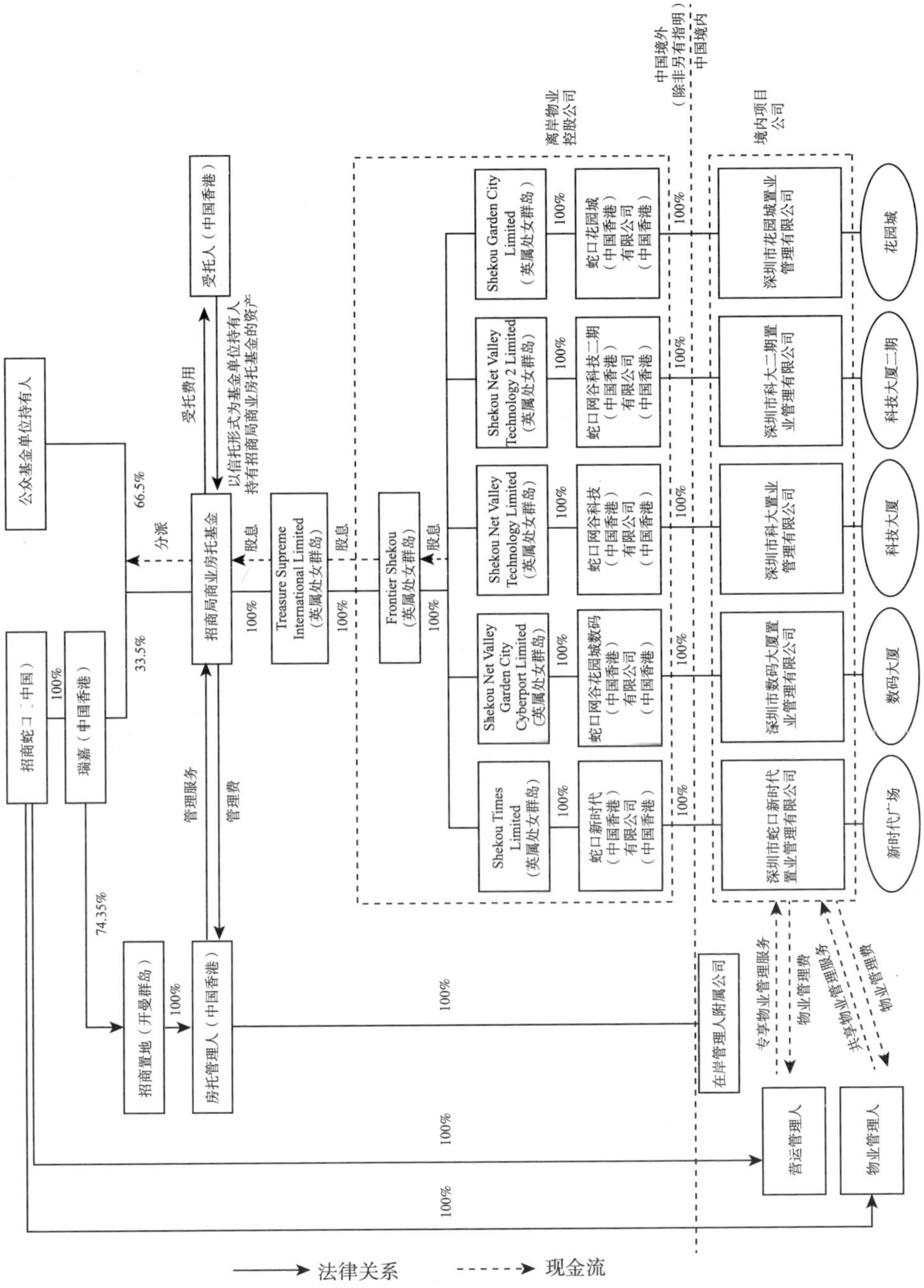

图 7.28 招商局房托结构

上有便捷合规的机制和政策，有利于 SPV 的设立和管理；同时，离岸中心也需要在税收、破产、担保、会计等方面不断探索、实践新的政策制度。同时，在不动产投资基金及基金管理人方面，也需要借鉴中国香港的 LPF（离岸基金）和开曼群岛的离岸基金等模式。

假设还是以海南自贸港为试点，其根据《海南自由贸易港法》实施海南全岛封关运作后，相当于境内关外，岛内的人、财、物、数据将具有离岸属性，相关资产或流转将按离岸法律法规的要求开展，相关主体及其资金、账户开立、收支、汇兑、结算、清算、托管、登记、监督管理以及税收征管等制度安排和基础设施在功能上都必须满足服务、支持和便利该等离岸金融中心的需求。

（三）SPV 体系

SPV 体系除了特殊的注册体系和税务配套之外，还有一系列的基础工作，比如登记、托管、处置等，在境内通过离岸机构或引入海外机构实现对资产的登记、托管以及后续的处置等，这构成了 SPV 体系的基础服务。

有一个完善的离岸 SPV 体系，可以实现更灵活的资产池。比如，在海南的不动产离岸 SPV，可以不只局限在海南的不动产，内地优质的不动产资产也可以装入海南设立的不动产 SPV 资产池，不限于不动产产权或者权益类的，经过组合后打包成为离岸的不动产资产包，在海外发行不动产 REITs 或 T－REITs产品，引入境外资本。

三、不动产离岸中心

（一）离岸 SPV 资产池

一个离岸 SPV 资产池，不仅限于打造不动产离岸中心的资产包，将内地优质不动产以及租赁商业类不动产落地海南离岸 SPV 资产池。离岸 SPV 资产池还可以对池中资产进行组合、管理和处置等资产管理。更关键的是，离岸 SPV 资产池还可以在 SPV 主体融资后滚动收购/并购内地的优质不动产，扩大

SPV 资产池，相当于增资扩股或二级市场增发，从而扩大资产管理规模和提升境外融资能力。

（二）VIE 海外发行

VIE 海外发行的核心是在离岸 SPV 资产池的基础上，通过 VIE 结构，将不动产权益注入境外控股公司，在境外交易所发行 REITs 和 T－REITs（资产通证化）业务，通过境外券商或投行等金融中介，募集引入境外资本的长期资金并实现证券化产品的流动性。

VIE 海外发行最大的优势是将限于政策或者监管而不能在境内进行融资的优质不动产，通过离岸中心的 SPV 和 VIE 结构，在境外发行证券化产品并融资。境外资金可以通过 VIE 控股公司将资金通过增资扩股的形式投入境内的实体企业，或以购买境内企业服务的方式支付给境内实体企业，或以投资基金通过 QFLP 形式投到境内实体企业。

（三）不动产离岸中心

（1）基于离岸的“SPV 资产池＋VIE 结构”，打造不动产离岸中心，通过不动产离岸中心可以充分拓展不动产离岸金融业务，形成多渠道的跨境资本引入。

（2）不动产离岸中心可以替代开曼群岛、中国香港成为不动产离岸基金首选地和不动产 SPV 注册首选地，成为海外发行 REITs 和 T－REITs 的首选地。

（3）不动产离岸中心的长期目标是可以持续吸引境外资本、机构基金长期持有离岸中心的不动产资产池权益产品，并不断创新更多的优质衍生品。

第四节　公共资产 REITs 的未来发展

一、未来发展

首批基础设施 REITs 上市非常火爆地实现了超额认购募集，认购大多来自券商、银行理财、保险公司等机构资金，而且散户投资者的热情也非常高。但首批基础设施 REITs 的封闭期都比较长，均在 20 年以上，因此长期来看，基础设施 REITs 将引导和推动公共资产通过战略配售主动引入社会保障、养老保险、年金等长期资金，促进基础设施 REITs 产品与资金风险收益要求有效匹配。

随着基础设施 REITs 的发行上市，公共资产 REITs 将获得长足发展。公共资产 REITs 不仅可以在国内发行基础设施 REITs，也可以将暂时不符合国内发行条件的公共资产通过 VIE 结构等到海外发行 REITs 和 T－REITs。

公共资产 REITs 的发展，将大力推动城市更新、数据中心建设和补齐交通、生态等基础设施民生短板，更好满足 5G、人工智能、工业互联网、物联网、数据中心等新型基础设施建设融资需求。

公共资产 REITs 的发展，可以协助政府实现存量资产盘活，打通基础设施投资良性循环“新渠道”，而不仅限于依靠扶持资金进行基础设施投建。

公共资产 REITs 的发展，将通过市场化促进优势资源整合，实现基础设施类资产和公共资产更好地整合，组合并创新金融模式，打造 REITs 产业发展“新高地”。

公共资产 REITs 的发展，将突出政策工具集成和促进离岸金融中心探索，构筑新金融服务业，扩大开放新优势。

二、新公共基础设施建设

基础设施 REITs 可以让资产所有者将其持有的合格资产以 REITs 的形式

出售并上市交易，以此获得现金以继续投资新项目。而出售资产能帮助发起人收回投资并剥离债务，从而降低负债率和杠杆率。同时，资产负债表的改善也将提升企业对于新投资的融资能力。推行基础设施 REITs 能释放项目价值从而盘活存量资产，并将非流动性的基础设施资产转化为流动性高且公开上市交易的 REITs 金融产品。

从第一批上市的基础设施 REITs 产品超额募集来看，各方对新的基础设施市场非常看好，在快速增长的新基建和电商类仓储物流资产的推动下，中国的基础设施 REITs 市场有望在未来 10 年内达到 3000 亿美元至 7350 亿美元的规模。

标普全球评级认为，“新经济”基础设施资产将最终主导中国 REITs 市场。长期来看，投资者或更加青睐以绿色碳中和、5G、数据中心等新型基础设施为底层资产的 REITs，其受欢迎程度或将超过诸如公路及电力等传统基础设施的 REITs。

三、社会主义共同富裕

习近平总书记指出：“我们始终坚定人民立场，强调消除贫困、改善民生、实现共同富裕是社会主义的本质要求，是我们党坚持全心全意为人民服务根本宗旨的重要体现，是党和政府的重大责任。”“十四五”规划和 2035 年远景目标纲要明确提出，“人的全面发展、全体人民共同富裕取得更为明显的实质性进展”。

考虑到我国仍处于社会主义初级阶段，仍是发展中国家，发展不平衡不充分的问题仍然突出，因此促进全体人民共同富裕是一项长期任务，对其长期性、艰巨性、复杂性要有充分估计。

基础设施 REITs 的试点，推动了公众投资和持有基础设施资产的热潮，这让传统的国有企业投资基础设施形成国有资产或负债，转变为劳动者个人形成的公众投资持有，这是一种社会主义特色的“共同富裕”。

参考文献

1. 蔡建春，刘俏，张峥，周芊，等．中国 REITs 市场建设［M］．北京：中信出版集团，2020.

2. 韩志峰，张铮，等．REITs：中国道路［M］．北京：人民出版社，2021.

3. 林华，李开孟，李耀光，张平，许余洁，等．中国 REITs 操作手册［M］．北京：中信出版集团，2022.

4. 丁建臣，徐捷，张维．中外房地产投资信托基金（REITs）研究文献综述［J］．经济研究参考，2013（54）：36－42.

5. 邹静，王洪卫．REITs——文献综述［J］．产业经济评论，2018（2）：35－46.

6. 浙商沪杭甬 REIT. 浙商证券沪杭甬杭徽高速封闭式基础设施证券投资基金招募说明书［EB/OL］．［2021－04－23］．http：//bond. sse. com. cn/bridge/information/index_ detail. shtml？ bound_ id＝16943.

7. 华安张江光大 REIT. 华安张江光大园封闭式基础设施证券投资基金招募说明书［EB/OL］．［2021－05－06］．http：//static. sse. com. cn/bond/bridge/information/c/202105/1aa17558a98e497b859a0ad94d860616. pdf.

8. 东吴苏园产业 REIT. 东吴苏州工业园区产业园封闭式基础设施证券投资基金招募说明书［EB/OL］．［2021－05－06］．http：//static. sse. com. cn/bond/bridge/information/c/202105/1801458b8e 1547028f02a8a154bc6ed6. pdf.

9. 中金普洛斯 REIT. 中金普洛斯仓储物流封闭式基础设施证券投资基金招募说明书［EB/OL］．［2021－05－06］．http：//static. sse. com. cn/bond/bridge/information/c/202105/8a1c4f69ad0a474da894f184794c8487. pdf.

10. 富国首创水务 REIT. 富国首创水务封闭式基础设施证券投资基金招募

说明书［EB/OL］．［2021－05－06］．http：//static. sse. com. cn/bond/bridge/information/c/202105/afa45d6060a9440faa43070440420a03. pdf.

11. 红土盐田港 REIT. 红土创新盐田港仓储物流封闭式基础设施证券投资基金招募说明书［EB/OL］．［2021－05－06］．http：//reits. szse. cn/projectdynamic/detail/index. html？ id＝5000008.

12. 平安广州广河 REIT. 平安广州交投广河高速公路封闭式基础设施证券投资基金招募说明书［EB/OL］．［2021－05－06］．http：//reits. szse. cn/projectdynamic/detail/index. html？ id＝5000007.

13. 博时招商蛇口 REIT. 博时招商蛇口产业园封闭式基础设施证券投资基金招募说明书［EB/OL］．［2021－04－23］．http：//reits. szse. cn/projectdynamic/detail/index. html？ id＝5000004.

14. 中航首钢绿能 REIT. 中航首钢生物质封闭式基础设施证券投资基金招募说明书［EB/OL］．［2021－04－23］．http：//reits. szse. cn/projectdynamic/detail/index. html？ id＝5000002.

15. 翟颖慧．基础设施公募 REITs 对基建投融资的影响及现实约束［J］．国际金融，2020（8）：76－80.

16. 计世研究院．美国近年来推进“新基建”的布局及启示［EB/OL］．［2020－09－27］．https：//baijiahao. baidu. com/s？ id＝1678949968170670212&wfr＝spider&for＝pc.

17. 华泰固收．基础设施类 REITs 全解析［EB/OL］．［2020－01－14］．https：//m. sohu. com/a/366716951_828724/？ pvid＝000115_3w_a.

18. 中融信托．首批公募基础设施 REITs“回头看”［EB/OL］．［2021－09－19］．https：//baijiahao. baidu. com/s？ id＝1711295687919160161&wfr＝spider&for＝pc.

19. 中信建投证券课题组，吴云飞．基础设施 REITs 发展的国际经验及借鉴［J］．证券市场导报，2021（1）：12－21.

20. 罗志恒．基础设施 REITs 研究手册：全球市场与中国实践［EB/OL］．［2021－08－12］．https：//mp. weixin. qq. com/s/_PUnLeDcwUd2－kYQK-

MAM8w.

21. 杨咏梅，陈美华．论 REITs 结构模式与税收政策——以基础设施公募 REITs 为例［J］．财会月刊，2021（13）：133－141.

22. 财政部 PPP 中心．全国 PPP 综合信息平台管理库项目 2021 年 1 月报［EB/OL］．［2021－03－01］．https：//www.cpppc.org/ptgg/999809.jhtml.

23. 新华网．配套规则正式出台，公募 REITs 试点工作取得阶段性进展［EB/OL］．［2021－01－30］．http：//www.xinhuanet.com/finance/2021－01/30/c_ 1127044299.htm.

24. 关于政协十二届全国委员会第五次会议第0926 号（财税金融类096 号）提案的答复［EB/OL］．http：//www.csrc.gov.cn/pub/zjhpublic/G00306201/201712/t20171229_ 329916.htm.

25. 肖光睿，李飞，等．2020 年中国 PPP 市场年报［EB/OL］．［2021－01－30］．http：//www.bridata.com/report/detail？id＝6827.

26. 奉椿千，章贵栋，丁化美，等．英国 PPP 二级市场的发展和对中国的借鉴意义［EB/OL］．［2018－11－22］．明树数据网，http：//www.bridata.com/report/detail？id＝4326.

27. 韩其成，陈笑．基建 REITs 推动基建投资进入新时代，基建资产价值重估空间巨大［EB/OL］．［2020－05－06］．http：//ishare.iask.sina.com.cn/f/8YNDfUxNZt.html.

28. 章贵栋．浅谈 PPP 项目二级市场和退出模式［EB/OL］．［2016－10－01］．https：//www.sohu.com/a/115397515_ 480400.

29. 肖钢．制约我国公募 REITs 的五大因素和破解路径［J］．清华金融评论，2019（2）：62－64.

30. 叶露，冯珂，王守清．PPP－REITs 运作模式的设计与分析［J］．建筑经济，2019，40（2）：31－35.

31. 常川．国内 REITs 发展的难点及建议［J］．债券，2020（12）：55－60.

32. 靳林明，操铭．是时新秋蟹正肥，“首”尝其中味——评首创股份基础设施公募 REITs 方案［EB/OL］．［2020－09－03］．https：//www. sohu. com/a/416290679_ 480400.

33. 刘艺琳．我国现有制度下公募基础设施 REITs 各环节涉税分析及政策建议［J］．上海房地，2021（2）：23－28.

34. 赵乐天．REITs 项目税务问题研究［J］．中国经贸，2018（8）：105－106.

35. 孙汉康．国外 REITs 发展的经验及对我国 REITs 转型的启示［J］．经济问题，2019（10）：56－63.

36. 何川，孙沛香，舒伟．基础设施 REITs 试点的现状、问题和对策［J］．金融理论与实践，2021（12）：99－107.

附录1：以不动产估值测算为例的收益还原法介绍

该原理适用于类似资本化资产的价格评估和产品设计。

A. 基本原理

（一）基本概念

收益法也称收益还原法、资本化法（Income Capitalization Method），是将不动产预期未来各年的正常纯收益以适当的还原利率折现求和（资本化），求取代估不动产在一定时点、一定产权状态下价格的一种评估方法。

收益还原法是不动产价格评估的基本方法之一，在国内外不动产资产价格评估中应用很广，又称地租资本化法、投资法、收益资本化法。其评估思想就是不动产价格等于未来土地上可得到的纯收益折算成现在价值的总和。

采用收益还原法求算的不动产价格，被称为收益价格。

还原利率，是指用以将不动产纯收益还原成为不动产价格的比率。在采用收益还原法评估不动产价格时确定适当的还原利率，是准确计算不动产价格的非常关键的问题。

（二）理论依据

收益还原法的理论依据是不动产的预期收益原理。在通常情况下，人们使用某一不动产的目的是在正常情况下获得该不动产的纯收益并期望在未来若干年间也可以源源不断地获得该收益。从现实生活来看，这种源源不断获得的纯收益也可以被当作地租。将这种在未来所获得的纯收益以某一适当的还原利率贴现到评估时日得到一个货币总额（现值），那么，这个货币总额存入银行，也能源源不断地带来与这个纯收益等量的收入。形象一点可以表示为：某一货币额利息率＝纯收益，那么，这一货币额就是该不动产的理论价格。用公式可表示为

$$\text{不动产价格}=\text{纯收益}/\text{利息率}$$

上述收益还原法的表述方法是马克思主义地租理论的应用，当然这只是一种特殊形式，即在假设不动产纯收益每年不变，不动产还原利率每年不变，而且在不动产使用年期为无限年期的理想状态下的土地价格。同时，不动产还原利率也不是简单的银行利率，如果假设中的三个基本因素发生变化，不动产价格的计算公式也将发生变化，这将在下面的公式中有所反映。

B. 收益还原法的公式

1. 公式

不动产还原利率不变且大于零，使用年期无限的价格计算公式为：

$$p=a/r$$

式中：p——不动产价格；a——不动产纯收益；r——不动产还原利率。

2. 不动产使用年期有限且其他因素不变

当 a 每年不变，r 每年不变且大于零，不动产使用年期为 n 年时，其计算公式如下：

$$p=a/r\left[1-\frac{1}{(1+r)^{n}}\right]$$

式中：p、a、r 同前；n——使用不动产的年期或不动产有收益的年期。

3. 不动产纯收益在若干年内有变化

①不动产使用年期无限

当年以前（含 t 年）纯收益有变化，其值为 a_i；t 年以后纯收益无变化，其值为 a；r 每年不变且大于零；使用期为无限时，不动产价格的计算公式为：

$$p=\sum_{i=1}^{t}\frac{a_i}{(1+r)^{i}}+\frac{a}{r\ (1+r)^{t}}$$

式中：p、a、r 同前；a_i——第 i 年纯收益；t——纯收益有变化的年限。

②不动产使用年期有限

当 t 年以前（含第 t 年）纯收益有变化，其值为 a_i；t 年以后纯收益无变化，其值为 a；r 每年不变且大于零；不动产使用年期为 n 时，不动产价格的计算公式如下：

$$p = \sum_{i=1}^{t} \frac{a_i}{(1+r)^i} + \frac{a}{r\ (1+r)^t} \times \left[1 - \frac{1}{(1+r)^{n-t}}\right]$$

式中：p、r、a_i、t、n 同前。

③若干年后的不动产价格已知

当未来某年的不动产价格已知，而已知不动产价格的年份以前的纯收益有变化（不变是特例），r 每年不变且大于零时，不动产价格的计算公式如下：

$$p = \sum_{i=1}^{t} \frac{a_i}{(1+r)^i} + \frac{p_t}{(1+r)^t}$$

式中：p、a_i、r 同前；t——未来不动产价格已知的年限；p_t——未来第 t 年的不动产价格。

④纯收益按等差级数递增或递减

a. 不动产使用年期无限

$$p = \left(\frac{a}{r} \pm \frac{b}{r^2}\right)$$

式中：p、a_i、r 同前；b——纯收益的等差级数递增或递减的数额，如纯收益第一年为 a，则第二年为 $a \pm b$，第三年为 $a \pm 2b$，第 n 年为 $a \pm$ （$n-1$）b。

公式中符号，当纯收益按等差级数递增时取加号，递减时取减号。

b. 不动产使用年期有限

$$p = \left(\frac{a}{r} \pm \frac{b}{r^2}\right) \times \left[1 - \frac{1}{(1+r)^n}\right] \frac{b}{r} \times \frac{n}{(1+r)^n}$$

式中：p、a、r、b、n 同前。

公式中符号的选取，当纯收益按等差级数递增时取上面的符号，递减时取下面的符号。

C. 收益还原法的应用

利用收益还原法评估不动产价格时，分为四种情况：

1. 依据土地收益求取土地价格

2. 依据房地收益求取房地价格

依据房地收益求取房地价格时，需要将土地的还原利率改为综合还原利率。实际中综合还原利率又分为两种情况：

（1）纯收益是扣除折旧后的收益。这种情况下，土地与建筑物的收益价格等于土地与建筑物的纯收益和土地与建筑物的还原利率相除的结果。

（2）纯收益是折旧前的收益。这种情况下，由于纯收益内含有折旧费，综合还原利率要取根据土地还原利率与建筑物还原利率及建筑物等折旧率确定的综合还原利率。其计算公式如下：

$$p=\frac{a}{r}$$

式中：p——房地的收益价格；a——房地折旧前的纯收益。

$$r=\frac{r_1L+(r_2+d)B}{L+B}$$

式中：r——综合还原利率；r_1——土地还原利率；r_2——建筑物还原利率；d——建筑物的折旧率；L——土地价格；B——建筑物价格。

3. 依据房地收益求取土地价格（土地残余法）

其基本思想是，首先依据收益还原法以外的方法求得建筑物的价格，然后从房地的总收益中扣除属于建筑物的收益，得到土地的纯收益，再以土地的还原利率还原，即可得到土地的价格。其计算公式如下：

$$L=\frac{a-B(r_2+d)}{r_1}=\frac{a_1}{r_1}$$

式中：a——建筑物及其相应范围内土地所产生的纯收益（指折旧前，如为折旧后则划掉）；B——建筑物价格；r_2——建筑物还原利率；r_1——土地还原利率；d——建筑物的折旧率；L——土地的收益价格；a_1——土地的纯收益［$a-B(r_2+d)$］。

4. 依据房地收益求取建筑物价格（建筑物残余法）

其基本思路是，首先依据收益还原法以外的方法求取土地价格，然后从建筑物与其相应的范围内土地所产生的纯收益中，扣除归属于土地的部分，求得建筑物的纯收益，再将此收益以建筑物的还原利率还原，即可得到建筑物的收益价格。计算公式如下：

$$B = \frac{a - Lr_1}{r_2 + d} = \frac{a_2}{r_2 + d}$$

式中：a——建筑物及其基地所产生的纯收益（折旧前）；L——土地的价格；r_1——土地的还原利率；B——建筑物的收益价格；r_2——建筑物的还原利率；d——建筑物的折旧率；a_2——建筑物的纯收益。

附录 2：REITs 不动产资产评估方法选用

1. 根据可能搜集的信息资料及标的物业实际情况，决定选用何种评估方法。一般来说，选用市场比较法或收益还原法。

（1）对于商业用房及商业性办公用房，考虑到周围类似不动产交投较活跃，可以取得交易资料，采用市场比较法进行评估分析。

（2）商业性办公用房是有收益物业，租赁市场的租金标准可以比对待估对象，修正差异。

（3）最后综合市场比较法和收益法的评估结果，确定标的物业评估价值。

2. 具体技术路线

（1）市场比较法

①对当地不动产市场价格总体形势进行分析，了解当地不动产市场的整体状况，判断整体市场走向；

②对当地商业物业及地下车位供需的热点区域市场特点进行调研分析；

③对待估对象所在区域情况进行调研分析；

④结合待估对象区域特点对区域内的同档次写字楼及商业物业的楼盘位置、档次、建筑规模、可销售面积、功能分布、配套设施等综合因素进行对比分析。

⑤采用市场比较法求取标的物业评估价值。

（2）收益法

①通过对咨询对象周围可比物业租金的市场调查，确定咨询对象的租金标准；搜集市场上同类型物业的空置率信息，测算平均空置率，计算物业租金收益。

②通过对咨询对象周围可比物业交易价格和租金进行价格分析，测算咨

询对象的租售比，确定咨询对象的收益还原率。

根据收益法公式：$P=V/R\times[1-(1+R)-n]$，分别确定咨询对象的价格。

2020年9月证券投资基金业协会发布《公开募集基础设施证券投资基金运营操作指引（试行）》，明确要求基金管理人和评估机构应将收益法中的现金流折现法作为主要估值方法。从已发行的公募REITs招募说明书看，底层资产均采用“收益法”并辅以“市场法”交叉对比估值差异。其中，根据底层资产的差异，特许经营权REITs一般采用全剩余寿命模式收益法（经营期限DCF估值法）；而产权类REITs大都采用持有加转售模式收益法（即动态收益估值法，10年以内按照DCF估值法估值，在第11年卖出，用预测净现金流除以资本化率得到卖出价格，两者相加得到估值）。

全剩余寿命模式收益法：

$$P=\sum_{i=1}^{n}\frac{CF^{i}}{(1+r)^{i}}$$

式中：P——资产估值；n——特许经营权期限；CF^{i}——第i年产生的经营性净现金流；r——折现率。

持有加转售模式收益法：

$$P=\sum_{i=1}^{10}\frac{CF^{i}}{(1+r)^{i}}+\frac{\frac{CF^{11}}{R}}{(1+r)^{10}}$$

式中：P——资产估值；n——特许经营权期限；CF^{i}——第i年产生的经营性净现金流；r——折现率；R——资本化率。

附录3：基础设施 REITs 试点政策

中国证监会、国家发展改革委关于推进基础设施领域不动产投资信托基金（REITs）试点相关工作的通知（证监发〔2020〕40号）

中国证监会各派出机构，上海证券交易所、深圳证券交易所，中国证券业协会，中国证券投资基金业协会，各省、自治区、直辖市、计划单列市发展改革委，新疆生产建设兵团发展改革委：

为贯彻落实党中央、国务院关于防风险、去杠杆、稳投资、补短板的决策部署，积极支持国家重大战略实施，深化金融供给侧结构性改革，强化资本市场服务实体经济能力，进一步创新投融资机制，有效盘活存量资产，促进基础设施高质量发展，现就推进基础设施领域不动产投资信托基金（以下简称基础设施 REITs）试点工作通知如下：

一、充分认识推进基础设施 REITs 试点的重要意义

基础设施 REITs 是国际通行的配置资产，具有流动性较高、收益相对稳定、安全性较强等特点，能有效盘活存量资产，填补当前金融产品空白，拓宽社会资本投资渠道，提升直接融资比重，增强资本市场服务实体经济质效。短期看有利于广泛筹集项目资本金，降低债务风险，是稳投资、补短板的有效政策工具；长期看有利于完善储蓄转化投资机制，降低实体经济杠杆，推动基础设施投融资市场化、规范化健康发展。

各相关单位应充分认识推进基础设施 REITs 试点的重要意义，加强合作，推动基础设施 REITs 在证券交易所公开发行交易，盘活存量资产、形成投资良性循环，吸引更专业的市场机构参与运营管理，提高投资建设和运营管理效率，提升投资收益水平。

二、推进基础设施 REITs 试点的基本原则

（一）符合国家政策，聚焦优质资产。推动国家重大战略实施，服务实体经济，支持重点领域符合国家政策导向、社会效益良好、投资收益率稳定且运营管理水平较好的项目开展基础设施 REITs 试点。

（二）遵循市场原则，坚持权益导向。结合投融资双方需求，按照市场化原则推进基础设施 REITs，依托基础设施项目持续、稳定的收益，通过 REITs 实现权益份额公开上市交易。

（三）创新规范并举，提升运营能力。加强对基础设施资产持续运营能力、管理水平的考核、监督，充分发挥管理人的专业管理职能，确保基础设施项目持续健康运营，努力提升运营效率和服务质量，推动基础设施投融资机制和运营管理模式创新。

（四）规则先行，稳妥开展试点。借鉴成熟国际经验，在现行法律法规框架下，在重点领域以个案方式先行开展基础设施 REITs 试点，稳妥起步，及时总结试点经验，优化工作流程，适时稳步推广。

（五）强化机构主体责任，推动归位尽责。明确管理人、托管人及相关中介机构的职责边界，加强监督管理，严格落实诚实守信、勤勉尽责义务，推动相关参与主体归位尽责。

（六）完善相关政策，有效防控风险。健全法律制度保障与相关配套政策，把握好基础资产质量，夯实业务基础，有效防范市场风险。借鉴境外成熟市场标准，系统构建基础设施 REITs 审核、监督、管理制度，推动制度化、规范化发展。

三、基础设施 REITs 试点项目要求

（一）聚焦重点区域。优先支持京津冀、长江经济带、雄安新区、粤港澳大湾区、海南、长江三角洲等重点区域，支持国家级新区、有条件的国家级经济技术开发区开展试点。

（二）聚焦重点行业。优先支持基础设施补短板行业，包括仓储物流、收费公路等交通设施，水电气热等市政工程，城镇污水垃圾处理、固废危废处理等污染治理项目。鼓励信息网络等新型基础设施，以及国家战略性新兴产

业集群、高科技产业园区、特色产业园区等开展试点。

（三）聚焦优质项目。基础设施 REITs 试点项目应符合以下条件：

1. 项目权属清晰，已按规定履行项目投资管理，以及规划、环评和用地等相关手续，已通过竣工验收。PPP 项目应依法依规履行政府和社会资本管理相关规定，收入来源以使用者付费为主，未出现重大问题和合同纠纷。

2. 具有成熟的经营模式及市场化运营能力，已产生持续、稳定的收益及现金流，投资回报良好，并具有持续经营能力、较好的增长潜力。

3. 发起人（原始权益人）及基础设施运营企业信用稳健、内部控制制度健全，具有持续经营能力，最近 3 年无重大违法违规行为。基础设施运营企业还应当具有丰富的运营管理能力。

（四）加强融资用途管理。发起人（原始权益人）通过转让基础设施取得资金的用途应符合国家产业政策，鼓励将回收资金用于新的基础设施和公用事业建设，重点支持补短板项目，形成投资良性循环。

四、基础设施 REITs 试点工作安排

（一）试点初期，由符合条件的取得公募基金管理资格的证券公司或基金管理公司，依法依规设立公开募集基础设施证券投资基金，经中国证监会注册后，公开发售基金份额募集资金，通过购买同一实际控制人所属的管理人设立发行的基础设施资产支持证券，完成对标的基础设施的收购，开展基础设施 REITs 业务。公开募集基础设施证券投资基金符合《证券法》《证券投资基金法》规定的，可以申请在证券交易所上市交易。

（二）各省级发展改革委主要从项目是否符合国家重大战略、宏观调控政策、产业政策、固定资产投资管理法规制度，以及鼓励回收资金用于基础设施补短板领域等方面出具专项意见。各省级发展改革委要加强指导，推动盘活存量资产，促进回收资金用于基础设施补短板项目建设，形成投资良性循环。在省级发展改革委出具专项意见基础上，国家发展改革委将符合条件的项目推荐至中国证监会，由中国证监会、沪深证券交易所依法依规，并遵循市场化原则，独立履行注册、审查程序，自主决策。中国证监会各派出机构、沪深证券交易所与省级发展改革委加强协作，做好项目遴选与推荐工作。

（三）中国证监会制定公开募集基础设施证券投资基金相关规则，对基金管理人等参与主体履职要求、产品注册、份额发售、投资运作、信息披露等进行规范。沪深证券交易所比照公开发行证券相关要求建立基础设施资产支持证券发行审查制度。中国证监会各派出机构、沪深证券交易所、中国证券业协会、中国证券投资基金业协会等有关单位要抓紧建立基础设施资产支持证券受理、审核、备案、信息披露和持续监管的工作机制，做好投资者教育和市场培育，参照公开发行证券相关要求强化对基础设施资产支持证券发行等环节相关参与主体的监督管理，压实中介机构责任，落实各项监管要求。

中国证监会指导各派出机构、沪深证券交易所、中国证券业协会与中国证券投资基金业协会制定完善试点项目遴选相关配套措施，加强基础设施REITs的业务过程监管，并结合实践情况，适时完善法律制度保障。

（四）中国证监会、国家发展改革委密切沟通协作、加强信息共享，协调解决基础设施REITs试点过程中存在的问题与困难，并依据职责分工，不断优化流程、提高效率，推动基础设施REITs试点工作顺利开展，并支持探索开展基础设施REITs试点的其他可行模式。

有关单位应按照本通知要求，做好项目储备等前期工作，待相关配套规则明确后，按规定报送相关材料。

中国证监会 国家发展改革委

2020年4月24日

关于做好基础设施领域不动产投资信托基金（REITs）试点项目申报工作的通知（发改办投资〔2020〕586号）

各省、自治区、直辖市、计划单列市发展改革委，新疆生产建设兵团发展改革委：

按照我委与中国证监会联合印发的《关于推进基础设施领域不动产投资信托基金（REITs）试点相关工作的通知》（以下简称《通知》）要求，为做好试点项目申报工作，现就有关事项通知如下：

一、高度重视，切实做好试点项目组织申报工作

（一）开展基础设施REITs试点，是贯彻落实党中央、国务院关于防风

险、去杠杆、稳投资、补短板决策部署的有效政策工具，是投融资机制的重大创新，有助于盘活存量资产，广泛调动各类社会资本积极性，促进基础设施高质量发展。各地发展改革委要高度重视、精心组织、统筹协调，按要求稳妥推进试点项目申报工作。

（二）基础设施项目手续依法合规是试点工作顺利开展的必要前提；基础设施项目持续健康平稳运营是衡量试点工作成功与否的关键标准。各地发展改革委要严格审查把关，确保项目符合国家重大战略、宏观调控政策、产业政策、固定资产投资管理法规制度，促进项目持续健康平稳运营，推动形成良性投资循环，为试点工作顺利开展奠定坚实基础。

二、聚焦重点，准确把握试点项目的地区和行业范围

（三）聚焦重点区域。优先支持位于《京津冀协同发展规划纲要》《河北雄安新区规划纲要》《长江经济带发展规划纲要》《粤港澳大湾区发展规划纲要》《长江三角洲区域一体化发展规划纲要》《海南自由贸易港建设总体方案》等国家重大战略区域范围内的基础设施项目。支持位于国务院批准设立的国家级新区、国家级经济技术开发区范围内的基础设施项目。

（四）聚焦重点行业。优先支持基础设施补短板项目，鼓励新型基础设施项目开展试点。主要包括：

1. 仓储物流项目。

2. 收费公路、铁路、机场、港口项目。

3. 城镇污水垃圾处理及资源化利用、固废危废医废处理、大宗固体废弃物综合利用项目。

4. 城镇供水、供电、供气、供热项目。

5. 数据中心、人工智能、智能计算中心项目。

6. 5G、通信铁塔、物联网、工业互联网、宽带网络、有线电视网络项目。

7. 智能交通、智慧能源、智慧城市项目。

（五）鼓励国家战略性新兴产业集群、高科技产业园、特色产业园等开展试点。项目应满足以下条件：

1. 位于国家发展改革委确定的战略性新兴产业集群，或《中国开发区审核公告目录（2018年版）》确定的开发区范围内。

2. 业态为研发、创新设计及中试平台，工业厂房，创业孵化器和产业加速器，产业发展服务平台等园区基础设施。

3. 项目用地性质为非商业、非住宅用地。

（六）酒店、商场、写字楼、公寓、住宅等房地产项目不属于试点范围。

三、确保试点项目满足基本条件

（七）基础设施项目权属清晰、资产范围明确，发起人（原始权益人）依法合规拥有项目所有权、特许经营权或运营收费权，相关股东已协商一致同意转让。

（八）项目运营时间原则上不低于3年。

（九）现金流持续稳定且来源合理分散，投资回报良好，近3年内总体保持盈利或经营性净现金流为正。预计未来3年净现金流分派率（预计年度可分配现金流/目标不动产评估净值）原则上不低于4%。

（十）基础设施运营管理机构具备丰富的同类项目运营管理经验，配备充足的运营管理人员，公司治理与财务状况良好，具有持续经营能力。

（十一）发起人（原始权益人）、基金管理人、基础设施运营管理机构近3年在投资建设、生产运营、金融监管、工商、税务等方面无重大违法违规记录，项目运营期间未出现安全、质量、环保等方面的重大问题。

四、明确试点项目申请材料要求

（十二）发起人（原始权益人）应按要求准备项目申请材料，并对申请材料的真实性负责。申请材料包括：

1. 基本情况。包括发起人（原始权益人）情况；项目及运营情况；REITs发行总体方案；基础设施运营管理机构情况；市场机构参与等情况（详见附件1）。

2. 合规情况。包括项目符合国家重大战略、宏观调控政策、产业政策情况；依法依规取得固定资产投资管理相关手续情况；PPP项目合规情况、项目收益和收入来源情况；筹集资金用途情况；基础设施项目持续健康运营保障条件等情况（详见附件 2）。

3. 证明材料。项目可行性研究报告批复或核准、备案文件复印件；规划、用地、环评、施工许可证书或批复文件复印件；项目竣工验收文件和产权文件（如有）复印件；PPP 项目实施方案及批复文件、招标采购文件、PPP 合同或特许经营协议复印件；项目经审计的财务报告或备考财务报表；律师事务所就项目权属和资产范围、项目合法合规性、转让行为合法性等出具的法律意见书（向国家发展改革委正式申报前出具即可）；发起人（原始权益人）承诺材料等（详见附件 3）。

4. 国家发展改革委要求提供的其他相关材料。

五、规范试点项目申报程序

（十三）发起人（原始权益人）向项目所在地省级发展改革委报送试点项目申请材料。省级发展改革委按照“聚焦合规优质资产”的试点原则，严格把握试点项目质量。不满足试点项目基本条件或重要手续材料缺失的，不予受理。

（十四）发起人（原始权益人）拟整合跨地区的多个项目一次性发行 REITs 产品的：

1. 发起人（原始权益人）向注册地省级发展改革委报送完整的项目申请材料，并分别向相关省级发展改革委报送涉及该地区的项目材料。

2. 发起人（原始权益人）注册地省级发展改革委对本地区项目和 REITs 发行总体方案审查把关，其他相关省级发展改革委对本地区项目审查把关。

3. 对于项目收益是否满足试点基本条件，需以打包后项目整体收益进行判断。

（十五）对符合相关条件、拟推荐开展试点的项目，省级发展改革委需向我委出具无异议专项意见，文字内容需包含“经初步审核，所推荐项目符合国家重大战略、发展规划、宏观调控政策、产业政策、固定资产投资管理法规制度，以及试点区域、行业等相关要求，推荐该项目开展基础设施 REITs 试点”的表述，同时一并报送试点项目申请材料。

六、严格开展项目合规性审查

（十六）试点项目应符合相关政策要求，主要包括：

1. 符合京津冀协同发展、雄安新区建设、长江经济带发展、粤港澳大湾区建设、长三角区域一体化发展、推进海南全面深化改革开放等国家重大战略。

2. 符合国家宏观调控政策和产业政策。

3. 符合国家和当地的国民经济和社会发展规划、有关专项规划。

（十七）试点项目已依法依规取得固定资产投资管理相关手续。主要包括：

1. 项目审批、核准或备案手续。

2. 规划、用地、环评、施工许可手续。

3. 竣工验收报告（或建设、勘察、设计、施工、监理“五方验收单”，或政府批复的项目转入商运文件）。

4. 依据相关法律法规必须办理的其他重要许可手续（例如，有关项目应按照《固定资产投资项目节能审查办法》要求进行节能审查；涉及经营增值电信业务的数据中心项目应取得增值电信业务经营许可）。

应以手续办理时的法律法规、规章制度、国家政策等为依据，判定相关手续的合法合规性。

（十八）PPP 项目还需满足以下条件：

1. 2015 年以后批复实施的 PPP 项目，应符合国家关于规范有序推广 PPP 模式的规定。包括：（1）依法依规履行项目审批、核准或备案手续。（2）批复 PPP 项目实施方案。（3）通过公开招标等竞争方式确定社会资本方。（4）依照法定程序规范签订 PPP 合同。

2. 2015 年 6 月以后批复实施的特许经营项目，应符合《基础设施和公用事业特许经营管理办法》（国家发展改革委等 6 部委第 25 号令）有关规定。此前采用 BOT、TOT、股权投资等模式实施的特许经营项目，应符合当时国家关于固定资产投资建设、特许经营管理等相关规定。

3. 收入来源以使用者付费（包括按照穿透原则实质为使用者支付的费

用）为主。收入来源含地方政府补贴的，需在依法依规签订的 PPP 合同或特许经营协议中有明确约定。

4. PPP 项目运营稳健、正常，未出现暂停运营等重大问题或重大合同纠纷。

（十九）鼓励将回收资金用于基础设施补短板建设。

1. 回收资金的使用应符合国家产业政策，需明确具体用途和相应金额。

2. 在符合国家政策及企业主营业务要求的条件下，回收资金可跨区域、跨行业使用。

3. 鼓励将回收资金用于国家重大战略区域范围内的重大战略项目、新的基础设施和公用事业项目建设，鼓励将回收资金用于前期工作成熟的基础设施补短板项目和新型基础设施项目建设，形成良性投资循环。

（二十）试点项目的资产范围、REITs 产品架构设计，以及基金管理人、基础设施运营管理机构等主要参与方，需符合国家固定资产投资管理相关规定和监管要求。基金合同、运营管理服务协议等法律文件中，需合理界定运营管理相关各方的权责利关系和奖惩机制，明确约定解聘、更换外部管理机构的条件和程序，促进基础设施项目持续健康平稳运营，保障公共利益。

（二十一）涉及外商投资的项目，应符合国家利用外资有关法律法规。

七、其他工作要求

（二十二）项目申报和审查工作对各种所有制企业、本地和外埠企业应一视同仁、公平对待，试点项目成熟一个申报一个。

（二十三）各省级发展改革委要与证监等部门加强沟通衔接，统筹做好试点项目储备、遴选与申报工作。涉及国有资产转让的项目，应符合国有资产管理相关规定。PPP 项目的股权转让，应获得合作政府方的同意。

（二十四）对于盘活存量资产、促进投资良性循环、推动基础设施高质量发展具有特殊示范意义的项目，各省级发展改革委在与有关方面充分沟通并达成一致的基础上，可按上述规定和要求，向我委报送申请材料。

在省级发展改革委出具专项意见基础上，国家发展改革委将严格按照《通知》要求，支持符合国家政策导向、社会效益良好、投资收益率稳定且运营管理水平较好的项目，开展基础设施 REITs 试点，将符合条件的项目推荐至中国证监会。

特此通知。

附件：

1. ××项目开展基础设施 REITs 试点基本情况材料（略）

2. ××项目开展基础设施 REITs 试点合规情况材料（略）

3. ××项目开展基础设施 REITs 试点证明材料（略）

国家发展改革委办公厅

2020 年 7 月 31 日

基础设施 REITs 试点项目申报工作的通知要求

为积极稳妥做好基础设施领域不动产投资信托基金（以下简称“基础设施 REITs”）试点项目申报工作，按照国家发展改革委办公厅《关于做好基础设施 REITs 试点项目申报工作的通知》（发改办投资〔2020〕586 号，以下简称《通知》）要求，结合各地方项目准备情况，第一批基础设施 REITs 试点项目有关申报工作的通知要求如下。

一、切实提高第一批试点项目的示范性和代表性

第一批基础设施 REITs 试点项目社会关注度高、示范性强，选准选好第一批试点项目，对保障基础设施 REITs 工作顺利开展具有十分重要的意义，各地对此务必高度重视。第一批试点项目首先要确保依法合规，同时必须具有较强的示范性和代表性，成熟一个申报一个。各省级发展改革委要会同有关方面，切实按照《通知》要求，对拟申报项目认真审核把关，严格申报条件，坚持审核标准，特别是要注重项目的示范性和代表性，优中选优做好筛选工作，以充分发挥第一批试点项目的引领带动作用。

二、申报项目条件

申报项目应严格符合《通知》明确的各项要求，此外还应满足以下条件：

（一）项目区域。第一批试点主要考虑位于京津冀、雄安新区、长江经济带、粤港澳大湾区、长江三角洲、海南等国家重大战略区域范围内的项目，或位于国务院批准设立的国家级新区、国家级经济技术开发区范围内的项目。

（二）行业范围。所申报项目必须是基础设施项目，不得包含产业类项目和商业地产项目。严格按照《通知》明确的重点行业进行申报，超出试点行业范围的项目原则上不予申报。国家战略性新兴产业集群、高科技产业园、特色产业园等产业园区项目，应位于国家发展改革委确定的战略性新兴产业集群，或《中国开发区审核公告目录（2018 年）》确定的开发区范围内；不在上述范围内，但具有很好的示范引导作用、确需申报的，须事先与主管部门沟通。

（三）项目规模。拟发售基金总额（含原始权益人及相关方自留份额）原则上应大于 5 亿元。打包项目按照全部打包项目发售基金总额计算。

（四）同类资产。发起人（原始权益人）持有或运营的同类资产数量较多、运营管理经验丰富，发行基础设施 REITs 产品后可使用同类资产进行扩募。要优先选取在全国范围有一定知名度和影响力、发起人为行业龙头企业的项目。

（五）运营时间。申报项目原则上应于 2018 年 3 月 31 日前开始运营（含取得运营收入的试运营）。对运营模式成熟、现金流状况优良的基础设施项目，运营时间可适当放宽，但应提供项目已进入成熟稳定运营期的证明材料。

（六）现金流。预计未来 3 年项目净现金流收益率（预计年度可分配现金流/目标不动产评估净值）不低于 4%。相关预测应合理客观，并说明预测过程及主要参数。

（七）回收资金用途。回收资金应主要用于新的基础设施项目建设（比例原则上不低于 80%）；拟新投资的基础设施项目应真实存在，且前期工作相对成熟；发起人（原始权益人）应以项目资本金方式将回收资金用于新的基础设施项目建设。申报项目应提供回收资金用途情况的真实性证明材料或承诺函。

（八）税收和国有资产转让。项目应符合税收、国有资产转让等政策规定，不得存在重大瑕疵和合规性风险。申报项目应提供相关专业机构说明性文件或发起人（原始权益人）承诺函。

（九）中介机构。申报项目应在基本情况材料中，明确公募基金及计划管理人，以及律师事务所、资产评估机构、审计机构和税务咨询顾问等其他中介机构。应充分考虑 REITs 产品的权益属性，结合项目实际，综合参考市场可比产品，合理确定发行及管理费用水平和机制，不得恶性低价竞争，给未来正常运营留下隐患。

（十）项目建设运营成效。申报项目应在基本情况材料中，详细说明项目的建设运营成效，包括为促进高质量发展、增强人民福祉发挥了哪些重要作用，在贯彻新发展理念和国家重大战略、推进供给侧结构性改革等方面有哪些突出特色，获得了哪些国家或省部级的奖励和荣誉等。

三、申报工作要求

（一）严格审核把关。各省级发展改革委要严格按照《通知》精神和上述申报要求，对本地区申报项目进行认真审核把关，并对项目的合规性以及材料完整性负责。对申报项目质量较差、项目明显不符合要求、申报材料存在较多问题的地方，将要求重新申报。

（二）申报材料。各省级发展改革委要按照成熟一个、申报一个的要求，向国家发展改革委报送项目申请材料。同时，填写《基础设施 REITs 试点项目申报表》，与项目申请材料一并报送。

基础设施类试点项目库准备通知要求

为贯彻落实党中央、国务院决策部署，根据《中国证监会 国家发展改革委关于推进基础设施领域不动产投资信托基金（REITs）试点相关工作的通知》《国家发展改革委办公厅关于做好基础设施领域不动产投资信托基金（REITs）试点项目申报工作的通知》和中国证监会《公开募集基础设施证券投资基金指引（试行）》（以下分别简称“40 号文”“586 号文”和“指引”）等文件要求，切实保障试点项目质量，有效防范市场风险，推动基础设施领域不动产投资信托基金（以下简称“基础设施 REITs”）试点工作高质量推进，国家发展改革委决定建立全国基础设施 REITs 试点项目库。

一、充分认识稳妥推进基础设施 REITs 试点的重要意义

稳妥推进基础设施 REITs 试点，把握好基础资产质量，及时总结经验，健全规章制度，优化工作流程，夯实业务基础，对于推动基础设施 REITs 试

点工作制度化、规范化发展至关重要。各地发展改革委对此要有充分认识，要严格执行40号文、586号文、指引以及中国证监会、国家发展改革委相关文件要求，按照统一的政策规定、操作规范、审核条件和工作程序，与中国证监会各派出机构密切沟通协作、加强信息共享，共同稳妥推进试点工作。同时，切实采取有效措施防范风险隐患，避免对试点工作造成不利影响，促进基础设施 REITs 试点工作平稳顺利开展。

二、切实加强基础设施 REITs 试点项目储备管理

基础设施 REITs 试点项目社会关注度高、示范性强，切实加强项目储备管理，选准选好试点项目，对推进基础设施 REITs 试点工作平稳顺利开展十分重要。为切实保障基础设施 REITs 试点项目质量，国家发展改革委将按照统一标准和规则，设立覆盖试点各区域、各行业的全国基础设施 REITs 试点项目库，并作为全国盘活存量项目库的一个重要组成部分。各地发展改革委对此要高度重视、精心组织，积极做好统筹协调工作，推动落实相关条件，在严格审核把关的基础上，将符合条件的项目纳入基础设施 REITs 试点项目库，为稳妥开展基础设施 REITs 试点工作奠定坚实基础。

三、严格把握入库项目条件

基础设施 REITs 试点项目库包含意向项目、储备项目和存续项目 3 类项目。入库项目应分别满足下列条件：

（一）意向项目。

属于基础设施项目，基本符合基础设施 REITs 发行条件，原始权益人具有发行 REITs 产品的明确意向。如所在地区、行业等暂不属于基础设施 REITs 试点范围，可单独备注说明。

（二）储备项目。

项目发起人（原始权益人）已正式启动发行 REITs 产品准备工作。比如，已开始目标资产重组工作，或已基本确定公募基金管理人和资产支持专项计划管理人，或已筹备成立项目公司，或相关股东已协商一致同意转让，或有权主管部门同意发行 REITs 产品等。入库项目应符合中国证监会、国家发展改革委关于推进基础设施 REITs 试点工作有关要求和规定。

（三）存续项目。

项目已成功发行 REITs 产品，设立的基础设施基金进入存续期管理。

四、强化入库项目政策支持和协调服务

（一）对入库的意向项目，要综合考虑国家重大战略要求、地方经济社会发展需要、项目自身条件与前期工作准备情况等，加强指导协调，推动做好发行 REITs 各项准备工作。

（二）对入库的储备项目，要深入了解项目工作进展，及时掌握项目情况，联合当地有关部门，加强统筹协调，做好咨询服务，帮助落实各项条件，并与当地中国证监会派出机构、相关证券交易所加强沟通，帮助项目做好相关准备。向国家发展改革委推荐基础设施 REITs 试点的项目，应从储备库中统一选取，未入库项目不得推荐。

（三）对符合条件的入库储备项目和使用募集资金投资的新项目，国家发展改革委将采取投资补助等方式安排中央预算内投资，支持项目顺利实施。

（四）对使用募集资金投资的新项目，在安排其他中央预算内投资专项、地方政府专项债券时，可在同等条件下优先支持，推动盘活存量资产、形成投资良性循环。

五、做好入库项目梳理和报送工作

（一）请各地抓紧梳理汇总本地区基础设施 REITs 试点项目，及时将符合条件的项目分类纳入基础设施 REITs 试点项目库，并按照附件 1、附件 2、附件 3 填写相关项目情况。

（二）为便于及时掌握项目情况，请按照入库项目和资产编码规则（见附件 4）编制有关入库项目和资产代码。其中，“项目”是指原始权益人拟申报基础设施 REITs 试点的项目，“资产”是指项目中位于不同地理位置的独立资产（或称子项目）。

（三）涉及跨区域或打包项目的，请原始权益人注册地省份填报该项目的所有资产（子项目）情况，请注册地以外省份填报该项目在本地区的资产（子项目）情况。

（四）请于 3 月 5 日前将首批入库项目报送国家发展改革委投资司，并于每月 5 日前更新并报送截至上月末的项目信息。

六、统一规则、加强协作，切实做好基础设施 REITs 试点工作

（一）为稳妥推进试点工作，切实规范试点项目管理，各地发展改革委要与当地中国证监会派出机构、有关部门积极沟通、加强协作，切实贯彻落实好 40 号文、586 号文、指引和中国证监会、国家发展改革委相关工作要求，不得出台不符合 40 号文等精神的配套文件，不得违反 40 号文等明确的规则、规范、条件和程序推荐项目，确保基础设施 REITs 试点工作稳妥推进。

（二）各地发展改革委对不符合 40 号文等精神、未纳入基础设施 REITs 试点项目库的项目，要主动作为、及时制止，防止扰乱试点进程；必要时应从国家重大战略、宏观调控政策、产业政策、发展规划、投资管理法规制度等方面进行审核，对于发现的问题要责令项目单位及时改进，并抄送当地中国证监会派出机构和有关部门，情节严重的要及时报告国家发展改革委。对向不符合 40 号文等精神的项目提供发行 REITs 相关服务的各类中介机构，各地发展改革委要及时进行提醒和约谈。

（三）国家发展改革委将对各地发展改革委执行 40 号文等政策精神，以及建立基础设施 REITs 试点项目库有关情况加强监督指导，对执行不力的及时予以提醒，对问题突出、造成严重不良影响的将通报批评，并视情况采取其他惩戒措施。对违反 40 号文等政策精神的有关情况，及时通报中国证监会和相关部门，必要时采取适当方式向社会公开。

附件：

1. 全国基础设施 REITs 试点项目库——意向项目表（略）
2. 全国基础设施 REITs 试点项目库——储备项目表（略）
3. 全国基础设施 REITs 试点项目库——存续项目表（略）
4. 入库项目和资产编码规则（略）

国家发展改革委关于进一步做好基础设施领域不动产投资信托基金（REITs）试点工作的通知（发改投资〔2021〕958 号）

各省、自治区、直辖市及计划单列市、新疆生产建设兵团发展改革委：

为贯彻落实党中央、国务院决策部署，按照《中华人民共和国国民经济

和社会发展第十四个五年规划和2035 年远景目标纲要》（以下简称“‘十四五’规划《纲要》”），以及我委与中国证监会联合印发的《关于推进基础设施领域不动产投资信托基金（REITs）试点相关工作的通知》（以下简称“40号文”）等要求，进一步做好基础设施领域不动产投资信托基金（以下简称“基础设施 REITs”）试点工作，现就有关事项通知如下：

一、不断深化认识，加强支持引导

（一）充分认识基础设施 REITs 的重要意义。“十四五”规划《纲要》提出，推动基础设施 REITs 健康发展，有效盘活存量资产，形成存量资产和新增投资的良性循环。开展基础设施 REITs 试点，对推动形成市场主导的投资内生增长机制，提升资本市场服务实体经济的质效，构建投资领域新发展格局，具有重要意义。各地发展改革委要把基础设施 REITs 作为一项重点工作，高度重视、积极推动，盘活存量资产，促进形成投资良性循环。

（二）结合本地实际加大工作力度。各地发展改革委要充分发挥在发展规划、投资管理、项目建设等方面的经验，做好项目储备，加强协调服务，帮助解决问题，促进市场培育，充分调动各类原始权益人的积极性。鼓励结合本地区实际情况，研究出台有针对性的支持措施，促进基础设施 REITs 市场健康发展。

（三）加强政策解读和宣传培训。采取多种方式加强政策解读，总结推广典型经验，宣传推介成功案例，推动有关方面充分认识基础设施 REITs 的重要意义和积极作用。组织开展多种类型的业务培训，帮助有关部门、地方政府、原始权益人、基金管理人、资产支持证券管理人、中介机构等，掌握和了解与基础设施 REITs 相关的政策法规、管理要求，进一步熟悉基础设施 REITs 的操作规则，不断提升参与试点的意愿和能力。

二、加强项目管理和协调服务

（四）加强项目储备管理。及时梳理汇总本地区基础设施 REITs 试点项目，将符合条件的项目分类纳入全国基础设施 REITs 试点项目库，做到应入尽入，未纳入项目库的项目不得申报参与试点。督促有关方面适时更新项目信息，动态掌握入库项目进展，及时剔除不符合要求的项目，切实保障入库项目质量。

（五）推动落实项目条件。对纳入项目库的意向项目，要结合发展需要和项目情况，推动做好相关准备工作。对储备项目，要及时掌握项目进展，与中国证监会当地派出机构、沪深证券交易所、有关行业管理部门、有关行政审批部门等加强沟通，依法依规办理相关手续，帮助落实发行基础设施 REITs 的各项条件。

（六）充分发挥政府投资引导作用。用好引导社会资本参与盘活国有存量资产中央预算内投资示范专项，支持回收资金投入的新项目加快开工建设，促进形成投资良性循环。在安排中央预算内投资、地方政府专项债券时，对使用回收资金投入的新项目，以及在盘活存量资产方面取得积极成效的项目单位，可在同等条件下优先支持，充分调动盘活存量积极性。

三、严把项目质量关

（七）规范编制申报材料。督促指导项目原始权益人、基金管理人、资产支持证券管理人、律师事务所、会计师事务所、资产评估机构等有关方面，严格落实本通知规定，按照统一的申报要求，认真编制项目申报材料。项目申报材料应真实、完整、有效，不得存在虚假记载、误导性陈述、重大遗漏等情况。

（八）切实保障项目质量。严格按照试点有关政策规定、项目条件、操作规范和工作程序，坚持标准、宁缺毋滥，认真把关申报项目质量，成熟一个、申报一个。项目申报工作要对各种所有制企业、本地和外埠企业一视同仁、公平对待。优先支持贯彻新发展理念，有利于促进实现碳达峰碳中和目标、保障和改善民生、推动区域协调发展、推进县城补短板强弱项、增强创新能力等的基础设施项目。

（九）提高申报工作效率。各地发展改革委要在严格防范风险前提下，切实承担责任，优化工作流程，及时向我委申报项目，不符合试点条件和要求的项目不得申报。如相关省级发展改革委向我委申报明显不符合要求且情况比较严重的项目，我委一定时间内将不再受理该省级发展改革委项目申报。我委将持续完善工作程序，进一步提高工作效率，及时将有关项目推荐至中国证监会、沪深证券交易所。

四、促进基础设施 REITs 长期健康发展

（十）引导回收资金用于新项目建设。引导原始权益人履行承诺，将回收资金以资本金注入等方式投入新项目建设，确保新项目符合国家重大战略、发展规划、产业政策等要求。加强跟踪服务，对回收资金拟投入的新项目，协调加快前期工作和开工建设进度，尽快形成实物工作量。对原始权益人未按承诺将回收资金投入到相关项目的，要及时督促落实。

（十一）促进存续项目稳定运营。推动基金管理人与运营管理机构健全激励约束机制，提高运营效率，提升服务水平，保障基金存续期间项目持续稳定运营。引导运营管理机构依法合规运营，处理好基础设施项目公益性和商业性关系，切实保障公共利益，防范化解潜在风险。

（十二）加强投融资机制创新。鼓励重点领域项目原始权益人用好基础设施 REITs 模式，开展投融资创新，打通投资合理退出渠道，形成投融资闭环，推动企业长期健康发展。探索结合本地区实际，加强项目和行业优化整合，提升原始权益人资产规模和质量。深化投融资体制改革，多措并举吸引社会资本参与盘活存量资产，促进“两新一重”和补短板项目建设。

五、加强部门协作和政策落实

（十三）加强与相关部门沟通合作。各地发展改革委要与中国证监会当地派出机构、沪深证券交易所密切协作配合，加强信息共享，共同稳妥推进试点相关工作。加强与本地区行业管理、城乡规划、土地管理、生态环境、住房城乡建设、国资监管等部门沟通交流，协调解决项目推进过程中存在的问题，促进形成工作合力。

（十四）抓好政策贯彻落实。严格落实 40 号文，以及国家发展改革委、中国证监会相关工作要求，确保试点工作稳妥推进。不得出台不符合 40 号文等精神的配套文件，不得违反 40 号文等明确的规则、规范、条件和程序推荐项目。对向不符合 40 号文等精神的项目提供发行基础设施 REITs 相关服务的中介机构，及时进行提醒和约谈。

自本通知发布之日起，基础设施 REITs 试点项目申报等有关工作依照本

通知执行。

特此通知。

附件：基础设施领域不动产投资信托基金（REITs）试点项目申报要求

一、试点区域和行业范围

（一）全国各地区符合条件的项目均可申报。重点支持位于京津冀协同发展、长江经济带发展、粤港澳大湾区建设、长三角一体化发展、海南全面深化改革开放、黄河流域生态保护和高质量发展等国家重大战略区域，符合“十四五”有关战略规划和实施方案要求的基础设施项目。

（二）试点主要包括下列行业：

1. 交通基础设施。包括收费公路、铁路、机场、港口项目。

2. 能源基础设施。包括风电、光伏发电、水力发电、天然气发电、生物质发电、核电等清洁能源项目，特高压输电项目，增量配电网、微电网、充电基础设施项目，分布式冷热电项目。

3. 市政基础设施。包括城镇供水、供电、供气、供热项目，以及停车场项目。

4. 生态环保基础设施。包括城镇污水垃圾处理及资源化利用环境基础设施、固废危废医废处理环境基础设施、大宗固体废弃物综合利用基础设施项目。

5. 仓储物流基础设施。应为面向社会提供物品储存服务并收取费用的仓库，包括通用仓库以及冷库等专业仓库。

6. 园区基础设施。位于自由贸易试验区、国家级新区、国家级与省级开发区、战略性新兴产业集群的研发平台、工业厂房、创业孵化器、产业加速器、产业发展服务平台等园区基础设施。其中，国家级与省级开发区以《中国开发区审核公告目录（2018 年版）》发布名单为准，战略性新兴产业集群以国家发展改革委公布名单为准。

7. 新型基础设施。包括数据中心类、人工智能项目，5G、通信铁塔、物联网、工业互联网、宽带网络、有线电视网络项目，智能交通、智慧能源、智慧城市项目。

8. 保障性租赁住房。包括各直辖市及人口净流入大城市的保障性租赁住房项目。

9. 探索在其他基础设施领域开展试点。

（1）具有供水、发电等功能的水利设施。

（2）自然文化遗产、国家 AAAAA 级旅游景区等具有较好收益的旅游基础设施，其中自然文化遗产以《世界遗产名录》为准。

酒店、商场、写字楼等商业地产项目不属于试点范围。项目土地用途原则上应为非商业、非住宅用地，租赁住房用地以及为保障项目正常运转而无法分割的办公用房、员工宿舍等少数配套设施用地除外。

二、项目基本条件

（三）项目应成熟稳定，满足以下条件：

1. 基础设施项目权属清晰、资产范围明确，发起人（原始权益人）依法合规直接或间接拥有项目所有权、特许经营权或经营收益权。项目公司依法持有拟发行基础设施 REITs 的底层资产。

2. 土地使用依法合规。

（1）对项目公司拥有土地使用权的非 PPP（含特许经营）类项目。如项目以划拨方式取得土地使用权，土地所在地的市（县）人民政府或自然资源行政主管部门应对项目以 100% 股权转让方式发行基础设施 REITs 无异议；如项目以协议出让方式取得土地使用权，原土地出让合同签署机构（或按现行规定承担相应职责的机构）应对项目以 100% 股权转让方式发行基础设施 REITs 无异议；如项目以招拍挂出让或二级市场交易方式取得土地使用权，应说明取得土地使用权的具体方式、出让（转让）方、取得时间及相关前置审批事项。

（2）对项目公司拥有土地使用权的 PPP（含特许经营）类项目。发起人（原始权益人）和基金管理人应就土地使用权作出包含以下内容的承诺：项目估值中不含项目使用土地的土地使用权市场价值，基金存续期间不转移项目涉及土地的使用权（政府相关部门另有要求的除外），基金清算时或特许经营权等相关权利到期时将按照特许经营权等协议约定以及政府相关部门的要求处理相关土地使用权。

（3）对项目公司不拥有土地使用权的项目。应说明土地使用权拥有人取得土地使用权的具体方式、出让（转让）方和取得时间等相关情况，土地使用权拥有人与项目公司之间的关系，以及说明项目公司使用土地的具体方式、使用成本、使用期限和剩余使用年限，分析使用成本的合理性，并提供相关证明材料。

3. 基础设施项目具有可转让性。

（1）发起人（原始权益人）、项目公司相关股东已履行内部决策程序，并协商一致同意转让。

（2）如相关规定或协议对项目公司名下的土地使用权、项目公司股权、特许经营权、经营收益权、建筑物及构筑物转让或相关资产处置存在任何限定条件、特殊规定约定的，相关有权部门或协议签署机构应对项目以 100% 股权转让方式发行基础设施 REITs 无异议，确保项目转让符合相关要求或相关限定具备解除条件。

（3）对 PPP（含特许经营）类项目，PPP（含特许经营）协议签署机构、行业主管部门应对项目以 100% 股权转让方式发行基础设施 REITs 无异议。

4. 基础设施项目成熟稳定。

（1）项目运营时间原则上不低于 3 年。对已能够实现长期稳定收益的项目，可适当降低运营年限要求。

（2）项目现金流投资回报良好，近 3 年内总体保持盈利或经营性净现金流为正。

（3）项目收益持续稳定且来源合理分散，直接或穿透后来源于多个现金流提供方。因商业模式或者经营业态等原因，现金流提供方较少的，重要现金流提供方应当资质优良，财务情况稳健。

（4）预计未来 3 年净现金流分派率（预计年度可分配现金流/目标不动产评估净值）原则上不低于 4%。

5. 资产规模符合要求。

（1）首次发行基础设施 REITs 的项目，当期目标不动产评估净值原则上不低于 10 亿元。

（2）发起人（原始权益人）具有较强扩募能力，以控股或相对控股方式持有、按有关规定可发行基础设施 REITs 的各类资产规模（如高速公路通车里程、园区建筑面积、污水处理规模等）原则上不低于拟首次发行基础设施 REITs 资产规模的 2 倍。

6. 发起人（原始权益人）等参与方符合要求。

（1）优先支持有一定知名度和影响力的行业龙头企业的项目。

（2）发起人（原始权益人）、项目公司、基金管理人、资产支持证券管理人、基础设施运营管理机构近 3 年在投资建设、生产运营、金融监管、市场监管、税务等方面无重大违法违规记录。项目运营期间未出现安全、质量、环保等方面的重大问题或重大合同纠纷。

三、申报材料要求

（四）项目申报材料应符合以下条件：

1. 项目申报材料须包含基础设施 REITs 设立方案等项目基本情况、依法依规取得固定资产投资管理手续等项目合规情况，以及产权证书、政府批复文件或无异议函、相关方承诺函等项目证明材料。

2. 发起人（原始权益人）应严格按照本申报要求准备项目申报材料。国家发展改革委向中国证监会推荐项目时，将以适当方式一并转送项目申报材料中的有关内容。

3. 发起人（原始权益人）对材料真实性、有效性、合规性、完备性负责。对缺少相关材料、未办理相关手续，以及需要说明的重大问题等，发起人（原始权益人）要在项目申报材料中对有关情况和原因进行详细说明。

四、项目申报程序

（五）项目应按照以下程序申报：

1. 各地发展改革委组织发起人（原始权益人）等有关方面选择优质项目，纳入全国基础设施 REITs 试点项目库。

2. 发起人（原始权益人）选择符合条件的入库项目，向项目所在地省级发展改革委报送试点项目申报材料。未纳入全国基础设施 REITs 试点项目库的项目不得申报。

3. 发起人（原始权益人）拟整合跨地区的多个项目一次性发行基础设施 REITs 产品的，应向注册地省级发展改革委报送完整的项目申报材料，并分别向相关省级发展改革委报送涉及该地区的项目材料；发起人（原始权益人）注册地省级发展改革委对本地区项目和基础设施 REITs 发行总体方案审查把关，其他相关省级发展改革委对本地区项目审查把关。

发起人（原始权益人）为中央企业的跨地区打包项目，有关中央企业可将申报请示文件和项目申报材料直接报送国家发展改革委，同时须附项目所在地省级发展改革委意见。

对于项目收益是否满足试点基本条件，需以打包后项目整体收益进行判断。

4. 对本地区符合相关条件、拟推荐开展试点的项目，省级发展改革委向国家发展改革委上报项目申报请示文件和项目申报材料，或为有关中央企业出具意见。项目申报请示文件或省级发展改革委为中央企业出具的意见中，需包含“经初步评估，所推荐项目符合国家重大战略、发展规划、宏观调控政策、产业政策、固定资产投资管理法规制度，以及试点区域、行业等相关要求，推荐该项目开展基础设施 REITs 试点”的表述。

5. 国家发展改革委根据项目申报材料，对项目进行综合评估后，确定拟向中国证监会推荐的项目名单。国家发展改革委推荐项目时一并将有关项目材料转送中国证监会。

五、项目审查内容

（六）符合宏观管理政策要求。主要包括：

1. 符合国家重大战略、国家宏观调控政策有关要求。

2. 符合国民经济和社会发展总体规划、有关专项规划和区域规划（实施方案）要求。

3. 符合《产业结构调整指导目录》和相关行业政策规定，符合行业发展相关要求。

4. 外商投资项目还需符合外商投资管理有关要求。

（七）依法依规取得固定资产投资管理相关手续。主要包括：

1. 项目审批、核准或备案手续。

2. 规划、用地、环评、施工许可手续。

3. 竣工验收报告（或建设、勘察、设计、施工、监理“五方验收单”，或政府批复的项目转入商运文件）。

4. 外商投资项目应取得国家利用外资有关手续。

5. 依据相关法律法规应办理的其他必要手续。项目投资管理手续的合法合规性，应以办理时的法律法规、规章制度、国家政策等为判定依据。项目无须办理上述手续的，应说明有关情况，并提供证明材料。项目投资管理手续缺失的，应依法依规补办相关手续，或以适当方式取得相关部门认可；如现行法律法规、规章制度、政策文件等明确无须办理的，应对有关情况作出详细说明，并提供项目所在地相关部门或机构出具的证明材料。

（八）PPP（含特许经营）类项目还需满足以下条件：

1. 2015 年 6 月以前采用 BOT、TOT、股权投资等模式实施的特许经营类项目，应符合当时国家关于特许经营管理相关规定。2015 年 6 月以后批复实施的特许经营类项目，应符合《基础设施和公用事业特许经营管理办法》（国家发展改革委等 6 部委第 25 号令）有关规定。

2. 2015 年 6 月以后批复实施的非特许经营类 PPP 项目，应符合国家关于规范有序推广 PPP 模式的规定，已批复 PPP 项目实施方案，通过公开招标等竞争方式确定社会资本方，并依照法定程序规范签订 PPP 合同。

3. 收入来源以使用者付费（包括按照穿透原则实质为使用者支付费用）为主。收入来源含地方政府补贴的，需在依法依规签订的 PPP 合同或特许经营协议中有明确约定。

4. 项目运营稳健、正常，未出现暂停运营等重大问题或重大合同纠纷。

（九）鼓励将回收资金用于基础设施补短板项目建设，具体应满足以下要求：

1. 回收资金应明确具体用途，包括具体项目、使用方式和预计使用规模等。在符合国家政策及企业主营业务要求的条件下，回收资金可跨区域、跨行业使用。

2. 90%（含）以上的净回收资金（指扣除用于偿还相关债务、缴纳税费、按规则参与战略配售等的资金后的回收资金）应当用于在建项目或前期工作成熟的新项目。

3. 鼓励以资本金注入方式将回收资金用于项目建设。

（十）促进基础设施持续健康平稳运营，应满足以下条件：

1. 基础设施运营管理机构具备丰富的项目运营管理经验，配备充足的运营管理人员，公司治理与财务状况良好，具有持续经营能力。

2. 基金管理人与运营管理机构之间建立合理的激励和约束机制，明确奖惩标准。

3. 明确界定运营管理权责利关系，并约定解聘、更换运营管理机构的条件和程序。

六、中介机构要求

（十一）为项目申报提供服务的中介机构，包括法律顾问、财务顾问、评估机构、税务咨询顾问、审计机构等，应依法依规履行相关职责，保证出具的相关材料科学、合规、真实、全面、准确。

（十二）发起人（原始权益人）选择的律师事务所和会计师事务所近3年未发生重大违法违规事件，未受到国家行政机关或监管机构行政处罚。律师事务所出具法律意见书应经律师事务所负责人及承办律师签字。会计师事务所出具审计报告应经有关注册会计师签字和盖章。

（十三）如相关中介机构对项目合法合规性等重大问题应发现而未发现，或与发起人（原始权益人）、基金管理人等串通、隐瞒相关情况，或出具法律意见书、审计报告、资产评估报告或其他相关报告有虚假记载、误导性陈述、重大遗漏，或不符合上述相关要求而故意隐瞒等，国家发展改革委不予推荐，已推荐的建议取消，并将相关情况反馈中介机构主管部门。

七、其他工作要求

（十四）发起人（原始权益人）、基金管理人应按照有关规定和要求，对如实办理相关事项的承诺、并表或出表管理的情况说明、拟纳税方案向税务部门书面报告情况（如需）、需说明的重大问题等进行准确完整的信息披露。

（十五）向省级发展改革委报送项目申报材料之日起一年内拟进行改建扩建的，应说明具体计划、进展情况及保障项目持续运营的相关措施。

（十六）基础设施 REITs 扩募有关项目申报工作也应符合本申报要求相关规定，可根据项目具体情况适当简化。

（十七）项目由国家发展改革委推荐至中国证监会后，如需更换基金管理人、律师事务所、会计师事务所等机构，发起人（原始权益人）须按本申报要求，及时将机构更换涉及的项目申报材料相关内容报送国家发展改革委备案和复核，并说明更换原因。国家发展改革委将以适当方式向中国证监会反馈有关复核意见。

（十八）各省级发展改革委与当地中国证监会派出机构等协商一致，并经国家发展改革委和中国证监会初步同意，可按程序上报其他对盘活存量资产、促进投资良性循环、加强基础设施领域补短板、推动经济社会高质量发展具有特殊示范意义的项目。

（十九）项目还应满足国家发展改革委和中国证监会提出的其他工作要求。

国家发展改革委

2021 年 6 月 29 日

附录4：基础设施REITs地方推进政策

一、北京

关于支持北京市基础设施领域不动产投资信托基金（REITs）产业发展的若干措施

为进一步创新基础设施领域投融资机制，有效盘活存量资产，激发市场活力，推动本市基础设施领域不动产投资信托基金（REITs）产业加快发展，根据《关于推进基础设施领域不动产投资信托基金（REITs）试点相关工作的通知》和《公开募集基础设施证券投资基金指引（试行）》，结合本市实际，制定以下措施。

（一）加快培育孵化一批权属清晰、收益稳定、特色突出的优质基础设施项目。建立基础设施REITs项目储备库，加强项目谋划、遴选、申报、发行、运营等全过程服务，形成"试点一批、储备一批、谋划一批"的滚动实施机制。

（二）加大市属国有企业基础设施优质运营资源整合力度，提高市属国有平台公司运营能力，加快向基础设施专业运营商转型。鼓励中央企业在京设立基础设施专业运营机构，鼓励其通过出资入股、收购股权、相互换股等方式加强与市属国有企业合作。支持具备条件的民营企业开展基础设施专业运营，支持其参与市属国有企业混合所有制改革。加快培育一批行业领先、辐射全国的基础设施REITs专业运营管理龙头企业。

（三）支持市属机构申请公募基金管理人资质并开展基础设施REITs业务，支持符合条件的在京企业适时申请专项公募REITs基金管理人资质。大力吸引内外资优质公募REITs基金管理人入驻北京，对在本市新设立或新迁入的持牌公募基金管理人可在享受现有政策基础上，一次性给予实缴注册资本 1%、不超过 1000 万元奖励。

（四）加强本市基础设施 REITs 中介机构培育和发展，鼓励中介机构通过兼并重组、联营合作等方式做大做强，搭建中介机构服务平台，做好中介机构与基础设施 REITs 储备项目对接服务。

（五）搭建原始权益人、基金管理人与专业机构投资者的对接平台，加大优质基础设施 REITs 产品推介力度，支持专业机构投资者及社会保障、养老保险、年金等基金参与本市基础设施 REITs 产品的战略配售和投资，鼓励合格境外投资者通过 QFII、RQFII 等通道参与基础设施 REITs 产品投资，鼓励有资质的在京资产管理机构和财富管理机构代理销售基础设施 REITs 产品。

（六）成立基础设施 REITs 产业联盟，制定完善相关自律规则、执业标准和业务规范，促进市场主体间的交流，推动基础设施 REITs 产业持续健康发展。市政府有关部门可以将基础设施 REITs 产业有关咨询服务纳入本部门政府购买服务指导性目录，所需资金在部门预算中统筹安排。

（七）支持基础设施 REITs 全产业链集聚发展，聚焦“三城一区”、城市副中心、新首钢高端产业综合服务区、丽泽金融商务区等重点区域，创新市场准入、规划土地、办公用房等支持政策，引导基础设施 REITs 市场、交易、中介、运营龙头企业集群发展。各区对符合条件的入驻企业给予租金或装修补贴；租赁办公用房的，租金补贴以 5000 平方米、市场租赁价格的 30% 和 3 年为限；购买或租赁自用办公用房的，装修补贴按每平方米 300 元的标准、不超过实际装修费用和 500 万元为限。

（八）制定基础设施 REITs 产业人才计划，鼓励本市企业、金融机构与高等院校、科研机构开展合作，培养一批基础设施 REITs 产业发展急需人才。健全高端人才引进机制，在房屋购租、子女入学、家属就业等方面加大政策倾斜力度，引进一批具有丰富从业经验的基金管理和运营管理领军人才，对符合条件的优秀人才及优秀团队成员可按规定办理人才引进。对符合条件的高级经营管理人才、高级技术人才及高级技能人才，结合其贡献程度，由各区给予总额不超过 100 万元的奖励。

（九）加大财税政策支持力度，本市企业成功发行基础设施 REITs 产品后一次性给予不超过 300 万元的补贴，对运营期分红按照政策规定享受企业所得税优惠，对列入《公共基础设施项目企业所得税优惠目录》内的项目可按照国家有关规定享受企业所得税减免优惠。

（十）将 REITs 发行规模作为降杠杆措施纳入企业经营业绩考核评价指标，鼓励国有企业通过发行基础设施 REITs 提高直接融资比重，优化资本结构，盘活存量资产。

（十一）积极探索通过“PPP + REITs”方式盘活存量资产，完善 PPP 项目社会资本股权退出、参与方责权利承继、合作协议调整等配套制度，在确保项目权责明晰、运营稳定、风险可控的前提下，围绕轨道交通、收费公路、垃圾和污水处理等重点领域，鼓励符合条件 PPP 项目开展基础设施 REITs，形成投资良性循环。

（十二）成立推进基础设施 REITs 产业发展工作领导小组，加强对全市基础设施 REITs 产业发展的统筹协调和组织推进，建立项目申报发行绿色通道，完善土地、规划、财税、人才等支持产业发展的配套政策，指导各区各部门统筹开展基础设施 REITs 工作。

二、上海

关于上海加快打造具有国际竞争力的不动产投资信托基金（REITs）发展新高地的实施意见

开展基础设施领域不动产投资信托基金（REITs）试点，是上海提升国际金融中心能级、更好发挥长三角一体化发展龙头带动作用的重要契机，是深化金融供给侧结构性改革、更好发挥金融服务实体经济作用的重要抓手，也是盘活存量资产带动增量投资、提升基础设施运营管理水平、推动基础设施高质量发展的重大举措。为进一步发挥上海存量资产可观、金融市场完备、金融机构集聚、专业服务领先等优势，从项目梳理储备、遴选申报、发行交易、运营管理等全流程、全链条推动本市基础设施 REITs 发展，加快打造具有国际竞争力的 REITs 发展新高地和 REITs 产品发行交易首选地，提出以下实施意见。

（一）依托金融中心优势，加快打造 REITs 产品发行交易首选地

1. 设立上海 REITs 发展专项资金，用于支持本市相关原始权益人、专业服务机构、基础设施 REITs 资产受托运营管理企业以及上海证券交易所等发展基础设施 REITs 业务。上海 REITs 发展专项资金的管理办法另行制定。（责任单位：市发展改革委、市财政局等）

2. 支持上海证券交易所开展基础设施 REITs 及其衍生产品开发和交易。鼓励本市原始权益人设立的基础设施 REITs 产品在上海证券交易所发行上市，支持上海证券交易所通过多种方式积极吸引全国各地原始权益人发行基础设施 REITs 产品。对在上海证券交易所发行基础设施 REITs 产品的原始权益人高管团队成员，符合条件的可给予办理直接落户支持。鼓励设立基础设施 REITs 产品并在上海证券交易所发行上市的原始权益人参与本市相同类型基础设施建设运营。（责任单位：上海证券交易所、市地方金融监管局、市财政局、市人力资源社会保障局、市发展改革委等）

3. 支持注册在本市的各类内外资机构申请公募基金管理人资质并开展基础设施 REITs 业务，支持符合条件的在沪企业适时申请专项公募 REITs 基金管理人资质。大力吸引全球优质公募 REITs 基金管理人在沪设立总部和分支机构，对在本市新设立或新迁入的持牌公募基金管理人，通过上海金融发展资金对其开办和经营给予持续性支持，并鼓励落户所在区和园区给予配套支持和奖励。支持优质基础设施 REITs 项目积极申报上海金融创新奖。（责任单位：上海证监局、市发展改革委、市地方金融监管局、市财政局、各区政府等）

4. 加大优质基础设施 REITs 产品对接和推介力度，支持本市银行、保险等专业机构投资者以及社保基金、企业年金、保险资金等参与本市基础设施 REITs 产品的战略配售和投资，鼓励合格境外投资者通过 QFII、RQFII 等参与基础设施 REITs 产品投资，鼓励私募证券投资基金投资基础设施 REITs 产品。鼓励有资质的在沪商业银行、资产管理机构等代理销售基础设施 REITs 产品。（责任单位：市地方金融监管局、上海证监局、上海银保监局等）

5. 打响上海基础设施 REITs 专业服务品牌，支持本市法律、会计、税务、资产评估等领域中介机构在全国范围为基础设施 REITs 提供高水平、全流程专业服务，积极吸引基础设施 REITs 领域专业智库和咨询机构在沪集聚发展，鼓励各区对发行基础设施 REITs 的中介费用予以适当补贴。依托本市基础设施 REITs 项目储备库和后备库，搭建项目资源对接平台，推动原始权益人与专业服务机构加强对接。（责任单位：市发展改革委、各区政府等）

6. 加大财税、土地、国资等领域配套政策支持力度。对成功发行基础设施 REITs 产品的本市原始权益人，通过上海 REITs 发展专项资金，按照相关管理办法给予奖励。对运营期分红按照政策规定享受企业所得税优惠，对列入《公共基础设施项目企业所得税优惠目录》的项目可按照国家有关规定享受企业所得税减免优惠。对项目股权转让按相关税收政策执行。对基础设施 REITs 项目相关税收问题开辟税务咨询绿色通道，由市、区两级税务部门安排专人提供税务咨询服务。对依法合规取得土地使用权的申报项目，在满足出让合同约定的前提下，对项目股权转让相关手续办理等事宜给予便利支持。探索为项目股权转让涉及国有资产交易提供简单便捷的交易流程。（责任单位：市财政局、市税务局、市规划资源局、市国资委等）

（二）发挥长三角一体化优势，强化长三角基础设施 REITs 联动发展

7. 研究设立政府引导的基础设施 REITs 产业投资基金，重点面向长三角区域开展存量基础设施项目并购重组和 REITs 试点，以及投资长三角区域内基础设施 REITs 产品。（责任单位：市发展改革委、市国资委等）

8. 鼓励长三角区域内符合条件的基础设施项目整体打包发行 REITs 产品。鼓励长三角区域内的投资者共同持有同一产品，并合作组建运营管理公司，以资本为纽带打造跨区域项目运营管理新模式。（责任单位：市发展改革委等）

9. 依托上海证券交易所，建立长三角基础设施 REITs 产业联盟，制定完善相关自律规则、执业标准和业务规范，促进市场主体间交流，推动长三角基础设施 REITs 产业联动发展。（责任单位：上海证券交易所、上海证监局、市地方金融监管局、市发展改革委等）

10. 定期召开长三角 REITs 论坛，在国家有关部委指导下，由上海证券交易所联合相关单位，邀请全球业界人士参加，共同谋划长三角基础设施 REITs 联动发展。（责任单位：上海证券交易所等）

（三）优化项目运营管理，持续推动基础设施高质量发展

11. 以基础设施 REITs 试点为契机，推动本市基础设施领域企业进一步提升运营管理水平，对注册在本市的基础设施 REITs 资产受托运营管理企业，通过上海 REITs 发展专项资金，按照相关管理办法给予奖励。加强市属国有企业基础设施存量资源整合，支持本市国有企业与在沪央企、民营企业以及全球知名基础设施专业运营机构等合作设立基础设施专业运营管理公司，开展基础设施专业运营管理，加快培育一批行业领先、辐射全国的基础设施专业运营管理龙头企业。（责任单位：市国资委、市发展改革委、市财政局等）

12. 强化新增投资与盘活存量挂钩，用好国家发展改革委“引导社会资本参与盘活国有存量资产中央预算内投资示范专项”，积极做好符合条件的项目申报工作，支持将盘活资金用于基础设施补短板项目和新型基础设施项目。（责任单位：市发展改革委等）

（四）加强项目梳理储备，挖掘基础设施存量资源

13. 依托市、区两级相关政府部门以及专业服务机构，广泛开展存量基础设施项目梳理工作，建立本市基础设施 REITs 项目储备库，确保符合条件的基础设施项目“应入尽入”。加强项目培育孵化，对于运营时间、收益率、权属关系等条件暂不满足相关规定的基础设施项目，纳入本市基础设施 REITs 项目后备库，加快形成“试点一批、储备一批、后备一批”滚动实施机制。（责任单位：市发展改革委、市国资委、各区政府等）

14. 鼓励市、区两级国有企业通过发行基础设施 REITs 创新投融资模式，优化资产结构，盘活存量资产。探索在符合条件的市属功能保障类企业经营业绩考核评价中纳入基础设施 REITs 项目发行要求，并统筹考虑发行基础设施 REITs 产品对企业经营指标等方面的影响。鼓励开展 REITs 试点的国有企业在内部纳入与基础设施 REITs 相关的考核评价要求。（责任单位：市国资委、市发展改革委等）

（五）完善项目遴选审核，建立健全项目申报绿色通道

15. 鼓励本市符合条件的项目积极申报基础设施 REITs 试点，项目申报和审查工作对国资、外资、民资等各类所有制原始权益人一视同仁、公平对待。（责任单位：市发展改革委等）

16. 以标准化、规范化、透明化为导向，建立“市区同步、部门并联”的项目审核工作流程，原始权益人将项目申请材料报送市发展改革委并同步抄送所在区发展改革委后，市、区两级发展改革部门会同相关部门，加强与上海证监局、上海证券交易所等沟通协作，加快开展项目合规性审查，对于符合条件的项目及时向国家发展改革委出具无异议专项意见。（责任单位：市发展改革委、上海证监局、各区政府、临港新片区管委会、上海证券交易所等）

（六）强化组织保障和风险防范，推动基础设施 REITs 持续健康规范发展

17. 引进一批具有丰富金融管理和基础设施运营管理经验的基础设施 REITs 领军人才，对符合条件的优秀人才及优秀团队成员可按规定办理直接落户。支持基础设施 REITs 优秀人才积极申报上海海外金才、领军金才、青年金才。鼓励本市高等院校、教育培训机构等与金融机构开展合作，开展相关专业课程，加快培养一批兼具金融管理和基础设施运营管理专业能力的基础设施 REITs 专业人才。（责任单位：市地方金融监管局、市人力资源和社会保障局、市教委等）

18. 建立本市基础设施 REITs 发展协调推进机制，协调解决试点过程中相关“瓶颈”问题，完善国资、财税、能源、规划土地、人力资源、市场监管等领域配套支持政策，指导协调各区、各部门统筹推进基础设施 REITs 工作，形成市、区两级“一横一纵”推进体系。支持成立本市基础设施 REITs 行业协会，推动业内交流，加强行业自律。（责任单位：市发展改革委、市地方金融监管局、上海证监局、市国资委、市财政局、市税务局、市规划资源局、市人力资源社会保障局、市市场监管局、市民政局等）

19. 加强与国家发展改革委、财政部、国家税务总局、国务院国资委、证监会等国家部委沟通对接，率先落实国家层面出台的各项基础设施 REITs 支

持政策。根据国家相关部署，率先探索扩大 REITs 试点范围。（责任单位：市发展改革委、市财政局、市税务局、市国资委、上海证监局等）

20. 加强风险防范和投资者保护。落实基础设施 REITs 审核、监督、管理等各项制度，强化投资者适当性管理，加强 REITs 基金管理人的合规内控机制建设，加大对 REITs 相关业务活动的监督检查力度，严厉打击有关欺诈投资者等扰乱市场秩序的违法违规活动，切实保护 REITs 投资者合法权益，建立健全对违法违规主体及行为的联合惩戒协同机制，坚决防范地方政府隐性债务风险，推动本市基础设施 REITs 持续健康规范发展。（责任单位：上海证监局、市发展改革委、市地方金融监管局、市财政局、上海证券交易所等）

本意见自 2021 年 8 月 1 日起施行，有效期至 2026 年 7 月 31 日。

三、成都

关于促进成都市基础设施领域不动产投资信托基金（REITs）发展的十条措施

为进一步创新基础设施领域投融资机制，有效盘活存量资产，激发市场活力，推动我市基础设施领域不动产投资信托基金（REITs）相关工作，根据《关于推进基础设施领域不动产投资信托基金（REITs）试点相关工作的通知》（证监发〔2020〕40 号）、《关于做好基础设施领域不动产投资信托基金（REITs）试点项目申报工作的通知》（发改办投资〔2020〕586 号）和《公开募集基础设施证券投资基金指引（试行）》（证监会公告〔2020〕54 号）等文件精神，结合我市实际，制定以下措施。

（一）建立基础设施 REITs 项目储备库。加强我市 REITs 项目策划、遴选、申报、发行等全过程服务，建立“策划一批、储备一批、申报一批、发行一批”的滚动实施机制，推动一批权属清晰、收益稳定、特色鲜明的优质基础设施 REITs 项目尽快上市发行。原则上我市向国家发展改革委推荐基础设施 REITs 试点的项目，从储备库中统一选取，未入库项目不予推荐。

（二）加大财政税收政策支持 REITs 发展力度。对成功发行基础设施 REITs 的原始权益人，可按其融资规模的 0.5% 申请一次性激励补助，单户补助最高不超过500万元。对基础设施REITs的专项计划管理人，可按其实现融资规模的0.05%申请一次性补助，单户补助最高不超过50万元。申请人于每年2月底前按照《四川省金融互动奖补资金管理办法》（川财规〔2019〕5号）要求，将相关申报材料递交至市财政局转报省财政厅，省财政厅对材料进行审核并计算分配资金，下达补助资金支出预算，市财政局在收到省财政厅正式下达的预算后，在规定时间内向申请机构全额拨付。

对列入《公共基础设施项目企业所得税优惠目录》内的项目可按照国家有关规定享受企业所得税减免。支持REITs管理机构根据《西部地区鼓励类产业目录（2020年本）》和《关于延续西部大开发企业所得税政策的公告》（财政部 税务总局 国家发展改革委公告。2020年第23号），对照西部地区鼓励类产业目录中"金融服务业"条目，享受西部大开发税收优惠政策，减按15%缴纳企业所得税。税收优惠由申请机构直接向税务机关进行申报，若需出具相关证明材料，市发展改革委可协助出具。

（三）鼓励申办基础设施REITs公募基金管理人资质。鼓励符合条件的市属机构、在蓉企业通过新设、收购或参股等方式申请公募REITs基金管理人资质并开展相关业务，大力吸引内外资优质公募REITs基金管理人入驻成都。对注册在我市金融产业功能区的境内外公募REITs基金持牌法人金融机构，可申报按其注册资本的1%给予一次性奖励，最高不超过4000万元（享受奖励政策的落户企业需承诺5年内不迁离我市金融产业功能区）。对本地企业收购市外REITs金融机构，实缴资本金增加额或收购交易额达5亿元（含）以上的，可申报按2‰给予一次性奖励，最高不超过1000万元。

市金融监管局、市财政局在印发当年度《成都市金融业发展专项资金申报指南》通知后，申请人按照通知要求，准备相关材料，在规定时间内递交市金融监管局，市金融监管局审核同意后向市财政局报送资金划拨申请，市财政局审核出具资金下达通知文件后，申请人在市金融监管局办理资金拨付相关手续。

（四）加大优质基础设施REITs产品推介力度。建立多渠道资金募集体系，通过网上发布、线下推介、专场见面会等方式，推动银行、地方资产管理公司、政府产业基金等金融机构及社保基金、保险资金、企业年金等长期资金参与 REITs 产品战略配售，鼓励合格境外投资者通过 QFII、RQFII 等通道参与基础设施 REITs 产品投资，鼓励有资质的在蓉商业银行、证券公司、独立基金销售机构等取得基金代销业务资格的机构代理销售基础设施 REITs 产品。保险资金投资成都市的公益性基础设施等领域，可申请按照实际新增投资额的 1‰给予奖励，最高不超过 100 万元。奖励资金申请和办理程序同上。

（五）实施基础设施 REITs 人才振兴计划。建立 REITs 高端人才引进机制，着力引进一批具有丰富从业经验的基金管理和基础设施运营管理高端人才。鼓励引进的高端人才在蓉安家落户，经所在区（市）县政府（管委会）认定后，其购房可不受户籍、社保缴纳时限的限制。符合条件的高层次人才，及时发放“蓉城人才绿卡”，提供“一对一”政务服务、成都银行个人贷款利率优惠、市属指定三甲医院“优先窗口”服务、享受子女入园入学等相关政策。鼓励我市企业、金融机构与高等院校、科研院所开展合作，培养一批基础设施 REITS 本土适用人才。强化人员培训交流，采用线上 + 线下、综合 + 专题等多种方式，不断提升从业人员专业知识和实操水平。

（六）鼓励和引导国有企业转型发展。指导市属国有企业优化相关考核指标，鼓励通过发行基础设施 REITs 提高直接融资比重、优化资本结构、盘活存量资产。鼓励有条件的市属国有企业提高优质基础设施运营资源整合能力，加快向基础设施专业运营商转型。

（七）支持基础设施 REITs 企业集群发展。聚焦“两区一城”等重点区域，创新市场准入、办公用房等支持政策，引导基础设施 REITs 市场、交易、中介、运营等企业集群发展。各区（市）县对符合条件的入驻企业给予租金或装修补贴，具体补贴标准由各区（市）县根据实际情况另行确定。

（八）培育和壮大基础设施 REITs 中介机构市场。鼓励会计师事务所、律师事务所、基金管理人、ABS 管理人、信托公司、资产评估机构、咨询顾问等中介机构做大做强，通过“政府搭台、机构唱戏”的方式，积极做好中介机构与基础设施 REITs 项目的对接服务。

（九）加强基础设施 REITs 行业自我管理。制定完善相关自律规则、执业标准和业务规范，促进各类 REITs 市场主体间的沟通交流，条件成熟鼓励适时成立基础设施 REITs 产业联盟，推动基础设施 REITs 行业整体持续健康发展。

（十）建立基础设施 REITs 协调机制。由发改牵头，财政、金融、国资、税务、组织、人社、教育等部门参与，形成常态化工作协调机制，加强对全市基础设施 REITs 发展的指导和协调，建立项目申报发行绿色通道，完善财税、金融、土地、人才等支持发展配套政策，指导各区（市）县、各市级部门合理有序开展基础设施 REITs 工作。

四、广州

广州市支持基础设施领域不动产投资信托基金（REITs）发展措施

为推动我市国家中心城市建设全面上新水平，增强粤港澳大湾区区域发展核心引擎，按照国家、省关于做好基础设施领域不动产投资信托基金（REITs）试点工作的要求，深化我市金融供给侧结构性改革，强化资本市场服务实体经济能力，有效盘活存量资产，创新投融资机制，增强我市城市综合竞争力，打造我市粤港澳大湾区 REITs 发展高地，制定本发展措施。

（一）加强项目谋划和储备

1. 建立“谋划一批、储备一批、培育一批、推动一批”实施机制。建立跨市区、跨部门项目谋划和储备工作联动机制，强化政策解读和宣讲培训，宣传推介我市成功案例，提高各类原始权益人参与 REITs 试点工作的意愿和能力。

2. 加强基础设施 REITs 项目储备。认真落实国家发展改革委关于项目储备相关政策要求，广泛发动、积极谋划，推动形成我市储备项目库，并实行分类管理，着力推动一批条件成熟的储备项目报送省、国家发展改革委。对入库项目进行动态管理，及时更新项目信息，不断充实储备项目。深入对接、因企施策，着力解决企业在项目谋划、储备过程中遇到的问题，推动形成更多符合条件的项目储备入库。

3. 加快培育一批特色优质项目。围绕国家发展改革委提出的试点项目领域，着力推动我市华南骨架高速公路网、轨道上的都市圈、白云空港一体化交通枢纽、南沙国际港区等重要交通基础设施项目，城镇供水、供电、供气、供热等市政基础设施项目，城镇污水垃圾处理及资源化利用、固废危废医废处理等生态环保基础设施项目，园区基础设施、新型基础设施、保障性租赁住房等重点领域项目的谋划和组织，突出重点项目，注重项目质量，促进基础设施建设补短板强弱项，提升城市基础设施运营效率。

（二）规范项目申报和管理

1. 严把项目申报质量关。落实项目申报相关政策规定，注重关口前移，择优选取原始权益人、申报项目和中介机构，切实保障试点项目质量。我市向省及国家发展改革委推荐的基础设施 REITs 项目从试点项目库中选取。注重规范报送流程，注重公平对待，项目申报工作对各种所有制企业、本地和外埠企业一视同仁。

2. 加强项目管理监督。市相关部门要注重协调项目加快回收资金投入新项目建设，尽快形成实物工作量，加强融资使用监管，敦促原始权益人加强公司治理，提升资金使用成效。

（三）建立基础设施 REITs 试点工作协调机制

成立我市基础设施领域 REITs 工作领导小组，由分管发展改革工作的市领导担任组长，由协助分管发展改革工作的市政府副秘书长和市发展改革委主要负责同志担任副组长，领导小组办公室设在市发展改革委，市国资委、财政局、规划和自然资源局、住房和城乡建设局、交通运输局、水务局、市场监管局、地方金融监管局，广州市税务局等相关部门作为成员单位，领导小组主要职责为指导和统筹市、区两级 REITs 推进工作，研究制定政策机制，协调解决 REITs 工作过程中的重大事项和重大问题。

（四）强化工作统筹和协同

1. 市相关部门要加强我市在规划、土地、财税、国资、金融、人才等方面政策支持力度，积极借鉴试点项目成功经验，完善配套政策，出台工作指引，着力解决我市基础设施 REITs 工作推进过程涉及国资交易、产权办理及转让、土地使用、特许经营权转让、税收办理等突出问题，为基础设施 REITs

项目加快推进提供有力支撑。市、区相关部门要加强联动，形成工作合力。各区要结合实际，鼓励符合条件的区属企业积极谋划开展基础设施 REITs 发行。

2. 市发展改革委要加强与国家和省发展改革委、中国证监会、广东证监局、深圳证券交易所等单位的沟通对接。着力协调推进基础设施 REITs 工作，负责协调市、区有关部门开展项目储备、申报组织工作，协调解决基础设施 REITs 工作遇到的相关问题。对积极开展基础设施 REITs 发行、回收资金投入成效显著的企业，在申请中央预算内投资专项补助、地方政府专项债券方面给予优先支持。对在本市设立总部的公募 REITs 基金管理人，按照《广州市促进总部经济发展暂行办法》等相关文件给予支持。

（五）加大财税政策支持力度

1. 由市财政局负责，按照相关规定安排财政专项扶持资金，对在我市注册并成功发行基础设施 REITs 产品的原始权益人，按其净回收资金规模的 0.5% 发放一次性激励补贴，单个企业补贴最高不超过 500 万元。对在本市新设立或迁入的公募 REITs 基金管理人，可申报按其实缴资本的 1% 给予一次性奖励，最高不超过 1000 万元，鼓励落户所在区给予配套支持和奖励。

2. 由广州市税务局负责，加强同国家税务总局、省税务局沟通衔接，争取更多税收政策支持。指导企业完善发行方案涉税安排及上市发行后的税收缴纳工作，在税务办理上提供便利支持。对列入《公共基础设施项目企业所得税优惠目录》内的项目，按照国家有关规定享受企业所得税减免优惠。

（六）强化国资、规划和用地支持

1. 由市国资委负责，鼓励我市有条件的国有企业盘活优质资产，积极谋划开展基础设施 REITs 融资工作，协调解决企业申报发行遇到的资产重组、股权转让等问题，支持我市基础设施及民生项目建设。对成功发行基础设施 REITs 项目、有效降低杠杆率的国有企业纳入企业负责人经营业绩考核。

2. 由市规划和自然资源局负责，推动解决基础设施 REITs 申报项目存在的规划、用地等问题，按照国家发展改革委关于试点项目申报的要求，明确项目用地合规性并出具相关材料。帮助企业解决相关历史遗留问题，完善相关手续，推动项目更好达到国家发展改革委申报要求，加快储备项目申报落地。研究和协调 REITs 基金、证券等机构总部落户我市涉及的用地政策支持工作。

（七）加大机构、人才引进和政策支持

1. 由市地方金融监管局牵头，市人力资源和社会保障局、各区政府配合，加强宣传推介和政策支持，积极引进基础设施 REITs 产业相关金融机构，将 REITs 专业人才引进纳入金融人才相关引进政策，设立人才引进绿色通道，着力引进一批具有丰富从业经验的基础设施 REITs 专业人才。

2. 由各区政府牵头，市人力资源和社会保障局、地方金融监管局配合，鼓励基础设施 REITs 产业发展相关的优秀人才在穗安家落户，开通人才绿卡办理绿色通道，在购房、子女教育等方面按照《广州市人才绿卡制度》给予政策支持。

（八）推动设立基础设施 REITs 产业发展基金

1. 鼓励我市国有企业联合金融机构及社会资本设立 REITs 产业发展基金，通过前期投入、并购资产、优化结构、提升资产规模和质量等方式推动项目达到融资条件要求，夯实我市 REITs 发行的资产基础。

2. 加大我市企业基础设施优质资产整合力度，以产业发展基金为引导，鼓励社会资本积极参与我市基础设施 REITs 项目的战略配售和二级市场投资，增加市场流动性。

（九）培育发展 REITs 基金管理机构

1. 推动我市 REITs 基金公司壮大发展，支持我市金融机构及其他在我市注册机构通过加强自身发展、并购、合作等方式做大做强。鼓励我市金融机构、企业通过与院校、研究机构、培训机构等合作培养一批具备管理和运营能力的基础设施 REITs 专业人才。

2. 推动 REITs 基金公司在我市聚集发展，鼓励和引进内外资优质公募 REITs 基金管理人在我市设立地区总部或具有总部功能的机构。对在我市注册、总部进驻我市的基金管理人给予便利性支持。鼓励私募基金投资基础设施 REITs 产品，积极引导基金公司在我市注册及开展基础设施 REITs 相关业务。

（十）培育壮大基础设施 REITs 中介机构市场

1. 鼓励支持会计、法律、资产评估、咨询等中介机构积极参与我市 REITs 工作，通过加强业务协同、整合等方式提升服务水平。由市相关部门帮助搭建对接渠道，加强政策支持，依托本市基础设施 REITs 项目库，推动符合条件的中介机构加快与我市基础设施 REITs 项目的对接服务。

2. 吸引国内外知名 REITs 中介机构在我市设立分支机构或区域性总部，与本地中介机构开展多种形式的业务合作，实现业务共享、互惠互利。对行业知名度高、经营业绩良好、服务规范的中介机构重点扶持，着力打造一批行业品牌服务机构。

（十一）拓展基础设施 REITs 产品投资渠道

1. 鼓励证券公司、基金管理公司、信托公司、财务公司、保险公司及保险资产管理公司等专业机构投资者以及国家社会保障基金、基本养老保险基金、年金等参与我市基础设施 REITs 产品的战略配售和投资。

2. 鼓励合格境外投资者通过 QFII、RQFII 等参与基础设施 REITs 产品投资，发挥大湾区优势，引入港澳资金投资基础设施 REITs 产品，鼓励有资质的我市商业银行、资产管理机构等代理销售基础设施 REITs 产品。

3. 鼓励支持已发行基础设施 REITs 产品，重点面向粤港澳大湾区开展基础设施资产扩募，做大基础设施 REITs 规模。

（十二）支持基础设施 REITs 运营管理机构发展壮大

1. 鼓励我市国有企业向基础设施专业运营商转型，发展新业态。鼓励聚焦优势领域拓展业务范围，支持运营机构面向全国通过参与或并购壮大运营管理主体，拓宽基础设施 REITs 运营管理产业链。

2. 积极引入全国优质基础设施运营管理机构，支持市属国企与在穗央企、民企以及全球知名基础设施专业运营机构等合作，加快培育一批行业领先、服务湾区、面向全国的基础设施 REITs 专业运营管理龙头企业。

（十三）推动建立基础设施 REITs 行业自律机制

1. 支持成立我市基础设施 REITs 行业协会，建立行业自律机制，拓宽沟通渠道，推进行业落实诚实守信、自律尽责义务，提升行业形象。

2. 鼓励签订行业自律公约，督促行业内成员遵守并贯彻国家法律法规及政策，加强自我约束，倡导公平竞争，维护行业竞争秩序。

（十四）加强风险防范和市场规范

1. 贯彻落实国家相关政策要求，管控好资产质量，夯实业务规范基础。建立工作保障机制，加强地方政府隐性债务风险防范。

2. 借鉴国内外成熟市场标准，遵循市场原则，落实好基础设施 REITs 项目审核、监督、管理等相关要求。促进基金管理、运营管理等业务依规有序开展。

3. 推动基金管理人与运营管理机构健全权责利机制，确保项目稳定、合规运营，依规处理好项目公益性和商业性关系，切实保障公共利益。

（十五）积极打造粤港澳大湾区基础设施 REITs 发展高地

1. 加强粤港澳大湾区城市基础设施 REITs 合作，积极联动深圳，着力融通港澳，不断完善政策机制，强化规则对接和市场联通，着力引进港澳相关机构、人才，吸引资金投入。

2. 加强创新研究和交流合作。加强与国家、省相关部门对接沟通，争取更多政策支持。通过举办论坛、讲座等形式加强政策解读、经验共享、搭台推动。强化城市交流及我市形象宣传。

3. 立足粤港澳大湾区互联互通建设，充分发挥我市国际性综合交通枢纽城市和基础设施资产规模优势，强化区域金融要素聚集及创新。以 REITs 为抓手着力推动粤港澳大湾区基础设施资产证券化，带动粤港澳大湾区基础设施投入和建设，推动形成 REITs 资产交易及产业发展规模，努力构建粤港澳大湾区基础设施资产盘活融资与建设投资良性循环格局。

广州市发展和改革委员会
2021 年 9 月 26 日

五、南京

关于加快推进南京市基础设施领域不动产投资信托基金（REITs）试点工作的若干措施

为推进我市基础设施领域不动产投资信托基金（以下简称基础设施 RE-

ITs）健康发展，激发市场活力，形成存量资产和新增投资的良性循环，根据中国证监会、国家发展改革委《关于推进基础设施领域不动产投资信托基金（REITs）试点相关工作的通知》（证监发〔2020〕40 号）等精神，结合我市实际，制定以下措施。

（一）鼓励各区（园区）积极开展试点。建立我市基础设施 REITs 试点工作考核激励机制，鼓励各区（园区）规范开展意向项目、储备项目和存续项目 3 类项目试点申报。其中成功申报为储备项目的，在市对区高质量发展考核中，按照稳投资工作总分的 10% 予以加分；年度内如有项目成功发行 REITs 的，当年按照稳投资工作总分的 20% 予以加分。（责任单位：市发改委，江北新区管委会、各区政府，南京经济技术开发区管委会、江宁经济技术开发区管委会）

（二）加强项目培育孵化。在国家试点项目库基础上，增设市级后备项目库，形成“试点一批、储备一批、培育一批”的滚动实施机制，后备项目库向各类所有制的原始权益人同等开放。运营时间、收益率、权属关系等条件暂不满足规定，但有参与意向、行业领域符合政策要求的项目，按“应入尽入”原则，纳入市级后备项目库管理。主管部门对入库项目持续跟踪和指导服务，符合条件后推动申报进入国家试点项目库。（责任单位：市发改委、市政府国资委，江北新区管委会、各区政府，南京经济技术开发区管委会、江宁经济技术开发区管委会）

（三）推动基础设施建设运营模式转变。大力推动全市涉及基础设施资产管理的国企、园区、平台通过发行和控股 REITs，优化建立基础设施“建设、REITs 增发、权属出让、再建设”的良性模式。鼓励我市发行成功的 REITs 基金通过扩募等形式，以南京都市圈和长三角区域为重点，跨城市并购基础设施资产，推动基础设施管理产业化发展。（责任单位：市发改委、市政府国资委，江北新区管委会、各区政府，南京经济技术开发区管委会、江宁经济技术开发区管委会）

（四）培育和引进基础设施运营管理团队。鼓励我市相关基础设施运营管理团队按照基础设施 REITs 资产管理要求，提升和强化专业化经营管理水平，加快向第三方专业运营商转型。鼓励国际、国内领先的基础设施专业运营管理企业参与我市基础设施 REITs 项目运营管理。鼓励中央企业、省属国企在南京设立基础设施专业运营机构，鼓励其通过多种方式加强与市属国有企业合作。支持具备条件的民营企业开展基础设施专业运营，支持其参与市属国有企业混合所有制改革，力争在我市形成一批行业领先、辐射全国的基础设施 REITs 专业运营管理龙头企业。（责任单位：市发改委、市政府国资委，江北新区管委会、各区政府，南京经济技术开发区管委会、江宁经济技术开发区管委会）

（五）加大对原始权益人的财税政策支持力度。对于注册地在南京、成功发行基础设施 REITs 产品的原始权益人，参照《推动南京企业上市“宁航行动”计划》《关于进一步支持企业利用资本市场的实施细则》中关于首次公开发行上市企业奖励的规定，给予 200 万元奖励，市、区（开发区）按 1∶1 分担。涉及江北新区奖励经费，由江北新区自行负担。对列入《公共基础设施项目企业所得税优惠目录》内的项目可按照国家有关规定享受企业所得税减免优惠。（责任单位：市地方金融监管局、市财政局、市税务局，江北新区管委会、各区政府，南京经济技术开发区管委会、江宁经济技术开发区管委会）

（六）培育壮大本市基础设施 REITs 中介机构。鼓励本市符合条件的各类企业通过新设、收购或参股等方式申请公募基金管理人资质并开展相关业务。鼓励本市会计师事务所、律师事务所、信托公司、资产评估机构等中介机构做大做强，积极参与基础设施 REITs 试点业务。充分利用我市支持城市硅巷、基金街区发展的优惠政策，推动金融投资、律师事务所、会计师事务所、人才中介、知识产权等服务创新中介机构加快集聚，提供适合创新创业的配套设施和完善的服务功能，引导基础设施 REITs 市场、交易、中介、运营等企业集群发展。（责任单位：市发改委、市地方金融监管局）

（七）强化 REITs 高质量发展人才支撑。着力引进一批具有丰富从业经验的基金管理和基础设施运营管理高端人才，其中符合我市现有人才政策的，在房屋购租、创业投资等方面享受相应的优惠政策。符合条件的高层次人才，及时发放“紫金山英才卡”，集成提供创新创业、子女教育、健康医疗、品质生活等特色精准服务。充分运用南京优质高校资源，鼓励本市企业、金融机构与高等院校开展合作，强化从业人员培训交流和人才培养，培育南京市基础设施 REITs 领域专业干部队伍和人才群落。（责任单位：市人才办、市发改委、市地方金融监管局）

（八）强化区域内基础设施 REITs 联动发展。落实《长江三角洲区域一体化发展规划纲要》和《南京都市圈发展规划》要求，积极对接上海国际金融中心建设和金融资源配置功能，引入各类优质的金融中介机构，提升我市基础设施 REITs 金融服务功能。鼓励区域内投资者共同持有同一产品，并合作组建运营管理公司，以资本为纽带打造跨区域项目运营管理新模式。（责任单位：市发改委、市地方金融监管局）

（九）引导带动新增投资。鼓励试点项目将回收资金投入到基础设施补短板项目建设，促进形成投资良性循环，符合条件的纳入市重大项目计划保障推进。对使用回收资金投入的新项目，以及在盘活存量资产方面取得积极成效的项目单位，在同等条件下优先争取安排中央预算内投资和地方政府专项债券等，充分调动盘活存量积极性。（责任单位：市发改委、市财政局）

（十）做好我市基础设施 REITs 产品推介。搭建项目资源对接平台，推动原始权益人与专业服务机构加强对接，通过网上发布、线下推介、专场见面会等方式，加大我市优质基础设施 REITs 产品推介力度。支持专业机构投资者及社会保障、养老保险、年金等基金参与本市基础设施 REITs 产品的战略配售和投资。（责任单位：市地方金融监管局、市发改委）

（十一）建立基础设施 REITs 市级工作推进机制。在鼓励各区（园区）积极申报的基础上，由市发改委牵头会市地方金融监管局、市政府国资委、市财政局等多部门，搭建集评估推介、沟通协调、跟踪指导于一体的市级工作推进机制。主动对接、争取和落实中央部委和省级支持 REITs 发展的政策举措，加强与沪深证券交易所的工作协调。坚持问题导向、及时响应需求、明确职责分工、定期会商会办，共同推动解决试点工作中权益确认、转让、重组等重点“瓶颈”事宜。推动全市基础设施 REITs 试点工作尽快取得实效。

（责任单位：市发改委、市各有关部门）

南京市发展和改革委员会

2021 年 10 月 11 日

六、苏州

关于苏州市推进基础设施不动产投资信托基金（REITs）产业发展的工作意见

根据证监会、国家发展改革委《关于推进基础设施领域不动产投资信托基金（REITs）试点相关工作的通知》（证监发〔2020〕40 号）等文件精神，为加快构建苏州市基础设施不动产投资信托基金（REITs）发展工作体系，完善基础设施 REITs 项目储备管理机制、提升基础设施资产经营管理水平，推动释放存量资源优势、赋能现代产业体系发展，现提出以下工作意见：

（一）总体要求

以习近平新时代中国特色社会主义思想为指导，深入贯彻落实党中央、国务院决策部署和“十四五”规划纲要，聚焦“两新一重”基础设施建设对战略性新兴产业发展和高新技术创新的支撑引领作用，围绕市域存量优质资产挖潜增效、依托苏州开放现代产业体系优势、促进专业服务集聚和资本市场流动，立足产业园区和科创载体、仓储物流、交通、市政、能源、保障性租赁住房、生态环保、文化旅游等重点领域和新型基础设施优质存量资产，加快高质量 REITs 产品培育与发行上市，支持以 REITs 为导向规划新增基础设施建设投资，助力构造以传统基础设施补短板和新型基础设施建设提升为支撑、新增投资与盘活存量有机结合的国内国际产业投资良性循环格局。

（二）主要措施

1. 聚焦高质量产品培育，构建和完善基础设施 REITs 项目库管理机制。依托各级政府、行业主管部门、国有企业和专业服务机构，分领域、按类别梳理全市基础设施存量资产和 REITs 项目需求，建立苏州市基础设施 REITs 项目库。按项目成熟度和开展阶段，分级纳入项目意向库、储备库和发行库，确保符合条件的基础设施项目“适入尽入”、充分论证，切实保障项目质量。

确保项目库申报向各类所有制的基础设施资产原始权益人同等开放。完善多主体参与的项目需求识别、遴选储备、资产重组、申报、发行、运营管理等项目全周期服务，形成一体化滚动接续的项目规划与管理实施机制。［责任单位：市发改委、市国资委、市财政局，各市、区政府（管委会）］

2. 鼓励市域内符合条件的基础设施项目资产整体打包发行 REITs 产品。依托苏州市各类基础设施资产存量大、密度高、质效优的特点，以同类集合互补、提升项目运营效益为目标，强化储备项目资产确权和优化整合，探索单个 REITs 项目资产由多个原始权益人共同持有的制度安排，充分发挥优质基础设施资产的集合规模效应，加快培育孵化一批权属清晰、收益稳定、特色突出的优质基础设施 REITs 产品。［责任单位：市发改委、市国资委、市资源规划局，各市、区政府（管委会）］

3. 研究设立政府引导、市域统筹的基础设施 REITs 产业投资基金。发挥产业投资基金整合优化 REITs 原始权益的平台作用，面向全市开展存量基础设施项目载体的并购重组；逐步吸纳战略投资方、基础设施专业运营商等多主体广泛参与，并参与投资长三角区域内优质 REITs 产品，共同促进长三角 REITs 市场健康发展。［责任单位：市财政局、市发改委、市国资委、市金融监管局，各市、区政府（管委会）］

4. 强化新增投资与盘活存量资产有机结合，建立 REITs 项目投资良性循环机制。在符合新发展理念、产业导向正确、投融资行为规范的情况下，鼓励将盘活存量资金用于新增投资，为相关新增投资项目工程报建、工程咨询服务等提供便利条件，在土地指标、融资支持等要素保障环节参照市级重大项目管理并开辟绿色通道。鼓励支持各类基础设施新建、改扩建项目以 REITs 为导向开展投融资方案、产权结构、资产管理、收益现金流等前期规划安排。鼓励各级国有企业将符合条件的 REITs 产品方案统筹纳入相关企业投融资计划和新增项目方案，鼓励通过发行 REITs 产品盘活企业资产存量、优化融资结构、形成新增投资流量，研究将 REITs 发行纳入国有企业相关评价指标。［责任单位：市发改委、市国资委、市资源规划局、市住建局，各市、区政府（管委会）］

5. 加强基础设施专业运营管理机构的培育引进。鼓励国际、国内领先的基础设施专业运营管理企业参与苏州市基础设施 REITs 项目运营管理。以 REITs 推进工作为契机，加大各级国有企业基础设施运营管理资源的整合优化力度，支持国有企业引入知名优质专业运营团队合作方，加快向基础设施专业运营商转型，培育一批行业领先、辐射外地的基础设施 REITs 专业运营管理龙头企业。[责任单位：市国资委、市财政局，各市、区政府（管委会）]

6. 壮大苏州市公募基金管理人队伍。支持本市注册的各类内外资机构申请公募基金管理人资质并开展基础设施 REITs 服务，支持符合条件的企业适时申请专项公募基础设施 REITs 基金管理人资质，积累基础设施 REITs 专业管理经验。鼓励国际、国内优质公募 REITs 基金管理人入驻苏州，对本市新设立或新迁入的持牌公募基金管理人，根据《关于推进苏州金融业高质量发展的若干措施》政策规定，给予 500 万 ~5000 万元一次性落户奖励（实收资本 2 亿元以下的，给予奖励 500 万元；实收资本 2 亿元（含） ~5 亿元的，给予奖励 800 万元；实收资本 5 亿元（含） ~10 亿元的，给予奖励 1000 万元；实收资本达到 10 亿元（含）的，给予奖励 2000 万元。对实收资本超过 10 亿元的，超过部分每增加 1 亿元，增加 100 万元奖励，单一企业奖励最高不超过 5000 万元）。[责任单位：市金融监管局、市财政局、市发改委，各市、区政府（管委会）]

7. 完善苏州市基础设施 REITs 专业服务体系。鼓励在基础设施 REITs 领域有成熟经验的法律、财务、税务、资产评估、审计等专业中介机构服务苏州、落地苏州，为原始权益人提供尽职调查、项目评估、税务筹划、财务和法律咨询等专业服务，打造以“公募基金 + 计划管理人”为核心、多层次专业中介机构为支撑的 REITs 产业全链专业服务体系。依托苏州市基础设施 REITs 项目库，积极为中介服务对接项目资源牵线搭桥，营建 REITs 产业服务生态。研究将基础设施 REITs 产业有关咨询服务纳入政府购买服务指导性目录，应由财政承担的咨询服务成本纳入财政预算保障。[责任单位：市发改委、市财政局，各市、区政府（管委会）]

8. 构建基础设施 REITs 领域人才引育平台。广泛引进金融、法律、财务、税务、基础设施经营管理等 REITs 领域专业领军人才，对接苏州各类高层次人才政策体系，确保落实财政奖励、社保、购房等方面政策待遇。构建 REITs 产业人才的交流和培育平台，面向各级政府部门、国有企业、公募基金管理人和潜在投资人，对接高教研究机构和专业管理人才，广泛开展基础设施 REITs 领域业务培训、交流座谈和专题调研，积极举办、承办国际国内有影响力的 REITs 论坛、研讨会、对接会，培育苏州 REITs 领域专业干部队伍和人才群落。［责任单位：市金融监管局、市财政局、市发改委，各市、区政府（管委会）］

9. 加大优质产品推介力度，鼓励引导各类机构和长期资金投资 REITs 产品市场。提高苏州 REITs 产品的产业聚焦度和市场知晓度，推动银行、保险、证券、基金、地方资产管理公司等金融资本、本地机构和社保基金、保险资金、企业年金等长期资金参与 REITs 产品战略配售，鼓励合格境外投资者通过 QFII、RQFII 等通道参与基础设施 REITs 产品投资。鼓励有资质的在苏商业银行、证券公司、独立基金销售机构等代理销售我市 REITs 产品。（责任单位：市金融监管局、苏州银保监分局、市发改委）

10. 发挥财税政策激励引导作用。对于成功发行基础设施 REITs 产品的本市原始权益人，参照《苏州市促进企业利用资本市场实现高质量发展的实施意见》关于上市企业奖励的规定，由市、县级市（区）财政给予不低于 300 万元一次性奖励，其中市本级财政奖励不低于 100 万元。支持高质量 REITs 项目运作案例申报江苏省金融创新奖。用好国家发展改革委“引导社会资本参与盘活国有存量资产中央预算内投资示范专项”，支持将盘活资金用于基础设施补短板项目和新基建项目。对运营期分红所得按照国家政策规定享受企业所得税优惠，列入《公共基础设施项目企业所得税优惠目录》的项目可按照国家有关规定享受企业所得税减免优惠。（责任单位：市财政局、市金融监管局、市发改委、市税务局）

（三）工作保障

1. 构建完善全市基础设施 REITs 协同工作机制。以市基础设施 REITs 工作专班为基干，根据试点工作推进需要，完善发展改革、财政、国资监管、金融监管、税务、资源规划、住房城乡建设、生态环境、行政审批等多部门共同参与、上下联动、板块合作的全市协同工作机制。

2. 聚力解决 REITs 项目推进的“瓶颈”和壁垒问题。坚持问题导向、及时响应需求、明确职责分工、定期会商会办，多部门共同推动解决基础设施资产原始权益确认、转让、重组等重点“瓶颈”事宜，协调落实国有资产交易和股份转让等方面监管政策要求，加强 REITs 税务政策的咨询服务支持。

3. 建立顺畅的政策业务沟通和传导反馈机制。主动对接、争取和落实中央部委支持 REITs 发展的政策举措，加强与沪深证券交易场所的工作协调，深化与中国 REITs 论坛等重要政产学研平台的常态化合作，积极开展面向 REITs市场主体的交流调研，营造 REITs 产业发展的健康生态。

苏州市人民政府办公室

2021 年 7 月 22 日